Manuel
d'introduction historique
au droit

DROIT FONDAMENTAL

COLLECTION DIRIGÉE PAR

STÉPHANE RIALS

MANUELS

Manuel d'introduction historique au droit

JEAN-MARIE CARBASSE

PROFESSEUR À LA FACULTÉ DE DROIT DE MONTPELLIER

PRESSES UNIVERSITAIRES DE FRANCE

DU MÊME AUTEUR

Consulats méridionaux et justice criminelle, XIIe-XIVe siècles, Montpellier, 1974.
Louis-Xavier de Ricard, félibre rouge, Montpellier, 1977.
Bibliographie des coutumes méridionales, Montpellier, 1979.
Contribution à l'*Histoire de Narbonne*, Toulouse, 2e éd., 1988.
Contribution à l'*Histoire de Carcassonne*, Toulouse, 3e éd., 2001.
Contribution au *Dictionnaire du grand siècle*, dir. F. Bluche, Fayard, 1990.
Introduction historique au droit pénal, PUF, 1990 (épuisé).
L'unité des principaux États européens à la veille de la Révolution (co-dir. avec P. Villard), Université René-Descartes, 1992.
Contribution au *Dictionnaire du XIXe siècle européen*, dir. M. Ambrière, PUF, 1997.
Introduction historique au droit, PUF, 3e éd. 2001.
La conscience du juge dans la tradition juridique européenne (co-dir. avec L. Depambour-Tarride), PUF, 1999.
Histoire du Parquet (dir.), PUF, 2000.
Histoire du droit pénal et de la justice criminelle, PUF, 2000.
La monarchie française du milieu du XVIe siècle à 1715. L'esprit des institutions (en coll. avec G. Leyte et S. Soleil), SEDES, 2001.
La peine de mort, PUF, « Que-sais-je ? », 2002.

ISBN 2 13 052559 8

Dépôt légal — 1re édition : 2002, juillet

6, avenue Reille, 75014 Paris

Sommaire

TROISIÈME PARTIE

LA NAISSANCE DU DROIT CONTEMPORAIN

TABLEAU DES ABRÉVIATIONS

Ann.	*Annales*
AHFD	*Ann. d'Histoire des Facultés de droit* (ensuite : v. *RHFD*)
APD	*Archives de Philosophie du droit*
BEC	*Bibliothèque de l'École des Chartes*
c.	canon
cf.	*confer* = se reporter à...
C. civ.	Code civil
CJ	Code de Justinien
C. pén.	Code pénal
C. Th.	Code théodosien
D.	Digeste
Droits	Droits ; Revue française de théorie juridique (PUF)
ibid.	*ibidem* = au même endroit.
infra	ci-dessous, plus bas
Inst.	Institutes
Isambert	Isambert, Decrusy, Taillandier, *Recueil général des anciennes lois françaises*
Nov.	Novelles
NRHD	*Nouvelle revue historique de droit français et étranger*
op. cit.	*opus citatum* = ouvrage déjà cité
Ord.	*Ordonnances des rois de France de la troisième race* (éd. E. de Laurière *et al.*), dites *Ordonnances du Louvre*
pass.	*passim* = ici et là (dans un ouvrage)
RHD	*Revue historique de droit français et étranger*
RHFD	*Revue d'Histoire des Facultés de droit et de la science juridique*
SHDE	*Recueil de Mémoires et Travaux publiés par la Société d'Histoire des anciens Pays de Droit écrit*, Montpellier
supra	ci-dessus, plus haut
TvR	*Tijdschrift voor Rechtsgeschiedenis, Revue d'histoire du droit* (Bruxelles)
ZSS	*Zeitschrift des Savigny Stiftung für Rechtsgeschichte*

Avant-propos

1 Le cours d'*Introduction historique à l'étude du droit* a été inscrit au nombre des « enseignements fondamentaux » de la première année par l'article 10 de l'arrêté du 30 avril 1997 portant réforme du Diplôme d'études universitaires générales (DEUG) de droit. Il se distingue du cours d'*Histoire du droit* proprement dit, qui est aussi, selon le même texte, un enseignement fondamental, mais dont l'objet est évidemment plus étroit. Tandis que le cours d'*Histoire du droit* (généralement dispensé au second semestre de la première année) s'attache à présenter l'évolution des *institutions publiques*, c'est-à-dire pour l'essentiel l'histoire de l'État et des grands « services publics », le cours d'*Introduction historique au droit*, lui, a un objectif plus large. Dispensé dès le premier semestre, il est conçu pour servir de *préface à l'ensemble des études juridiques*. Son objet est en effet de présenter à des étudiants par définition néophytes *les racines historiques du droit* – du droit français d'abord mais aussi des autres droits européens qui puisent aux mêmes racines que lui.

Nous avons publié dès 1998, dans cette même collection, une *Introduction historique au droit* qui a rencontré aussitôt le meilleur accueil dans la communauté universitaire. À l'usage, il est cependant apparu que cet ouvrage, conçu dans l'urgence de la réforme, était peut-être un peu difficile pour un public de débutants. Le présent *Manuel* s'inscrit évidemment dans le prolongement de ce premier essai : mais s'il en conserve l'esprit général et les grandes lignes, il propose une problématique simplifiée et des développements allégés. Conformément à l'esprit de la nouvelle collection « Manuels », il se présente comme une suite de *leçons*, structurées le plus souvent selon le plan dichotomique en usage dans les Facultés de droit. Néanmoins, afin de faciliter les renvois et de guider la réflexion du lecteur, les paragraphes qui constituent les subdivisions élémentaires du développement font l'objet d'une numérotation continue tout au long de l'ouvrage.

L'arrêté du 30 avril 1997 précité ayant placé l'*Introduction historique au droit* au nombre des enseignements fondamentaux, et ceux-ci, aux termes de l'arrêté du 9 avril 1997 relatif au DEUG, à la licence et à la maîtrise, pouvant être prolongés par des « enseignements méthodologiques », il a été effectivement décidé dans la plupart des Facultés de droit que de tels enseignements (« méthodologiques », « pratiques » ou « dirigés ») viendraient compléter le cours magistral. C'est à la fois pour permettre l'approfondissement du cours et pour faciliter la préparation des séances de travaux pratiques que chaque leçon de ce manuel est suivie d'une rubrique bibliographique (« Pour aller plus loin »). Néanmoins, dans l'esprit de simplification qui a présidé à cette nouvelle moûture, cette rubrique a été sensiblement allégée par rapport à la version première de l'ouvrage où les lecteurs les plus curieux pourront toujours trouver des références complémentaires.

Leçon 1
Prolégomènes

2 QU'EST-CE QUE LE DROIT ? — La première question qu'il convient de poser, au seuil d'une *Introduction au droit*, c'est évidemment celle de sa définition. Les juristes, au cours des temps, ont donné des réponses variables. Le droit est « l'art du bon et du juste », selon tel juriste romain que nous retrouverons ; ou encore l'art de « rendre à chacun le sien ». Aujourd'hui, plutôt qu'un *art*, le droit est volontiers considéré comme une *science* : on parle des « sciences juridiques » (au pluriel !). Dans telle nomenclature bureaucratique, il est même question des « sciences juridiques et politiques », ce qui fait tout de suite plus sérieux. Pourtant le droit, pas plus que la politique, n'est une science exacte : les mêmes causes n'y produisent pas toujours les mêmes effets. On trouve aussi des juristes, ou des politiques, pour définir le droit, tout simplement, comme « ce que dit la loi » : le droit se réduirait ainsi aux règles posées (et imposées) par l'autorité publique. Dans l'ombre de la loi *générale* se glisse le contrat, défini comme « loi des parties », « loi » *particulière* : encore une forme de droit. Les juges, eux aussi, *disent* le droit, du moins entre deux parties en litige ; dans certains cas, les hautes juridictions *créent* du droit, par des décisions qui « font jurisprudence » – nous verrons plus loin quel est le sens précis de cette expression. De leur côté, les professeurs des Facultés de droit « font » aussi du droit, dans le sens où ils le prennent comme objet d'étude, de réflexion, de critique : c'est ce qu'on appelle la *doctrine*. Au sens propre, ce terme désigne l'apport des docteurs, ou des doctes, ceux qui « savent ». Lorsque la doctrine est assez puissante (au sens intellectuel du mot) ou assez écoutée, elle influence la législation ou la jurisprudence : indirectement, la doctrine peut donc elle aussi créer *du* droit. Ainsi les approches du droit sont-elles multiples, ses définitions aussi. Mais *le* droit en tant que tel – le droit considéré dans son « essence » – ne se laisse pas si aisément cerner.

S'il existe un *noyau permanent* du droit, c'est aux philosophes qu'il appartient de le dégager. Ils s'y évertuent depuis des siècles : nous rencontrerons dans les chapitres qui suivent des échos de leurs réflexions. Notre propos est d'une autre nature, plus modeste. Nous nous attacherons, pour tenter de comprendre ce qu'est le droit, à son évolution historique, aux différentes formes qu'il a prises au cours des temps, à ses vicissitudes. Ce regard historique est d'autant plus indispensable aux juristes que le droit, il faut le répéter, n'est pas une science *exacte.* Certes, il implique un ensemble de connaissances, des choses *sues* – des règles, des définitions, qu'il faut bien sûr apprendre et retenir ; on n'imagine pas un juge, par exemple, qui ignorerait la procédure. Mais le droit ne peut pas se réduire à ces savoirs techniques. Il est aussi, selon la définition des anciens, un *art,* une pratique : non plus seulement un savoir, mais un *savoir-faire*, qui exige de l'intelligence et de la subtilité au moins autant que de la mémoire. Lorsque le juge dit le droit dans un procès, lorsqu'il fait, au sens propre du mot, acte de juridiction (*juris-dictio :* le fait de dire le droit : *infra,* n° 4), bien sûr il applique telles dispositions du Code ou d'une loi, c'est-à-dire les règles générales qu'il connaît, mais il les applique à une situation particulière, unique, plus ou moins complexe, parfois inédite ; de sorte qu'il doit ajuster ces règles à une situation concrète qu'il lui appartient d'apprécier et de comprendre. Et ceci ne vaut pas seulement pour les juges : c'est vrai pour tous les juristes. La connaissance livresque du droit en vigueur ne suffit pas à faire un bon juriste : le droit est aussi un art, c'est-à-dire *une culture.* Et il n'est de culture qu'historique.

3 LA DIMENSION HISTORIQUE DU DROIT. — Les mots du droit, ses concepts, ses mécanismes et ses règles ne sont pas nés d'hier, de la volonté arbitraire d'un législateur. Le Code civil de 1804 qui, pour partie, s'applique encore de nos jours, plonge de profondes racines dans le passé. Le droit français, les autres droits européens, sont les héritiers d'une longue histoire. Même en laissant de côté les manifestations les plus anciennes de l'idée de justice, et à ne considérer que les apports antiques dont nous sommes *directe-*

ment tributaires, l'histoire de nos systèmes juridiques commence avec Rome. Ce sont les Romains qui ont posé les fondements sur lesquels se sont édifiés tous les droits actuels de l'Europe, du moins de l'Europe continentale. C'est dire qu'il faudra remonter le cours du temps sur vingt-cinq siècles. Puis le redescendre, jusqu'à nos jours. Il va de soi que l'on ne pourra pas, dans un enseignement de type introductif, entrer dans tous les détails d'une évolution très complexe. On s'en tiendra aux grands traits, aux lignes de faîte. Il faudra évidemment simplifier – quitte à remettre des analyses plus complètes à des cours spécialisés qui auront lieu plus tard : les études juridiques durent au moins quatre ans.

Au surplus, l'évolution des systèmes de droit n'est pas toujours parfaitement claire. Sur beaucoup de points, les spécialistes discutent : pour les périodes anciennes, c'est souvent parce que la documentation fait défaut, parce que les « sources » sont obscures ou lacunaires ; pour les périodes plus récentes, où les documents sont en revanche de plus en plus abondants, on peut hésiter sur leur interprétation. On peut aussi s'interroger sur l'*effectivité* des concepts ou des normes : dans quelle mesure tel principe théorique, telle disposition légale, ont-ils été *effectifs*, dans quelle mesure ont-ils produits des *effets* en se traduisant dans les *faits*, dans la réalité sociale ? Comme on le verra, l'impuissance (au moins relative) des lois est un phénomène permanent tout au long de l'histoire.

Si les événements historiques sont « figés » dans le passé, de façon irréversible, en revanche l'histoire comme objet de recherche (objet intellectuel) n'est jamais achevée. Beaucoup reste encore à découvrir, nombre d'hypothèses doivent être vérifiées ; certaines seront confirmées par de nouvelles découvertes, d'autres seront modifiées, écartées, remplacées par des hypothèses nouvelles : tel est le métier de l'historien. L'histoire du droit, comme les autres champs historiques, est donc toujours en chantier. Même si le présent manuel s'adresse à de jeunes juristes qui par définition ne sont pas destinés à devenir des historiens de profession, si l'on va donc s'efforcer de leur présenter des schémas explicatifs simples et clairs, ils voudront bien toujours garder à l'esprit que ni l'histoire ni le droit – ni, donc, l'histoire du droit – ne sont des savoirs dogmatiques. Pour autant, cela ne signifie pas que ces disciplines soient dépourvues de méthode, ni que leurs outils soient imprécis.

4 LES OUTILS ET LA MÉTHODE. — Comment aborder vingt-cinq siècles d'histoire juridique ? Il faut prendre un parti, choisir une optique : une façon de voir. À vrai dire, tout au long de cette évolution, des débuts de la République romaine jusqu'à nos jours, ce sont au fond les mêmes questions qui se posent. Identité des questions, par-delà l'extrême diversité des réponses. Comment des hommes qui vivent ensemble s'organisent-ils les uns par rapport aux autres : d'abord dans le cadre premier de leurs familles, puis dans celui de la société politique, cité ou État ? Comment se répartissent-ils entre eux les pouvoirs, les fonctions sociales, les richesses matérielles, les charges, les devoirs ? Questions d'organisation, questions de répartition : c'est le droit qui permet de leur donner réponse.

Et ces réponses sont formulées par des mots précis. Il faut d'emblée souligner cette exigence de précision qui s'attache, dans tous les systèmes juridiques, aux *mots du droit*. Si le droit exige de ceux qui le pratiquent un grand esprit de finesse, il recourt néanmoins à des techniques rigoureuses, qui nécessitent un vocabulaire précis. L'obscurité est la première ennemie du juriste : chaque terme doit donc être précisément défini. Or, et l'on s'en rendra vite compte, les mots du droit sont le plus souvent d'origine romaine : ce sont des mots latins ou formés à partir de racines latines. D'où l'importance essentielle de l'*étymologie*, qui permet de comprendre les rapports entre les concepts à partir de la parenté des termes.

Prenons par exemple le mot « droit ». Il ne vient pas du mot latin qui signifie « droit », et qui est le mot *jus* (au génitif *juris* ; au pluriel *jura*). Le mot « droit » vient du latin *directum*, qui a aussi donné « direct », « direction », « directive »... et qui signifie à l'origine « droit » dans le sens de « tout droit » – le contraire de « tordu », qui se dit en latin *tortum*. Mais *tortum* a aussi donné « tort » : a tort celui qui n'est pas « dans son droit » (en anglais, le mot *tort* est un terme juridique qui signifie « dommage »). L'italien *diritto* et l'espagnol *derecho* proviennent aussi de *directum* ; de façon très remarquable, l'anglais *right* et l'allemand *recht* dérivent de la même racine indo-européenne <R-K> qui se retrouve aussi dans *directum*, et signifient également « droit » dans les deux sens : le droit, et ce qui est droit. Mais cette même racine <R-K> se retrouve dans le mot *regula*, qui signifie règle : une règle, c'est ce qui permet de tirer des traits droits, et l'on parle aussi d'une « règle de droit » (*infra,* n° 38). Si les substantifs européens qui désignent le droit ne dérivent pas du mot *jus*, ce terme est en revanche à l'origine d'une série d'adjectifs qui appartiennent au même champ : à commencer par « juridique », qui s'applique à tout ce qui concerne le droit en général. Mais aussi « judiciaire », qui désigne de façon plus étroite ce qui concerne la justice : on parle de l'organisation judiciaire, du droit judiciaire (le droit du procès), etc. La juridiction, nous l'avons déjà noté, c'est le fait de dire *(dictio)* le droit *(juris)* : c'est l'acte propre du juge (le *judex* : « diseur » *[dex]* de droit *[jus]*). Enfin, le mot « justice » dérive évidemment de *jus*, ce qui marque bien le rapport des deux termes, fortement souligné par les juristes romains (*infra,* n° 43).

On pourrait faire des observations du même type sur le mot *ordo* (gén. *ordinis*), qui désigne d'abord en latin le rang ou la ligne, au sens militaire, puis par extension un groupe social organisé (par ex. l'ordre sénatorial), ou l'organisation régulière des tribunaux *(ordo judiciorum)*. Ce qui est dans l'ordre est « ordinaire », ce qui est en dehors de l'ordre est « extraordinaire » *(extra ordinem)*, etc. Mais l'*ordinatio*, qui a donné « ordonnance », est le fait de mettre en ordre : on devine ainsi le rapport, sur lequel nous reviendrons, entre « donner un ordre » et « mettre en ordre »... On rencontrera plus loin le mot « État » et sa grande famille, si intéressante, toute réunie autour de la racine <ST>, qui implique la stabilité et la permanence ; et aussi les mots « république », « injure », « code », « pacte », « constitution », « privilège », « arbitraire », etc. Nous tenterons d'en découvrir, au-delà de leur signification courante, l'essence première. Et cette découverte ne sera pas seulement une satisfaction de l'esprit, mais une acquisition très utile : car beaucoup de termes juridiques actuellement en usage, surtout en droit privé, ont conservé un sens très proche de leur signification initiale : prendre le « réflexe étymologique » constitue ainsi pour les apprentis juristes la meilleure façon de se garder des contresens.

5 PLAN. — On pouvait hésiter, pour ce type d'ouvrage, entre un plan thématique et un plan chronologique. Deux sortes de considérations nous ont fait opter pour une présentation chronologique. D'une part l'extrême faiblesse du bagage historique qui est aujourd'hui celui des nouveaux bacheliers. Seule l'histoire des périodes les plus récentes est enseignée de manière relativement structurée dans les Lycées ; pour le reste, ce ne sont que des bribes éparses, « membres disjoints », entre lesquels les élèves ont bien du mal à opérer une quelconque synthèse. Les époques se mélangent et se confondent, Louis XIII est le fils de Louis XII et Henri IV celui d'Henri III ! Il est donc de nécessité urgente, au seuil des études supérieures, de rétablir dans sa continuité la ligne du temps, de reconstituer la chronologie. Or – seconde considération – l'approche chronologique est tout particulièrement nécessaire dans le domaine de l'histoire juridique. À chaque époque, en effet, les diverses manifestations du droit forment un système : un ensemble cohérent. Il y a une cohérence du droit romain, de l'ancien droit français, du droit révolutionnaire, puis contemporain. Il importe donc, pour bien comprendre chaque « moment » du droit, de ne pas briser cette cohérence, et d'en faire une présentation d'ensemble. Mais en même temps chaque époque est tributaire de celles qui l'ont précédée, même si elle s'en démarque, et elle pèse à son tour sur les suivantes, fût-ce comme modèle rejeté. Comment comprendre le processus de formation d'un système juridique si l'on ne distingue pas l'avant de l'après, si l'on confond celui qui donne et celui qui reçoit, celui qui lègue et celui qui hérite, ou qui rejette l'héritage ? Même si le jeu des influences n'est pas uniforme, même si les continuités se combinent avec les ruptures, selon les temps et les moments, on ne peut rien comprendre à l'histoire du droit, et à la formation séculaire de notre système actuel, si on ne l'embrasse pas dans la longue durée, étape après étape. Voilà pourquoi le plan de ce manuel sera chronologique.

On distinguera trois époques, qui formeront les trois parties de l'ouvrage. La première fera le *bilan de l'héritage romain*, la deuxième portera sur *l'ancien droit* (il faudra privilégier, étant donné la complexité des questions, l'ancien droit *français*), la troisième décrira la *naissance du droit contemporain*. Si le droit français constitue l'objet central de ce manuel introductif, on s'efforcera de comparer son évolution à celle des autres systèmes juridiques qui se sont développés simultanément dans les autres pays d'Europe. Les différents droits de l'Europe présentent en effet entre eux de frappantes similitudes, ne serait-ce que parce qu'ils sont – s'agissant du moins des droits continentaux – les héritiers du droit romain. De fait, après son épanouissement au début de notre ère, le droit romain a connu au cours des âges plusieurs renaissances, qui l'ont remis en vigueur tout en le transformant. Dès le XIVe siècle, selon certains docteurs, il a constitué un *droit commun* de l'Europe. À l'heure où la construction européenne prend un tour crucial, il n'est pas sans intérêt de comprendre comment ce « droit commun » d'autrefois se combinait selon des modalités diverses avec les « droits propres » des différents pays. C'est dire que le présent manuel s'efforcera de déborder du cadre « gallo-centrique » où les programmes traditionnels – et une certaine routine – ont jusqu'ici borné les enseignements historiques de première année. Ici encore, bien entendu, on s'en tiendra aux grandes lignes.

La nature du présent ouvrage – *un manuel* – justifie la part faite aux préoccupations pédagogiques. S'il y a des répétitions, elles sont volontaires. Quelques questions particulièrement délicates sont abordées par plusieurs côtés. Par exemple – on vient d'y faire allusion – la question du droit romain au Moyen Âge : on l'évoquera, dans la deuxième partie du manuel, d'abord à propos des coutumes du Midi *(leçon 9)*, puis en tant que droit savant *(leçons 10 à 12)*, enfin sous l'angle politique, à propos des rapports entre le roi et les droits « universels » *(leçon 13)*. Peut-être trouvera-t-on aussi que les renvois sont trop nombreux : ils sont destinés à faciliter les rapprochements entre les différents chapitres ou paragraphes, déjà traités *(supra)* ou à venir *(infra)* : ce sont des « fils rouges » qui suggèrent d'autres plans possibles, d'autres manières d'aborder une question, les chemins qu'il est conseillé de suivre afin d'assurer un « quadrillage » complet de la matière au moment des ultimes révisions.

Pour aller plus loin

6 Cet ouvrage paraît dans une collection déjà riche en manuels d'histoire du droit, qui en constitueront le prolongement naturel : J.-L. Mestre, *Introduction historique au droit administratif français*, 1985 ; J. Hilaire, *Introduction historique au droit commercial*, 1986 ; A.-M. Patault, *Introduction historique au droit des biens*, 1989 ; A. Lefebvre-Teillard, *Introd. hist. au droit des personnes et de la famille*, 1996 ; J.-L. Halpérin, *Histoire du droit privé français depuis 1804*, 1996 ; J.-M. Carbasse, *Histoire du droit pénal et de la justice criminelle*, 2000 ; J.-L. Harouel (dir.), *Histoire des institutions de* *l'époque franque à la Révolution*, 9e éd., 2001. – Néanmoins, l'ouvrage le plus proche d'une introduction historique *globale* au droit, et donc le plus propre à compléter et à prolonger ce manuel, est celui de J. Gaudemet : *Les naissances du droit. Le temps, le pouvoir et la science au service du droit*, Montchrestien, 3e éd., 2001. On s'en tiendra pour l'heure à ces quelques titres ; chacune des leçons qui suivent comportera des indications bibliographiques particulières.

Quant aux revues, que les étudiants de première année doivent d'ores et déjà commencer à pratiquer, outre les grandes revues classiques de droit positif (qui publient parfois des articles de réflexion générale), on recommandera tout particulièrement *Droits ; revue française de théorie juridique* (PUF), qui accorde une large place à la dimension historique de la doctrine. Dans le prolongement de ce qui a été dit ci-dessus sur la multiplicité des définitions possibles du droit, cf. les n°s 10 (1989) et 11 (1990), intitulés *Définir le droit*.

Nous avons insisté dans les pages qui précèdent sur l'importance que les juristes doivent attacher aux mots, à l'exactitude de leur définition, à la correction de leur emploi : un bon instrument de travail est le grand *Vocabulaire juridique* publié sous la direction de G. Cornu aux PUF (8e éd., 2000).

PREMIÈRE PARTIE

L'HÉRITAGE ROMAIN

7 Le droit a été le génie propre de Rome, et c'est à juste titre que le peuple romain a été appelé le « peuple du droit ». Ce droit s'est développé tout au long de l'histoire romaine, entre les débuts de la République, vers l'an 500 avant Jésus-Christ, jusqu'au VIe siècle de notre ère, époque à laquelle l'Empire, coupé de l'Occident, devient exclusivement byzantin. Si l'on considère les deux grands « monuments » du droit romain, la loi des Douze Tables d'une part (450 av. J.-C.), les compilations juridiques de l'empereur Justinien d'autre part (529-533 apr. J.-C.), c'est un laps de temps d'un millénaire qui s'est écoulé. Construit tout au long de ce millénaire, selon un rythme inégal, l'édifice du droit romain est impressionnant. Il constitue l'apport majeur de Rome aux siècles ultérieurs, et tout particulièrement à l'Europe actuelle.

Ce droit s'est développé dans un cadre politique qui a lui-même beaucoup changé pendant ces dix siècles, et dont l'évolution contribue à expliquer celle du droit. Il faudra donc commencer par présenter, dans les trois premières leçons, cette évolution conjointe des institutions politiques et juridiques de Rome, avant d'évoquer à grands traits, dans les deux leçons suivantes, quelques aspects du legs juridique des Romains. Il va sans dire que les développements qui suivent n'ont aucune prétention à l'exhaustivité : il s'agit simplement de repérer et de définir les grands concepts juridiques et institutionnels qui se sont forgés à l'époque romaine et qui ont le plus notablement influencé l'évolution ultérieure du droit.

PREMIÈRE PARTIE

L'HÉRITAGE ROMAIN

Leçon 2
L'État à Rome

8 On commencera par évoquer le contexte politique dans lequel le système juridique des Romains s'est développé et épanoui. Et c'est seulement après avoir retracé les grandes étapes du développement de l'État, de la cité aristocratique des débuts à l'État autocratique des derniers siècles, que nous pourrons décrire le processus d'élaboration et de formulation du droit, d'abord sous la République *(Leçon 3)* puis sous l'Empire *(Leçon 4)*.

9 Il y a lieu de distinguer deux périodes dans l'histoire « constitutionnelle » de Rome, de part et d'autre d'une charnière qui correspond à peu près à l'époque du Christ : le premier empereur, Auguste, accède au principat en 27 avant J.-C. et meurt en 14 après J.-C. Au Moyen Âge, les auteurs chrétiens verront dans cette coïncidence entre la naissance du Christ et le règne du premier empereur romain le résultat d'un dessein de la Providence. L'an 27 avant J.-C. correspond à l'an 727 de Rome. C'est en effet en 753 avant notre ère que la Ville, d'après la légende, aurait été fondée par Romulus, descendant d'Énée, lui-même petit-fils de Priam. À ce personnage mythique, roi de Troie au moment où cette ville aurait été prise par les Grecs, plusieurs siècles auparavant, au terme d'une guerre fameuse, une tradition médiévale attribuera un autre petit-fils, ancêtre mythique des Francs (sur ce mythe des origines troyennes de la France, v. *infra,* n° 145). Nous sommes ici dans le domaine des légendes, mais les légendes sont aussi des faits politiques.

Dans les premiers temps qui ont suivi sa fondation, Rome a été gouvernée par des rois. Au VIe siècle, ces rois sont des étrangers venus du Nord, des Étrusques. À l'instar des « tyrans » qui règnent au même moment sur les cités grecques, les rois étrusques disposent d'un pouvoir absolu, l'*imperium*, et ils gouvernent en s'appuyant sur le petit peuple, le *populus*. Mal supportés pour cette raison par les grandes familles, ils sont finalement chassés : en 509, à l'issue d'une révolution aristocratique, le roi Tarquin (surnommé par les Romains « le Superbe », c'est-à-dire l'orgueilleux) doit s'exiler. Dès lors l'idéologie officielle de la République assimilera toujours la royauté à une institution tyrannique, incompatible avec la liberté politique. Le régime qui s'instaure après l'expulsion des rois est désigné comme République, au sens propre : un régime où le gouvernement est la chose de tous – *res publica,* « chose publique ». C'est du moins ce qu'affirment ses dirigeants. Ce régime présente des traits spécifiques (I) dont certains subsisteront, plus ou moins modifiés, sous l'Empire (II).

Section I
La République

10 LES DÉBUTS DE LA RÉPUBLIQUE. — Après l'exil de Tarquin, Rome est gouvernée par un petit groupe de grandes familles constituées en caste fermée, les *patriciens*. Maîtres des grands domaines ruraux, les chefs de ces familles (les pères, *patres*) gouvernent la Cité dans le cadre du Sénat, écartant du pouvoir le reste de la population, les *plébéiens*. Les luttes sociales opposant patriciens et plébéiens seront dès le début l'un des grands ressorts de l'évolution institutionnelle de la République. Peu à peu la plèbe conquiert des garanties politiques. Les principaux magistrats (ce terme désigne généralement les personnes investies de l'autorité publique) sont les deux *consuls*, choisis chaque année parmi les chefs des grandes familles ; ils héritent du pouvoir de commandement suprême des anciens rois, l'*imperium* – avec cette différence qu'ils l'exercent désormais à deux et pour seulement une année (principe de l'*annualité*). À côté des consuls patriciens, la plèbe obtient dès l'année 494 d'avoir ses propres magistrats, spécialement chargés de la protéger contre les excès de pouvoir des patriciens. Ces magistrats plébéiens sont les *tribuns*. Il y en a d'abord deux, puis quatre, puis dix. Ils sont élus par la plèbe elle-même, pour un an, et forment un *collège* : c'est l'origine du principe de *collégialité*, qui sera dès lors étendu à toutes les magistratures (celle des consuls, qui existait déjà, celles qui seront créées par la suite). La collégialité signifie que la magistrature est collective : les pouvoirs qui lui sont attachés doivent être exercés conjointement par tous les membres du collège (par exemple, à partir de 457, par les dix tribuns), de sorte que si un seul fait défaut, refusant de s'associer aux autres, il paralyse l'action de ses *collègues* (= les autres membres du même *collège*). Le collège des tribuns ne participe pas directement au gouvernement de la République, qui reste l'apanage des consuls : il est chargé de la défense collective de la plèbe et de la protection individuelle des plébéiens. Son pouvoir est essentiellement négatif : en gros, c'est un « pouvoir d'empêcher ». Il est bien clair dans ces conditions que le régime républicain n'est absolument pas démocratique : c'est une *oligarchie*, un régime où quelques-uns *(oligoi)* gouvernent. Dans la mesure où ces « quelques-uns » se considèrent aussi comme « les meilleurs » *(aristoi),* la République romaine des débuts peut être définie comme un régime oligarchique ou aristocratique.

11 L'ÉVOLUTION INSTITUTIONNELLE. — La constitution de la République romaine, comme celle des autres cités indépendantes du monde méditerranéen à la même époque (en particulier les cités grecques), comporte trois organes. Le plus important est le conseil aristocratique, qui réunit les chefs des grandes familles patriciennes, le Sénat (*Senatus*, terme dérivé de *seniores*, les plus vieux). S'il perd assez vite le droit de choisir les consuls, il gardera une autorité morale *(auctoritas)* très forte jusqu'à la fin de la République et même un peu au-delà. Composé exclusivement de patriciens jusqu'à la fin du IVᵉ siècle, il s'ouvre ensuite à l'élite de la plèbe, qui formera dès lors une nouvelle noblesse.

Le deuxième organe constitutionnel est constitué par les assemblées. Certaines d'entre elles réunissent le peuple tout entier, ce sont les *comices* ; d'autres ne rassemblent que les citoyens d'origine plébéienne, ce sont les « assemblées de la plèbe » *(concilia plebis)*. Selon des règles qu'il n'est pas nécessaire d'exposer ici dans le détail, ces diverses assemblées votent la loi (*infra*, n° 20) et élisent les magistrats. En théorie tous les citoyens ont un égal accès aux assemblées ; en pratique, l'organisation des comices est telle que seuls les citoyens les plus aisés, inscrits dans les premières classes, prennent effectivement part aux décisions.

Les magistratures forment le troisième élément de la constitution romaine. Chargés du gouvernement quotidien de la Ville, les magistrats sont élus pour un an par les comices. Initialement réservées aux patriciens, les magistratures s'ouvrent peu à peu aux plébéiens – du moins aux plébéiens fortunés. Ainsi est-il admis dès 367 que l'un des deux consuls pourra être plébéien ; en 343, il devient obligatoire qu'au moins un consul sur les deux soit d'origine plébéienne. À côté des consuls, les magistrats les plus importants sont les *préteurs* ; comme nous le verrons, ils ont joué un rôle décisif dans l'évolution du droit. Viennent ensuite les *édiles*, chargés de la gestion quotidienne de la ville (d'où l'utilisation encore actuelle de ce terme pour désigner nos magistrats municipaux). Mentionnons aussi les *questeurs*, chargés des affaires financières. Toutes ces magistratures sont permanentes, leurs titulaires étant élus chaque année. Il en va autrement des *censeurs*, qui étaient chargés de procéder au recensement des citoyens *(census)* et à la désignation du Sénat (à partir de la fin du IVe siècle). Le recensement était une opération très importante puisqu'il s'agissait à la fois d'évaluer la fortune des chefs de famille (pour les répartir dans les différentes *classes* et *centuries* qui constituaient les cadres de la vie civique et militaire) et d'exercer sur tous les citoyens un contrôle de moralité (la « censure des mœurs ») ; cette opération n'ayant lieu que tous les cinq ans, les censeurs étaient élus à ce moment-là (au début de chaque « lustre »), pour une durée de dix-huit mois. Signalons enfin une dernière magistrature, qui n'était ni annuelle ni périodique : la *dictature*. C'était une magistrature exceptionnelle, prévue par la constitution de la République pour faire face à un péril majeur mettant en danger l'État lui-même (c'est une hypothèse du même type, celle de l'état d'exception, qui est prévue par l'actuel article 16 de la Constitution de 1958) ; elle était déférée dans des conditions précises et ne pouvait en aucun cas excéder six mois. L'un des dictateurs les plus célèbres des débuts de la République fut Cincinnatus, appelé à la tête de la Cité à un moment particulièrement difficile de la guerre contre les Volsques et qui, une fois sa tâche accomplie, retourna tranquillement à sa charrue – exemple admirable de désintéressement civique !

À l'apogée de la République, ces différentes magistratures étaient hiérarchisées les unes par rapport aux autres : c'est ce qu'on appelle le *cursus honorum*, la carrière des honneurs (*honos*, pl. *honores* = magistrature). On ne pouvait accéder aux niveaux supérieurs de la magistrature sans avoir au préalable exercé toutes les charges inférieures. Au IIe siècle le *cursus honorum* s'établit ainsi, de bas en haut : tribunat de la plèbe, questure, édilité, préture, consulat, censure. Avant d'être censeur il faut d'abord avoir été consul, avant d'être consul il faut au préalable avoir été préteur, etc.

Dans le cadre précis de ses attributions, chaque magistrat avait le droit de donner des ordres aux citoyens et de les contraindre à l'obéissance. Il avait aussi la possibilité de faire au moment de son entrée en charge une déclaration générale (*edictum*, édit) concernant tous les citoyens ou une catégorie d'entre eux, et valable pour toute la durée de son mandat : c'est le *jus edicendi*, le « droit d'édicter » (ou « droit de promulguer des édits »), que nous retrouverons à propos des préteurs et de l'empereur (*infra,* nos 21 et 26).

12 LA CRISE FINALE. — À l'apogée de la République, les institutions romaines apparaissent comme un « régime mixte », à la fois *monarchique* si l'on considère l'*imperium* des consuls, *aristocratique* en raison de l'*auctoritas* reconnue au Sénat, *démocratique* par le rôle décisif que jouent les assemblées populaires. C'est en ces termes que le grec Polybe, vers le milieu du IIe siècle, analyse la constitution romaine. L'idée de régime mixte connaîtra une grande fortune par la suite, surtout du XIIIe au XVIe siècle. Pourtant, à l'époque où Polybe se fait ainsi le chantre des institutions de la Ville, elles n'allaient pas tarder à entrer en crise. Prévues pour une cité par définition peu étendue, elles devenaient de plus en plus inadaptées dès lors que Rome se trouvait à la tête d'un empire territorial de plus en plus vaste, sans proportion avec la petite ville des débuts. Après avoir conquis l'Italie et la Sicile, puis l'Afrique du Nord, l'Espagne, la Grèce (146) et la Gaule narbonnaise (118), en attendant l'Orient, le reste de la Gaule (58-51) et l'Égypte (30), Rome se trouvait maîtresse de tous les rivages de la Méditerranée. Très efficace tant qu'il s'agissait de conquérir, la machine romaine s'avéra incapable de gérer durablement les conquêtes, d'en assurer l'administration à long terme. L'énormité des enjeux financiers que représentaient les provinces conquises, des campagnes électorales incessantes du fait de l'annualité des magistratures : la conjonction de ces deux facteurs rendait la crise inévitable.

Au Ier siècle avant notre ère, les institutions de la République se dérèglent. À plusieurs reprises, le fonctionnement régulier des pouvoirs publics est interrompu. On voit alterner guerres civiles et dictatures inconstitutionnelles – la dernière étant celle de Jules César. Devenu dictateur après avoir achevé la conquête des Gaules, César ne jouit que peu de temps d'un pouvoir absolu : accusé d'aspirer à la royauté, il est assassiné le 15 mars de l'an 44. C'est finalement son neveu et fils adoptif, Octave, qui clôture le cycle des guerres civiles et reste finalement seul maître du jeu. En 27, en se faisant décerner le titre d'*Auguste* jusque-là réservé aux dieux, Octave fonde sans bruit un nouveau régime : l'Empire.

Section II
L'Empire

13 Entre le moment de sa fondation par Auguste et celui de sa disparition (du moins dans sa partie occidentale) au Ve siècle, l'Empire romain a beaucoup évolué. On distingue traditionnellement deux périodes : le Haut-Empire, qui dure jusqu'au début du IIIe siècle et se caractérise du point de vue politique par le régime du *principat* ; le Bas-Empire, qui commence après la crise du IIIe siècle et qui est un régime de *dominat*.

14 Le principat. — Dans une première phase, qui couvre les deux premiers siècles de notre ère, la constitution républicaine est théoriquement maintenue. Auguste et ses successeurs, soucieux de ne pas apparaître comme des monarques absolus, conservent au moins les apparences des institutions républicaines. Aussi bien la République elle-même, au sens le plus exact du mot, ne disparaît pas : en se plaçant à sa tête, loin de l'abroger, l'empereur peut faire croire qu'il en renforce les institutions. On verra quelque chose de semblable en France, à la fin de la Révolution, lorsque le sénatus-consulte du 18 mai 1804 instaurant l'Empire français disposera : « Le gouvernement de la République est confié à un Empereur » (*infra,* n° 176). L'empereur romain s'est voulu le « curateur » de la République, réalisant ainsi les vœux de quelques publicistes du Ier siècle av. J.-C., en particulier Cicéron. Consul en 63, impliqué dans toutes les luttes politiques du milieu du siècle, ce dernier avait mesuré toute la profondeur de la crise politique et attribué l'instabilité de la République à l'absence d'un « pilote » ou d'un « curateur » permanent *(curator rei publicae).* Il faut bien sûr prendre ce mot au sens propre, qui reste son sens juridique actuel : un *curateur* est une personne qui prend soin *(cura)* de quelque chose ou de quelqu'un.

Les anciens rouages restent donc en place, au moins un temps. Les comices se réunissent encore pendant une bonne partie du Ier siècle. Le Sénat, que les empereurs ménagent tout en l'utilisant, conserve des pouvoirs effectifs et une influence certaine. Les magistratures subsistent elles aussi ; mais d'une part, les empereurs successifs n'hésitent pas à peser sur les élections, puis à désigner eux-mêmes les titulaires des magistratures ; d'autre part, ces dernières sont de plus en plus vidées de leur substance et réduites dès la fin du IIe siècle à de simples titres honorifiques.

Dans ce système, Auguste et ses successeurs se présentent simplement comme « les premiers » *(principes).* L'empereur n'est que « le premier du peuple » *(princeps populi),* ou « le premier du Sénat » *(princeps Senatus).* Ce régime politique dans lequel l'empereur n'est que le premier parmi d'autres – le *prince*, au sens propre du mot –, on l'appelle donc le *principat*. Du point de vue juridique, le pouvoir du prince combine des éléments divers. C'est d'abord une autorité morale, un pouvoir d'influence qu'exprime le mot *auctoritas* ; c'est ensuite la *puissance tribunicienne*, c'est-à-dire la qualité permanente de tribun (par quoi l'empereur apparaît comme le protecteur « naturel » du petit peuple) ; c'est enfin et surtout l'*imperium* proconsulaire. Cette expression désigne le pouvoir suprême *(impe-*

rium) du consul que le Sénat désignait, à la fin de son année d'exercice, comme gouverneur d'une province : le consul dont le pouvoir était ainsi « prorogé » pour une province particulière s'appelait un *proconsul.* Dire que l'empereur est investi de l'*imperium* proconsulaire, sans autre précision de temps ni de lieu, signifie donc qu'il disposera de l'autorité suprême en permanence et dans toutes les provinces de l'Empire : pouvoir considérable ! En dépit des institutions républicaines maintenues, l'autorité suprême est bien remise à un seul homme, qui se présente à chaque fois comme un nouveau César et un nouvel Auguste : jusqu'à la fin de l'Empire, tous les empereurs romains porteront ainsi le « surnom » d'Auguste et de César, ce dernier terme devenant bientôt une appellation générique, synonyme du mot « empereur » (d'où l'allemand *Kaiser* et le russe *Tsar*, ou *Czar*).

L'empire est donc un régime monarchique. Aussi bien, des dynasties apparaissent. D'abord, d'Auguste à Claude, celle des descendants directs ou indirects de Jules César (les Julio-Claudiens) ; puis, dans la seconde moitié du Ier siècle, les Flaviens ; au IIe siècle, les Antonins. L'époque des Antonins marque l'apogée de Rome. Plusieurs empereurs de grande classe se succèdent alors, de père en fils adoptifs : Nerva (96-98), Trajan (98-117), Hadrien (117-138), Antonin le Pieux (138-161), Marc Aurèle (161-180). Ces princes (surtout les trois derniers) ont été fortement marqués par l'idéal du « philosophe-roi » que Platon (427-346 av. J.-C.) a développé dans le principal de ses dialogues politiques, la *République* (tout particulièrement au livre VII). C'est pourquoi ils se sont efforcés de choisir eux-mêmes leur successeur, en adoptant celui qui leur paraissait le plus digne de régner. Cependant, comme la fiction républicaine perdure, aucune règle précise de succession au trône n'a jamais été arrêtée ; la désignation du prince est donc le point faible du système, car elle est laissée à la bonne volonté des hommes (pas de « loi fondamentale » ici, comme celle qui s'établira à partir du XIVe siècle dans l'ancienne France : *infra,* leçon 17). À la fin du IIe siècle, le système se dérègle. C'est le début d'une crise qui, sous l'effet de divers facteurs, va s'aggraver tout au long du IIIe siècle, surtout après la dynastie encore solide des Sévères : Septime Sévère (193-211), Caracalla (211-217), Alexandre Sévère (222-235). Ouverte dès 235, la crise présente divers aspects : politiques, sociaux, économiques, militaires. Les frontières de l'Empire, jusque-là solides, sont violées à plusieurs reprises par les *Barbares* (on appliquait ce terme, emprunté aux Grecs, à tous les peuples extérieurs à la romanité). C'est alors que se produisent les premières incursions des Germains dans les Gaules romaines ; parmi ces Germains, les Francs – que nous retrouverons (*infra,* n° 58).

À la fin du IIIe siècle, le pouvoir impérial est restauré par Aurélien (270-275) et surtout par Dioclétien (284-305). Restauré, mais aussi renforcé. Au sortir de la crise du IIIe siècle, l'empereur n'est plus seulement le *princeps*, le premier des citoyens ; il est maintenant le maître de Rome – le *Dominus* –, et tous les habitants de l'Empire sont ses sujets. C'est ce régime autoritaire que l'on appelle le *dominat*.

15 LE DOMINAT. — Au cours du IIIe siècle le pouvoir impérial a changé de nature ; il a aussi changé de contenu. Ce n'est plus seulement un pouvoir civil et militaire parmi d'autres, c'est un pouvoir substantiellement *différent* des autres. Non plus une simple magistrature, plus éminente que les autres, mais une fonction d'essence sacrée. C'est l'aboutissement d'une évolution commencée dès les débuts de l'Empire. César et ses successeurs, avec quelques variantes, avaient été divinisés après leur mort (c'était la cérémonie de l'*apothéose*, au sens propre du mot) ; un culte était rendu non à l'empereur lui-même, mais au « génie d'Auguste ». Au IIIe siècle, c'est l'empereur lui-même qui devient sacré, comme tout ce qui le concerne : sa famille, ses collaborateurs, son palais, etc. Ainsi revient-on à la monarchie d'essence divine qui avait été la règle dans l'ancien Orient, des empires babyloniens à l'Égypte pharaonique. La transmission de ce modèle oriental à l'Empire romain s'est faite par l'intermédiaire des royaumes héllénistiques – ces royaumes créés à la fin du IIIe s. av. J.-C. par les généraux d'Alexandre le Grand sur les débris de son vaste empire (en Grèce, Syrie, Égypte, etc.) et qui avaient adopté dès leur création les traditions politiques de la Perse et de l'Égypte. Le caractère « supra-humain » de l'empereur se traduit dans l'étiquette de la cour, empruntée aux royautés orientales : ainsi, on se prosterne désormais devant l'empereur, comme devant les statues des dieux.

Avec les empereurs chrétiens, à partir de Constantin (306-337), la situation devient plus complexe : si le christianisme en tant que tel se situe dans un autre ordre que celui du pouvoir politique – au point de constituer, dans son principe, un véritable contre-pouvoir (*infra,* n° 49) –, il contribue en même temps à légitimer l'empereur. Saint Paul, au Ier siècle, avait affirmé l'origine divine du pouvoir ; certains évêques du IVe siècle en concluront que l'empereur lui-même a reçu son pouvoir de Dieu, par une sorte de choix direct. C'est déjà la doctrine de la monarchie de droit divin, qui se généralisera à la fin du Moyen Âge. Pour autant, et nous y reviendrons, cette doctrine n'est pas en elle-même source d'absolutisme : car si le prince est choisi par Dieu, ce n'est pas pour qu'il gouverne n'importe comment, selon son caprice. Il a une mission précise : faire régner la justice. Pour les grands théologiens chrétiens des IVe et Ve siècles, en particulier saint Ambroise (v. 340-397) et saint Augustin (354-430), le premier devoir de l'empereur chrétien est de faire régner la loi de Dieu, ce qui implique qu'il donne l'exemple à ses sujets en la respectant lui-même. Si donc le prince est « bien aimé de Dieu », c'est seulement dans la mesure où il se conduit bien. Il n'empêche que les empereurs chrétiens ont conservé et même renforcé le régime monocratique instauré par Aurélien et Dioclétien ; ce régime se perpétuera dans l'Empire d'Orient jusqu'à la fin du Moyen Âge ; il inspirera directement, dès le XVIe siècle, l'« autocratie » du tsar russe.

Devenu monarque *absolu* (il faudra revenir plus loin sur le sens précis de ce terme), l'empereur élimine tous les pouvoirs concurrents du sien, à commencer par le Sénat, qui perd dès le IIIe siècle toute importance politique. Comme les magistratures, la dignité sénatoriale devient une simple « décoration » sans contenu. À la place des magistrats, les premiers empereurs avaient nommé des *fonctionnaires* (« chargés de fonctions ») ; ceux-ci étaient entièrement au service du prince puisqu'ils étaient rémunérés sur son trésor particulier (le « fisc » : le terme *fiscus* désigne à l'origine un petit panier, puis, par extension, un panier à argent, et plus spécialement encore la cassette personnelle de l'empereur ; secondaire au début de l'Empire par rapport au Trésor public, le fisc impérial a fini par absorber la totalité des finances publiques). Au Bas-Empire, les fonctionnaires impériaux se multiplient et assument la totalité des fonctions publiques. L'empereur devient la seule source du droit (*infra,* leçon 4) et de la justice. À l'ancienne justice républicaine, fondée sur le principe du juge citoyen, le principat avait déjà commencé à substituer une justice de fonctionnaires. Au Bas-Empire, la justice n'est plus rendue que par des agents de l'empereur qui siègent dans des tribunaux strictement contrôlés par le conseil impérial, préfiguration des diverses cours « suprêmes » de l'Europe d'Ancien Régime. L'empereur se veut aussi le chef de la religion. Au IVe siècle, il reste encore le chef des cultes romains traditionnels (il porte le titre de « Grand Pontife »), tout en essayant d'utiliser la religion chrétienne. Enfin le pouvoir et ses agents prétendent se mêler de diriger l'économie, par exemple en taxant les prix (c'est l'objet, en 301, de l'*Édit du Maximum* pris par Dioclétien).

Et pourtant, cet État de plus en plus bureaucratique, tentaculaire, envahissant, est en même temps de plus en plus impuissant. Il répond à la crise, dès le IIIe siècle, par une réglementation de plus en plus précise, contraignante, tatillonne, mais en même temps de plus en plus ineffective. À la fin du IVe siècle, l'État n'est plus obéi que dans les villes. Mais les villes se vident, non seulement en raison d'un effondrement démographique général, mais aussi parce que les familles aisées se replient dans leurs domaines ruraux afin d'échapper aux contraintes bureaucratiques et à la pression fiscale. L'institution étatique, jadis considérée comme tutélaire et protectrice, est donc désormais *un objet de répulsion.*

Affaibli, l'Empire se divise. Dès la fin du IIIe siècle, afin d'accroître le contrôle de l'État sur le territoire, Dioclétien avait réorganisé l'administration locale. Le nombre des provinces avait été plus que doublé (il passe de 48 à 104), alors que le territoire de l'empire n'augmentait évidemment plus, bien au contraire : la circonscription confiée à chaque gouverneur était donc plus réduite, et sa tâche théoriquement facilitée. Mais en même temps de nouveaux échelons administratifs étaient apparus au-dessus des provinces : douze grands *diocèses*, eux-mêmes regroupés en trois ou quatre préfectures du prétoire. Cet organigramme administratif complexe culminait en un gouvernement à quatre têtes : c'est le système de la *tétrarchie.* Considérant qu'un homme seul ne pouvait supporter tout le poids de l'Empire, Dioclétien désigna pour l'assister un second empereur (en 286), chacun des deux empereurs principaux étant ensuite doté d'un adjoint (en 293). Quatre empereurs en tout, formant un collège : c'est donc un gouvernement à quatre, une tétrarchie. Si l'Empire conservait en théorie son unité, chacun des quatre tétrarques était militairement responsable d'un théâtre d'opérations, la division principale opposant l'Occident à l'Orient – la partie latine de l'Empire à sa partie grecque.

C'est cette division, à vrai dire ancienne (car la spécificité culturelle de l'Orient « grec » n'avait jamais été effacée), qui devait se creuser de plus en plus tout au long du IVe siècle. Même si la tétrarchie s'est déréglée aussitôt après l'abdication de Dioclétien (305) – la rivalité des tétrarques dégénérant très vite en guerre civile –, même si l'unité de l'Empire a été rétablie par Constantin en 324, le partage entre l'Orient et l'Occident était inéluctable : en 326, Constantin fonde sur le site de Byzance une « nouvelle Rome », Constantinople (« la ville de Constantin »), qui sera désormais la capitale de l'Orient. Après sa mort (337), il y a le plus souvent deux empereurs, l'un à Rome, l'autre à Constantinople. L'Empire est réunifié une dernière fois, pour peu de temps, par Théodose Ier ; à sa mort en 395, la division de l'Empire devient définitive. Même si subsiste la fiction d'un Empire romain unique, il y a désormais deux entités politiques bien distinctes, menant chacune sa vie propre : en 476, lorsque disparaîtra l'Empire d'Occident (*infra*, no 58), l'Empire d'Orient (ou *Empire byzantin*, du nom de la bourgade sur le site de laquelle Constantinople avait été construite) gardera la nostalgie de l'unité perdue, mais sans pouvoir jamais la reconstituer.

Pour aller plus loin

16 Les publications consacrées à l'histoire romaine, au droit et aux institutions de Rome, sont innombrables. On se bornera à quelques titres parmi les plus récents, en privilégiant les ouvrages qui comportent un appareil bibliographique. Pour l'histoire générale, on peut toujours se reporter à la synthèse classique de P. Grimal, *La civilisation romaine*, coll. Grandes civilisations, Arthaud, 1962, et aux volumes 7 à 11 de la collection « Nouvelle Clio » (aux PUF). Le *Guide romain antique*, publié pour la première fois en 1952 par G. Hacquard à l'usage de l'enseignement secondaire (Classiques Hachette), chef-d'œuvre de clarté pédagogique, peut encore rendre de grands services aux étudiants débutants.

Pour les institutions romaines, deux manuels suffiront : J. Gaudemet, *Institutions de l'Antiquité*, Paris, Sirey, 2e éd., 1982 (titre repris sous une forme réduite chez Montchrestien, 6e éd., 2000) et M. Humbert, *Institutions politiques et sociales de l'Antiquité*, Précis Dalloz, 7e éd., 1999.

Leçon 3
Le droit de la République

17 Plongeant ses racines dans les normes plus ou moins mythiques de l'époque antérieure, le droit des citoyens (le « droit civil » au sens strict) s'inscrit à partir du Vᵉ siècle av. J.-C. dans la coutume et dans la loi (I) ; mais dès le IIIᵉ siècle le système juridique se diversifie et s'enrichit de nouvelles sources (II).

Section I
Origines et premier développement du droit civil

18 DROIT SACRÉ ET DROIT CIVIL. — Aux origines de Rome, au temps des premiers rois (VIIIᵉ-VIIᵉ siècles av. J.-C.), le droit n'était pas encore bien distingué de la religion. Les comportements sociaux obéissaient à un seul corps de règles, qui passaient pour avoir été dictées par les dieux. Ainsi de la « législation » de Numa : selon la légende, ce roi aurait reçu ses lois de la nymphe Égérie, qu'il allait écouter au bord de sa fontaine. Ces règles de nature et d'origine religieuse étaient désignées par le mot *fas*, qui vient peut-être d'un vieux mot signifiant « dire ». Le *fas*, c'est ce que les dieux ont dit, ou ce qu'ils permettent ; *nefas* est ce qu'ils interdisent. Assez vite pourtant les Romains semblent avoir distingué entre le domaine du *fas*, religieux par nature, et celui du droit proprement dit, le *jus*. Il y a là une distinction fondamentale, qui allait en quelque sorte libérer le droit « humain » et permettre son développement.

L'époque où le droit était « dit » par les dieux a laissé cependant des traces tardives. C'est ainsi qu'au début de la République, la vie juridique est encore largement contrôlée par un collège de prêtres, les *pontifes* (ceux qui étaient chargés, à l'origine, de veiller sur la solidité des ponts). Les pontifes ont d'abord la maîtrise du calendrier judiciaire, en déterminant à leur gré les jours fastes (= conformes au *fas*), où il est permis de plaider, et les jours néfastes *(nefas),* où tout procès est impossible. Ils ont aussi la maîtrise de la procédure, dans la mesure où ils détiennent les formules précises que les plaideurs doivent prononcer, à peine de nullité, pour intenter un procès ou pour conclure un acte juridique. Comme le dira plus tard Tite-Live, le grand historien contemporain d'Auguste, *« le droit civil était caché dans le sanctuaire des pontifes ».* Or ces prêtres étaient tous d'origine patricienne, comme les consuls. La révélation des formules judiciaires, comme la fixation définitive du calendrier, sera donc une exigence récurrente de la plèbe : c'est seulement à la fin du IVe siècle, peu avant 304, que ces deux revendications seront satisfaites. En attendant, la plèbe avait remporté d'autres victoires. Après l'institution du tribunat en 494 (*supra,* n° 10), les plébéiens parviennent à limiter la toute-puissance des consuls en donnant aux grandes règles du droit civil une base légale : c'est l'objet précis de la Loi des Douze Tables (XII Tables).

19 LA LOI DES DOUZE TABLES. — C'est le premier et les plus prestigieux des monuments juridiques de Rome. Il constitue le fondement du droit *civil*, celui qui, par définition, est réservé aux citoyens *(cives).* Il sera entouré jusqu'à la fin de l'Empire d'une constante vénération. D'après la tradition romaine, sa rédaction fut le résultat d'une campagne politique menée à partir de 462 par un tribun de la plèbe. D'après Tite-Live, il s'agissait de « rédiger des lois sur l'*imperium* consulaire » afin de le réduire – le caractère originairement illimité de cet *imperium* étant considéré comme « intolérable dans une cité libre » (*Histoire romaine*, 3, 9, 4 et 5, et 3, 24, 9). Après avoir résisté quelques années, les patriciens ont accepté en 454 que les magistratures ordinaires soient suspendues et que soit mise en place une magistrature extraordinaire constituée par un collège de dix hommes, les « décemvirs » *(decem viri),* « chargés de rédiger les lois au sujet de l'*imperium* des consuls ». D'après une tradition peu vraisemblable, les décemvirs se seraient rendus à Athènes pour étudier sur place la législation de la plus célèbre des cités grecques.

Le résultat, c'est en 451 la rédaction des dix premières tables, complétées l'année suivante par les deux dernières. Ces tables étaient des panneaux (de pierre ?) sur lesquels étaient transcrites les nouvelles dispositions du *jus* ; affichés sur le forum, tous les citoyens pouvaient les lire ou se les faire lire. Détruites en 390 av. J.-C., au moment de la prise de Rome par les Gaulois de Brennus, les tables initiales ont été remplacées par des panneaux de bronze, sans doute refaits à plusieurs reprises ; dans leur dernier état, ceux-ci ont disparu en 410 apr. J.-C. lors du sac de Rome par les Wisigoths d'Alaric (*infra,* n° 58), ce qui explique que le texte original des XII Tables ne nous soit pas parvenu. On a essayé de les reconstituer à partir des nombreuses citations qu'en fait la littérature postérieure (en particulier les grands juristes de l'époque classique qui les ont commentées).

Le principal objet de la loi des XII Tables est de reconnaître certains droits et de donner aux citoyens les moyens de les faire sanctionner en justice. La loi recense donc une série de questions concrètes à propos desquelles elle donne aux particuliers des « actions », c'est-à-dire la possibilité, dans certaines conditions précises, de se faire rendre justice dans un procès. Chaque fois que les conditions énoncées par la loi seront réunies, tout citoyen pourra *agir* en demandant à un magistrat le bénéfice d'un procès ; et ce procès, fondé sur une « action de la loi » *(legis actio)* ne pourra pas être refusé. Ainsi prenait fin l'arbitraire judiciaire des consuls, qui jusque-là appréciaient au cas par cas la suite à donner à une demande. En d'autres termes : chaque fois que la loi a prévu une action, le magistrat (consul d'abord, préteur ensuite) est dans l'obligation de désigner un juge, lequel « dira le droit » dans le cadre des dispositions de la loi. Loi publique, loi égale pour tous les citoyens, loi qui s'impose aux magistrats supérieurs et limite leur *imperium* judiciaire : la révolution était considérable. Mais il y eut une autre révolution dans la procédure d'adoption de la loi elle-même : car une fois rédigée par les décemvirs, la loi fut votée par les comices, ce qui donnait au peuple romain le dernier mot. La loi des XII Tables est ainsi la première des lois votées par le peuple ; elle ne devait pas être la dernière.

20 LES LOIS VOTÉES PAR LE PEUPLE. — De fait, après la rédaction des XII Tables, le droit romain a continué à évoluer. Lorsqu'il s'avère nécessaire de poser de nouvelles règles, c'est le peuple, dans ses comices, qui y pourvoit. On évoquera successivement le vote de la loi (1), la sanction de la loi (2), le rapport entre la loi et la coutume (3).

1 / *Le vote de la loi.* — Nous nous limiterons aux lois ordinaires, dites *leges rogatae* : « lois demandées », ou plutôt « dont le vote est demandé ». Demandé au peuple par les magistrats supérieurs (ceux qui disposent de l'*imperium*), qui ont ainsi seuls *l'initiative des lois*. Le projet de loi, rédigé par un consul ou un préteur, est soumis à l'assemblée du peuple. Au début de la République, jusqu'en 339 av. J.-C., la loi votée par le peuple devait être ensuite approuvée par le Sénat, qui lui donnait force exécutoire au moyen d'un sénatus-consulte. À partir de 339, le Sénat (patricien) perd le pouvoir de dire le dernier mot, et le sénatus-consulte n'intervient que sur le texte du projet soumis au vote populaire, et non plus sur la loi elle-même : dès lors, par un renversement significatif, le dernier mot restera au peuple. Le vote des comices est un vote populaire. S'agit-il pour autant de démocratie directe ? En réalité, les modalités complexes qui organisent l'expression des suffrages permettent de donner la prépondérance aux citoyens les plus riches : la « démocratie » romaine, comme on l'a déjà dit, n'est que le paravent d'une oligarchie.

Une fois votée, la loi est promulguée par les soins du magistrat qui préside l'assemblée du peuple. Gravée sur une table de marbre, elle est ensuite portée à la connaissance des citoyens par affichage dans un lieu public (le Forum ou le Capitole), et enfin elle est archivée dans le temple de Saturne (l'*aerarium,* où était aussi conservé le trésor public). Les lois n'étaient pas désignées par leur date, comme aujourd'hui, mais par leur objet et par les noms de famille (nom « gentilice ») des magistrats qui en avaient pris l'initiative : ainsi les lois votées à la demande de César ou d'Auguste, qui appartenaient à la *gens Julia,* sont-elles toutes des *leges Juliae.*

2 / *La sanction de la loi.* — Aujourd'hui toutes les lois ont la même valeur, toutes (du moins en théorie !) sont également obligatoires. Il n'en allait pas de même à Rome, où toutes les lois n'avaient pas la même sanction. On appelle *sanction* la formule finale de la loi

indiquant comment seraient réprimées les éventuelles violations du nouveau texte. Or, justement, certaines lois sont dépourvues de sanction : on les appellera plus tard *lois imparfaites*. Dans d'autres cas, la loi prévoit la sanction la plus forte, c'est-à-dire la nullité absolue de l'acte pris en violation de ses prescriptions : on parlera alors de *lois parfaites*. Entre ces deux catégories, les juristes placeront les *lois moins que parfaites* : celles-ci ne prononcent pas la nullité des actes qui les méconnaissent, mais infligent au contrevenant des sanctions diverses, en général pécuniaires. L'existence des lois imparfaites est une bonne illustration de ce que les sociologues du droit appellent l'*ineffectivité* des règles. Et il s'agit ici d'un cas particulièrement caractéristique d'ineffectivité, puisqu'elle est en somme acceptée à l'avance par le législateur. À quoi pouvait donc bien servir une telle loi, condamnée d'avance à rester sans effet ? L'explication tient sans doute aux réticences des comices, disposées à voter une loi de principe, mais pas davantage. Les magistrats proposent donc, faute de mieux, une règle simplement indicative, peut-être avec l'idée de la transformer plus tard en règle obligatoire (par l'adjonction d'une sanction). À vrai dire, à Rome, la loi restera jusqu'au Bas-Empire une manière vraiment exceptionnelle de créer du droit, surtout du droit privé – domaine de prédilection de la coutume.

3 / *La loi et la coutume.* — Si pour un Romain la loi est l'expression la plus haute du droit civil, il reste que l'activité législatrice du peuple n'a jamais été très intense. La loi est un acte grave, et donc rare : on ne la galvaude pas. Pour toute la durée de la République, entre les XII Tables et Auguste (soit plus de quatre siècles), on dénombre environ 800 lois. Encore la plupart d'entre elles concernent-elles des matières de droit public : seulement 24 portent sur des questions de pur droit privé, et des questions très précises dans la plupart des cas. Le reste – c'est-à-dire l'immense majorité des règles concernant les relations entre particuliers, et d'abord les relations internes à la famille – est réglé par la coutume. On la désigne au début de la République par une expression assez vague, le *mos majorum* : la façon d'être des ancêtres (*mos*, pl. *mores*, a donné « mœurs » : c'est un mot que nous retrouverons par la suite). Lorsque le droit, comme on va le voir, devient plus savant, les juristes désignent la coutume par le mot *consuetudo*. On en donne alors

des définitions précises : « Droit qu'un long espace de temps a rendu obligatoire par la volonté de tous, sans intervention de la loi » (Cicéron). Même si les grands jurisconsultes du principat ne font pas figurer la coutume parmi les sources formelles du droit, elle a néanmoins joué un grand rôle dans la vie juridique, en particulier sur deux points. D'abord, on admet que la loi peut être abolie avec le temps : la *desuetudo* (désuétude), qui est en somme une *longa consuetudo* (« longue coutume ») négative, fait disparaître la loi au bout d'un certain temps (les juristes discuteront plus tard de la durée précise de ce délai). En second lieu, la coutume a joué un très grand rôle dans les provinces : en effet, les Romains n'ont pas cherché à imposer leur droit aux peuples vaincus, le droit *civil* restant, par définition, réservé aux *citoyens*. Les provinciaux ont donc pu conserver leurs droits propres, qui étaient bien souvent coutumiers. En 212 apr. J.-C., l'édit de Caracalla admettant tous les hommes libres de l'Empire à la citoyenneté romaine les autorisera à utiliser le droit civil, mais tout en leur laissant leurs usages locaux (« le droit des cités »). Ceux-ci subsisteront donc jusqu'à la fin de l'Empire.

Section II
Les transformations du droit à la fin de la République

21 LE DROIT PRÉTORIEN. — C'est le droit qui émane du préteur, à qui incombe depuis 367 av. J.-C. la charge de la juridiction civile. Ce premier préteur ne s'occupe d'abord que des litiges entre citoyens, dans le cadre de la Ville : on l'appelle pour cette raison le *préteur urbain*. En 242 apparut un second préteur, spécialisé dans les litiges entre Romains et étrangers (« pérégrins » : *peregrini*, mot qui a donné « pèlerins »), et que l'on appelle de ce fait le *préteur pérégrin*. On se limitera ici au préteur urbain. C'est sa place dans l'organisation judiciaire (1) qui explique son rôle créateur de droit (2).

1 / *Le préteur et le procès civil*. — Au début de la République, lorsqu'un citoyen voulait intenter un procès pour faire valoir un droit, par exemple pour revendiquer une chose qu'on lui avait indû-

ment enlevée, ou pour demander réparation d'une injure qu'on lui avait faite, il devait se présenter devant le consul, en lui amenant la partie adverse, et exprimer sa demande. Cette demande devait obligatoirement se couler dans une procédure précise, prévue par la coutume ou inscrite dans la loi. Il y avait cinq modes procéduraux distincts, les cinq « actions de la loi » *(legis actiones)*. Cette expression ne signifie pas que la loi des XII Tables les a créées (car trois lui étaient antérieures), mais simplement qu'elles tiraient désormais leur force de la loi (et non plus du seul bon vouloir du magistrat). Les plaideurs devaient s'adresser au consul selon des formes précises, qu'il fallait respecter strictement, selon un *formalisme* caractéristique de toutes les procédures primitives (qui accordent aux formes une valeur *substantielle*, exactement comme les rituels magiques). Le magistrat contrôlait la régularité formelle de la demande, après quoi il désignait un juge pour trancher le procès. Fait remarquable : ce n'est pas le magistrat, homme public, qui jugeait les procès, mais un particulier, choisi parmi les notables. Le juge entendait les parties, se faisait une opinion, puis rendait sa sentence (*sentencia :* c'est ce que le juge « sent » être juste). Cette division du procès civil en deux phases – l'une devant le magistrat, l'autre devant un juge – durera jusqu'à l'Empire. Lorsque le préteur remplace le consul, au milieu du IVe siècle av. J.-C., la procédure ne change pas. Si le plaideur se réfère à une action prévue par la loi, le préteur lui donne un juge ; si en revanche la demande ne correspond pas exactement à l'une des cinq « actions de la loi » disponibles, le procès ne peut pas avoir lieu. Pas d'action, pas de procès.

Au cours du IIIe siècle, la rigidité de ce système est devenue de plus en plus gênante. Avec le développement de la puissance romaine, l'extension du territoire, l'accroissement des richesses, l'afflux dans la Ville d'étrangers de plus en plus nombreux..., de nouveaux types de litiges ont forcément surgi, que la vieille procédure ne permettait plus de résoudre. Il fallut donc l'assouplir, et ce faisant la transformer profondément : ce fut le rôle du préteur.

2 / *Le préteur, source de droit.* — Puisque les actions de la loi sont insuffisantes, le préteur crée de nouvelles actions, et par là de nouvelles manières de dire le droit, au fur et à mesure que le besoin s'en fait sentir. Comment s'y prend-il ? En mettant au point, avec l'aide des

juristes de métier qui forment son conseil, une *formule* : c'est une sorte de petit programme (il tient en quelques lignes) par lequel le préteur, en désignant le juge, lui indique de quelle manière, à défaut d'action de la loi, il peut trancher le litige. On appelle cette nouvelle procédure la *procédure formulaire*. Dans un premier temps, le préteur est parti des actions existantes pour les assouplir, les élargir, en étendre l'application à des cas nouveaux. Et puis, dans un second temps, le préteur et ses conseillers ont élaboré des actions tout à fait nouvelles, sans aucun lien avec les actions existantes. Ainsi sont apparues, à côté des actions prévues par la loi (ou *actions civiles*), des actions résultant de l'initiative propre du préteur, les *actions prétoriennes*. Ce n'est évidemment pas le lieu de décrire, fût-ce de manière succincte, les différentes modalités des actions prétoriennes. On se bornera à un exemple, peut-être le plus significatif : celui des actions dites « fictices », car fondées sur une *fiction*. La fiction est un raisonnement par lequel on suppose vrai un fait qui ne l'est pas, en vue de produire un effet de droit. Ainsi, lorsque le préteur pérégrin a voulu que certains étrangers pussent plaider au même titre que les citoyens, il a invité le juge à « faire comme si » l'étranger en question était un citoyen, et à le faire bénéficier de la solution du droit civil. Ce qui a donné une formule du type suivant (en traduction simplifiée) : « S'il apparaissait que tel plaideur était propriétaire de telle chose au regard du droit des citoyens, Juge, *[tu feras comme] si ce plaideur était un citoyen* et tu lui attribueras cette chose. »

À la fin du IIᵉ siècle, une loi accorda aux préteurs le droit de créer librement toute sorte d'actions nouvelles. Dès lors ils ont pris l'habitude d'annoncer dès le moment de leur entrée en fonction les innovations qu'ils comptaient introduire dans le droit. Comme on l'a dit, le préteur avait en effet le *jus edicendi*, c'est-à-dire la possibilité de faire une déclaration publique officielle, un édit *(edictum)*, en entrant en charge. L'*édit du préteur*, publié d'année en année par chaque nouveau titulaire de la fonction, est une sorte de programme judiciaire : c'est la liste des actions que le magistrat chargé de la justice s'engage à délivrer aux plaideurs. Bien sûr cette liste n'est pas bouleversée chaque année : chaque préteur reprend les actions introduites par ses prédécesseurs en y ajoutant simplement quelques innovations, le plus souvent à l'instigation des jurisconsultes (v. le numéro suivant) ou du Sénat. Le droit prétorien est ainsi une création continue. Il assure, à côté du droit civil proprement dit, un profond renouvellement du droit romain.

Le droit prétorien est aussi appelé « droit honoraire », car il émane d'un magistrat (titulaire d'un « honneur » : *honos, honoris*). On parle aujourd'hui de « droit prétorien », et même de « droit honoraire », pour désigner la jurisprudence créatrice des tribunaux (l'apport propre des juges, par rapport à l'application mécanique de la loi). Mais ce rapprochement n'est pas complètement exact, car le préteur romain n'était pas un juge au sens strict. En même temps, le mot *jurisprudence* par lequel nous désignons aujourd'hui les décisions des tribunaux est lui-même en décalage par rapport au sens romain (et originel) de ce terme, comme on va le voir maintenant.

22 LES DÉBUTS DE LA JURISPRUDENCE. — La jurisprudence *(jurisprudentia),* c'est d'abord, au sens étymologique, la connaissance du droit. Une connaissance avisée, réfléchie, sage : toutes nuances qui sont contenues dans le mot *prudentia.* Elle est développée à la fin de la République par des « sages en droit » que l'on désigne à la fois comme *jurisprudents* et *jurisconsultes* : car tout en menant une réflexion *prudente* (au sens latin du mot) sur le droit, ce sont aussi des spécialistes que les particuliers peuvent venir *consulter* sur des questions pratiques. En somme, ce qu'on appelle à Rome la jurisprudence correspond exactement à ce que nous appelons aujourd'hui la *doctrine* : la réflexion fondamentale sur le droit, justifiant à l'occasion une activité de consultation. À Rome les consultations données par les jurisconsultes étaient appelées des « réponses », *responsa.*

Au début de la République il n'y avait que les pontifes, premiers spécialistes du droit, qui étaient habilités à donner des consultations. À la fin du IIIe siècle av. J.-C., le collège pontifical perd son monopole juridique et l'on voit apparaître, après l'an 200, les premiers jurisconsultes laïcs. Ce sont, au début, de purs praticiens, c'est-à-dire des hommes qui *pratiquent* le droit en répondant à des questions précises que leur posent leurs clients. Peu à peu cependant, au cours du IIe siècle, la culture grecque pénètre en Italie : c'est l'heureuse conséquence de la conquête de la Grèce par les Romains. Les jurisconsultes se mettent donc à lire Platon, Aristote, les Stoïciens. Et ils deviennent alors, au sens plein du mot, jurisprudents. Appliquant au droit les catégories générales de la philosophie, ils dépassent l'approche casuistique (le « cas par cas ») pour découvrir des *notions* abstraites. En d'autres termes, ils passent du niveau de la simple pratique à celui de la *théorie* (ou du moins à un début de théorie) du droit. Ils publient non seulement leurs consultations, mais aussi des commentaires sur le droit en vigueur, civil et prétorien. Leurs ouvrages se veulent logiques : il s'agit d'abord d'exposer les règles, telles qu'elles apparaissent dans les divers rapports de droit, puis de les classer, de les comparer, éventuellement de les hiérarchiser. Rien de rigide, cependant, ni de systématique : c'est Cicéron qui a le mieux défini le rôle des jurisconsultes/jurisprudents en disant qu'il leur revenait de « transformer le droit en art » *(jus in artem redigere)*. Cette conception romaine de la jurisprudence se retrouve aujourd'hui en anglais dans le mot *jurisprudence*, qui désigne la théorie générale du droit, la réflexion sur les grands principes (en revanche, pour désigner ce que nous appelons en France la jurisprudence, les Anglais usent d'une périphrase : *the decisions of the Courts*).

Pour autant – et ceci est très important – les jurisprudents romains ne sont pas de purs esprits : ils prennent une part active à la vie juridique en donnant des consultations, en rédigeant des actes juridiques, en dirigeant des procès pour le compte d'un particulier. Et surtout, ce sont eux qui conseillent les préteurs successifs et qui leur inspirent, selon les besoins du moment, ces nouvelles formules judiciaires qui ont fait si profondément évoluer le droit. C'est ce va-et-vient continuel de la pratique à la théorie qui explique la grande fécondité de la jurisprudence romaine à la fin de la République. Nous en présenterons quelques aspects dans la leçon suivante. La jurisprudence reste cependant une activité purement privée ; c'est seulement sous l'Empire qu'elle se verra reconnaître, dans certaines conditions, un rôle public.

Pour aller plus loin

23 L'accès aux strates les plus anciennes du droit romain passe nécessairement par la grande compilation effectuée par l'empereur Justinien au VIe siècle apr. J.-C. (*infra*, n° 29). Ce recueil, que l'on appellera à la fin du Moyen Âge le *Corpus Juris Civilis* (le « corps du droit civil »), a fait l'objet de multiples éditions, d'abord manuscrites au

Moyen Âge (v. *infra,* leçon 10), puis imprimées. L'édition dont se servent aujourd'hui les romanistes est celle de Mommsen, Krüger, Schöll et Kroll, 3 vol., Berlin, 1899-1928. – Pour les sources antérieures à Justinien, v. les *Textes de droit romain* de Paul-Frédéric Girard (7e éd., 2 t., 1978), et les *Fontes Iuris Romani Antiqui* (= *FIRA*), 2 vol., 2e éd., Florence, 1940-1941. Les *FIRA* présentent une hypothèse de reconstitution de la loi des XII Tables selon une répartition des divers fragments de la loi (entre les douze tables et à l'intérieur de chacune d'entre elles) qui a été discutée depuis ; comme on l'a dit, ces fragments ne sont connus que par des citations indirectes, nombreuses mais éparses, de sorte que toute reconstitution reste en partie hypothétique. La législation décemvirale vient de faire l'objet de plusieurs études novatrices de Michel Humbert, en dernier lieu : Les XII Tables, une codification ?, *Droits*, no 27, 1998, p. 87-111. – Sur la loi à l'époque classique, v. André Magdelain, *La loi à Rome, histoire d'un concept*, Paris, 1978, et Claude Nicolet, *Le métier de citoyen dans la Rome républicaine*, Paris, 1976. – Une présentation très brillante, à la fois érudite et originale, est proposée par Michel Villey, *Le droit romain*, PUF, coll. « Que-sais-je ? », no 195 (8e éd., 1987).

Leçon 4
Le droit de l'Empire

24 Le droit évolue avec le régime politique : comme on l'a déjà indiqué, le passage du Principat au Dominat se traduit par une mainmise de plus en plus exclusive de l'empereur sur la « production » du droit.

Section I
Le droit du Principat

25 Le déclin des sources traditionnelles. — Dès le Ier siècle, les sources traditionnelles du droit sont en déclin. C'est d'abord le cas de *la loi*. Les assemblées populaires, dont le fonctionnement était déjà bien perturbé à la fin de la République, sont de moins en moins actives. Si Auguste les convoque à nouveau, pour leur faire voter une série de grandes lois de restauration familiale et morale, ses successeurs n'y auront plus guère recours : il y aura encore quelques lois jusqu'à Claude, et la dernière sera votée sous Nerva – un vieil empereur traditionaliste (96-98). Dès lors, le peuple n'exercera plus le pouvoir législatif. Quant à *l'édit du préteur*, il est resté une source créatrice de droit jusqu'au milieu du Ier siècle. Ensuite, il se fige peu à peu : les préteurs nouveaux se contentent de le recopier sans modification d'une année à l'autre. Vers l'année 130,

Hadrien demandera au grand jurisconsulte Julien de donner une édition ordonnée et définitive de l' « édit perpétuel » *(edictum perpetuum).* Sous cette forme, il continuera à régir certains aspects de la procédure dans les siècles suivants, malgré la fonctionnarisation de l'appareil judiciaire. Si la loi votée par le peuple disparaît, si l'édit du préteur n'évolue plus, c'est qu'une autre source créatrice de droit a pris la relève. Cette autre source, dès lors de plus en plus puissante, on le devine : c'est l'empereur.

26 LE DÉVELOPPEMENT DU POUVOIR NORMATIF DU *PRINCEPS.* — C'est en effet l'empereur qui hérite de l'ancien pouvoir législatif du peuple, mais pas tout de suite, et pas directement. Il y a un intermédiaire : c'est le Sénat. Depuis toujours, le Sénat avait rendu des avis, appelés *sénatus-consultes.* C'était de simples conseils, juridiquement dépourvus de caractère obligatoire, mais dotés d'une « autorité » considérable : lorsqu'un magistrat recevait un tel conseil, il le suivait en principe sans discuter. Depuis la fin de la République, le Sénat n'hésitait pas à suggérer au préteur certaines réformes, jouant ainsi un rôle actif dans l'évolution du droit. Ce rôle s'accroît au début de l'Empire, toujours par voie d'injonctions aux magistrats. Puis, à l'époque d'Hadrien, le dernier pas est franchi : il est admis que les sénatus-consultes ont force de loi. En réalité, derrière le Sénat, il y a l'empereur ; à l'origine du sénatus-consulte, il y a presque toujours la volonté du prince. Un temps – jusqu'à la fin de la dynastie antonine – on respecte certaines formes : il est dit que l'empereur *« prie »* le Sénat de prendre telle mesure ; mais très tôt il est clair que cette « prière du prince » *(oratio principis)* adressée au Sénat est en réalité un ordre. En d'autres termes : *c'est l'empereur qui dit le droit.* De fait, après l'an 200, il n'y aura plus de sénatus-consultes législatifs ; désormais, l'empereur apparaît directement comme source créatrice de droit. Il l'est à vrai dire depuis le début du principat, par le biais de décisions personnelles que l'on appellera plus tard les *constitutions* impériales.

Une constitution impériale, c'est ce que le *princeps* a « constitué » *(constituit).* Ce mot contient la racine <ST> qui implique la stabilité *(sto, stare),* c'est-à-dire la permanence (c'est aussi la racine du mot « État », *status*). On en distingue quatre sortes : les édits, les décrets, les mandats et les rescrits. – D'abord, comme tout magistrat, le prince a le *jus edicendi*, le droit de promulguer des *édits*, c'est-à-dire des prescriptions d'ordre général, applicables à tout l'Empire ou du moins à une catégorie de destinataires. Très vite cependant les édits de l'empereur se distinguent de ceux des magistrats à deux égards : d'une part, ils peuvent intervenir à tout moment (et pas seulement lors de son entrée en fonctions), d'autre part, ils sont permanents (alors que les édits des magistrats ordinaires ne s'appliquaient que pendant l'année où ils étaient en charge). À côté de ces prescriptions générales, l'empereur prenait des décisions particulières. Les unes étaient de nature judiciaire : ce sont les *décrets*, jugements rendus par le prince dans le cadre de son conseil, soit en première instance soit en appel. C'est en effet à cette époque que la justice se fonctionnarise et se hiérarchise, le conseil du prince constituant le degré suprême de cette hiérarchie. D'autres étaient des instructions administratives envoyées par l'empereur à ses fonctionnaires : ce sont les *mandats* (de *mandare*, confier une mission). Enfin le troisième type de décisions particulières prises par l'empereur était constitué par les *rescrits*. Il s'agit de réponses faites par le prince à des questions d'ordre juridique ou administratif posées par un particulier ou par un fonctionnaire. La réponse était généralement donnée au bas de la lettre elle-même qui contenait la question (d'où le terme de « rescrit » : *re/scriptum*, ce qui est « écrit en retour »).

Quelle était la valeur juridique de ces diverses décisions ? Sans entrer dans une discussion complexe, on se bornera à indiquer le sens de l'évolution. Peu à peu, les constitutions impériales se rapprochent de la loi. Dès le milieu du IIe siècle, on leur reconnaît une autorité « comparable » à celle de l'ancienne loi du peuple : pour Gaius, « la constitution impériale est ce que l'empereur a prescrit... Et l'on n'a jamais douté qu'elle ait *valeur de loi*, puisque l'empereur reçoit le pouvoir par une loi ». Au début du IIIe siècle, Ulpien, l'un des derniers des grands jurisconsultes (v. numéro suivant), cisèle une formule qui aura un grand avenir : « Ce qui a paru convenable au Prince a force de loi » *(Quod principi placuit legis vigorem habet)*. Comprenons : ce que veut le prince, et qu'il exprime par un acte public, doit être désormais considéré comme une loi. Gaius et Ulpien justifient leur position par un argument qui prendra par la suite une importance considérable : si le prince peut « faire la loi », c'est parce que le peuple romain, autrefois titulaire du pouvoir législatif, le lui a expressément *délégué* ; et cette délégation a été opérée par la loi d'investiture de l'empereur, la *lex de imperio* (« loi [votée] au sujet de l'*imperium* »). C'est ce qu'Ulpien explique juste à la suite des mots que nous venons de citer : « ... en effet, en vertu de la "loi royale" *(lex regia)* qui a été portée au sujet du pouvoir suprême *(imperium)*, le peuple [romain] a conféré [à l'empereur] tout son pouvoir *(imperium)* et toute sa puissance *(potestas)*. » Ce fragment (repris par Justinien dans le Digeste : D. 1, 4, 1, pr.) sera l'un des textes fondateurs de la pensée politique médiévale (*infra,* n° 100).

27 L'APOGÉE DE LA JURISPRUDENCE CLASSIQUE. — L'art des juristes atteint son apogée sous le Principat, entre le Ier siècle et la première moitié du IIIe. Labéon, contemporain d'Auguste, perfectionne la méthode en dégageant la notion de « règle de droit » *(regula)*. Ce mot ne désigne pas, comme aujourd'hui, un ordre émanant de l'autorité publique (un commandement), mais simplement un état du droit que l'on peut décrire à partir de l'*observation* des cas (*infra,* n° 38). Partir des cas concrets pour dégager des règles, tel est le travail du juriste. Mais ces règles ne sont pas toujours évidentes ; le sens des mots, le contenu des notions, ne sont pas toujours clairs. D'où des discussions, des controverses, voire des disputes. C'est le propre, à toute époque, de la doctrine (s'il n'y a plus de débats, c'est qu'il n'y a plus de doctrine) ; c'est ainsi qu'elle est utile au développement du droit. Au début du Ier siècle, deux écoles rivales apparaissent, qui se perpétueront assez longtemps : les Sabiniens et les Proculiens. Pour s'en tenir ici aux juristes les plus célèbres, il suffira de citer *Julien*, contemporain de l'empereur Hadrien, rédacteur de l'édit perpétuel (v. 130) ; à la génération suivante, *Gaius* ; enfin, à l'époque des Sévères (qui marque la fin de la période « classique » du droit romain), *Papinien*, *Paul* et *Ulpien*. Ces derniers furent non seulement de très grands juristes, mais aussi des auxiliaires très proches des empereurs. Papinien et Ulpien ont été préfets du prétoire (c'était l'adjoint le plus direct de l'empereur, une sorte de premier ministre), le premier de Septime Sévère, le second d'Alexandre

Sévère. Leur œuvre, largement sauvée de l'oubli par son insertion dans le *Digeste* de Justinien (*infra,* n° 29), est abondante et multiforme : à côté des classiques recueils de consultations (*Responsa* ou *Quaestiones*), ils composent des *Disputationes* (discussions de points controversés), des recueils de « Règles », des manuels d'enseignement appelés « Institutes » (*Institutiones*, du verbe *instituere* : enseigner, qui a donné « instituteur »), des traités de droit prétorien (*Libri ad Edictum :* commentaires de l'édit du préteur), des ouvrages de synthèse entre le droit civil et le droit prétorien appelés *Digestes* (mot qui signifie « mise en ordre », « arrangement »), etc. Particulièrement importantes sont les Institutes de Gaius (v. 160), et celles d'Ulpien (au début du IIIe s.). À côté de leur œuvre personnelle, ces juristes ont joué un grand rôle, au sein du conseil du prince, dans l'élaboration de la législation impériale.

Après le milieu du IIIe siècle, la grande époque de la jurisprudence romaine est close. Désormais les juristes n'ont plus d'existence autonome : ils sont enrôlés au service de l'État, selon un processus commencé à l'époque sévérienne. Au Bas-Empire, une doctrine de second ordre persistera dans les grandes écoles de droit des deux capitales (Rome et Constantinople), ainsi qu'à Athènes et à Beyrouth. Mais elle se borne à des commentaires peu inventifs, à de simples paraphrases (portant soit sur le « vieux droit » civil, soit sur le « droit nouveau » des constitutions impériales). En 426, une loi de Théodose II (dite « loi des citations ») consacre officiellement l'autorité de cinq grands jurisconsultes disparus depuis près de deux siècles : Gaius, Paul, Ulpien, Papinien et Modestin. Aux termes de cette loi, l'opinion de ces jurisconsultes s'impose à tous les juges, du moins s'ils sont du même avis ; s'ils divergent, le juge doit suivre l'avis de la majorité (quatre contre un, ou trois contre deux) ; en cas de partage égal des avis (deux contre deux), c'est la voix de Papinien qui l'emporte ; la loi, fort longue, indiquait ensuite dans quelles conditions les autres jurisconsultes pourraient être invoqués. En donnant ainsi force de loi à l'ancienne jurisprudence, non seulement la « loi des citations » soulignait le profond dépérissement de la doctrine contemporaine, mais en même temps elle rendait manifeste *la mainmise de l'État sur la totalité du droit*, aussi bien le nouveau que l'ancien : c'est là, comme nous allons le voir, une caractéristique essentielle du Bas-Empire.

Section II
Le droit du Bas-Empire

28 LE TRIOMPHE DE LA LOI. — Avec le Dominat, l'empereur est désormais la source unique du droit. Ses décisions sont indifféremment appelées *constitutions* ou *lois*. Au IVe siècle, on dit que l'empereur est la « loi vivante » ; au VIe siècle, Justinien reprendra cette expression et se présentera lui-même comme « loi animée » (*nomos empsychos* dans le texte grec, *lex animata* dans la traduction latine – expression qui sera reprise par les légistes médiévaux). Les lois impériales se multiplient tout au long des IVe et Ve siècles, aussi bien en Occident qu'en Orient. Dans un contexte social profondément troublé par les menaces extérieures, la crise des anciennes valeurs, le repliement économique, l'État réagit par la multiplication des règles. Il légifère sur toute sorte d'objets : l'organisation familiale, la vie des métiers, la condition des paysans, l'administration locale, la religion, le transport des marchandises, le protocole de la cour impériale, etc. C'est un effort continuel pour encadrer et contrôler autoritairement la totalité de la vie sociale, y compris dans ses aspects les plus privés. Du coup, les lois prolifèrent, formant une masse de plus en plus difficile à manier.

C'est pour tenter de mettre de l'ordre dans ce chaos législatif qu'apparaissent, à la fin du IIIe siècle, les premières *compilations*. On appelle ainsi des recueils de décisions classées dans un certain ordre, ce classement permettant de les retrouver plus aisément. Vers 292, sont publiés deux *Codes*, œuvres privées des juristes Grégoire et Hermogène : ce sont les Codes Hermogénien et Grégorien. Il faut s'arrêter un instant sur le mot « code », qui fait son apparition à ce moment-là dans le vocabulaire juridique. À vrai dire, à l'origine, ce terme n'est pas propre au droit. Il désigne en général une nouvelle manière de présenter les textes écrits : celle qui nous est aujourd'hui la plus familière, celle du livre. Jusqu'au IIe siècle en effet, la forme la plus fréquente était celle du rouleau (*volumen*, qui a donné « volume ») ; pour lire, il fallait dérouler le texte d'un côté et l'enrouler de l'autre. Au IIIe siècle, se répand la nouvelle technique du *codex* (pl. *codices*) : une série de feuilles distinctes, rectangulaires, superposéees et reliées ensemble par un côté. Ce fut une véritable révolution, d'abord parce que les anciens « volumes », désormais démodés, durent être massivement retranscrits sur des « codes » (et cette retranscription s'est parfois accompagnée, semble-t-il, de modifications apportées au fond même des textes) ; mais aussi parce que cette nouvelle présentation rendait plus facile la consultation d'un texte abondant. C'est pour cette raison de commodité que le mode du *codex* a été rapidement adopté par les juristes, au point que le mot « code » est devenu par excellence (mais non exclusivement) un terme de droit.

Les Codes Grégorien et Hermogénien, œuvres privées, n'avaient qu'une ambition modeste : rendre service aux praticiens du droit. Tout autre est la compilation officielle due à l'empereur d'Orient Théodose II, le *Code théodosien*. Décidée en 429, confiée à une commission de 16 membres, elle est achevée en 438 et promulguée à la fois en Orient et en Occident. Il s'agissait de rassembler selon un plan systématique toutes les constitutions impériales promulguées depuis Constantin. La matière est répartie en 16 livres, eux-mêmes divisés en titres ; dans chaque titre, les lois sont classées par ordre chronologique. Le Code théodosien restera en vigueur en Occident jusqu'à la fin de l'Empire, du moins sous sa forme initiale ; en Orient, il s'est appliqué jusqu'à la promulgation du Code de Justinien.

29 LA COMPILATION DE JUSTINIEN. — On parle de compilation ou de « codification » justinienne, en prenant le mot « codification » dans un sens large, comme regroupement et mise en ordre de textes juridiques existants (c'est ce que l'on appelle aujourd'hui la « codification à droit constant », par opposition à la codification *créatrice* dont il sera question plus loin : *infra,* n° 175). L'œuvre de Justinien revêt une énorme importance pour toute l'histoire des droits européens jusqu'à nos jours. En effet, l'empereur a voulu faire la somme de tout le droit romain depuis ses origines pour le transmettre, comme un héritage précieux, à la postérité. Et c'est en effet ce qui est advenu. Justinien a régné sur l'Empire d'Orient entre 527 et 565. Il rêvait de restaurer l'Empire romain dans son antique splendeur. Et d'abord d'en restaurer l'unité. De fait, il entreprend de reconquérir l'Occident alors aux mains des Barbares et, avec l'aide d'un chef de guerre remarquable, Bélisaire, il réussit à reprendre pied en Illyrie (côte est de l'Adriatique), en Italie, en Sicile, en Afrique et jusqu'au sud de l'Espagne. Mais sa grande idée était la restauration juridique. Ce fut un immense chantier, ouvert dès 528 et confié à un ancien professeur de droit devenu haut-fonctionnaire du « Sacré Palais », Tribonien. Autour de Tribonien ont travaillé les plus éminents spécialistes, professeurs, fonctionnaires du Palais, avocats. La compilation justinienne comporte quatre éléments, qu'il nous faut envisager tour à tour.

1 / Le premier travail de Tribonien et de ses collaborateurs fut la confection d'un nouveau *Code*. De fait, celui de Théodose était dépassé : depuis près d'un siècle, une masse considérable de constitutions nouvelles s'était ajoutée aux précédentes. La commission travailla vite, réutilisant le Code théodosien pour la partie ancienne, le complétant pour la période postérieure. Il fut achevé en avril 529, mais très vite remis sur le métier pour être complété. Seule, à vrai dire, cette seconde version nous est parvenue : elle a été publiée le 16 novembre 534. Le Code de Justinien est divisé en 12 livres, eux-mêmes subdivisés en titres ; les lois sont placées dans chaque titre par ordre chronologique. Le Code forme la première partie de la compilation.

2 / La deuxième partie est le *Digeste* (ou, en grec, *Pandectes*). C'est un recueil soigneusement « composé » (c'est le sens précis du mot « digeste ») de la jurisprudence romaine. Il s'agissait de mettre à la disposition des juristes, dans un but de restauration du droit, les extraits les plus significatifs des grands jurisconsultes (c'est ce que l'on appelait désormais le *jus*, par opposition aux *leges* contenues dans les codes). Une commission de 16 membres, que Justinien présida parfois en personne, devait sélectionner les passages les plus significatifs ou les plus utiles. Comme l'empereur l'explique lui-même, la commission a opéré une réduction au vingtième de la documentation existante : sur 3 millions de lignes, elle en a retenu 150 000, soit plus de 9 000 fragments. Les œuvres de 38 jurisconsultes, représentant 1 600 ouvrages, ont été mises à contribution. Les auteurs les plus cités sont Gaius, Paul, Papinien et surtout Ulpien, qui arrive largement en tête. De façon très remarquable, chaque fragment est individualisé par une référence précise : c'est cette exactitude qui a permis aux romanistes modernes de reconsti-

tuer les œuvres des jurisconsultes. Toutefois la fidélité aux sources n'est pas tout à fait complète. En effet, Justinien avait expressément prescrit à la commission de faire en sorte que les divers fragments soient coordonnés entre eux en éliminant les éventuelles contradictions. C'est dire que Tribonien et ses acolytes ont parfois modifié les textes originaux en introduisant des passages nouveaux que la critique moderne a appelé des « interpolations ». Ils ont d'ailleurs procédé de la même manière pour le Code. Comment reconnaître ces adjonctions, comment retrouver le texte original ? C'est un exercice difficile, auquel se sont consacrées, à partir de la Renaissance, des générations de romanistes (c'est ainsi que l'on appelle les savants spécialistes du droit romain).

Divisé en 50 livres (eux-mêmes subdivisés en titres, puis en fragments et enfin en paragraphes), le Digeste fut promulgué le 16 décembre 533 par la constitution *Tanta*, qui en forme la seconde préface, et dans laquelle Justinien se targue d'avoir réalisé « ce qui paraissait tout à fait impossible à l'esprit humain : ... *ramener à l'unité et à l'harmonie le droit de Rome, depuis la fondation de la Ville jusqu'à notre époque, c'est-à-dire pendant quatorze siècles.* »

3 / Mais il ne servait à rien de restaurer le droit si l'on ne restaurait pas aussi l'enseignement du droit. C'est la raison pour laquelle Justinien a demandé à trois professeurs de droit (dont Tribonien) de rédiger des *Institutes* – comme l'avaient fait auparavant beaucoup de juristes, en particulier Gaius et Ulpien. Le manuel est adressé *« à la jeunesse avide des lois »* (c'est-à-dire avide de les *apprendre*, ce qui devrait être le propre, à toute époque, des étudiants en droit). Il reprend, en quatre livres, le plan tripartite des *Institutes* de Gaius : personnes, biens, actions. Ce sera encore, près de treize siècles plus tard, le plan du Code Napoléon (*infra,* n° 178). Le manuel de Justinien a été promulgué le 21 novembre de la même année 533, précédé d'une préface remarquable, la constitution *Imperatoriam Majestatem.* La première phrase de cette préface, qui met en parallèle la puissance des lois et la force des armes, restera célèbre : « La Majesté impériale ne doit pas seulement être illustrée par les armes, elle doit aussi être armée par les lois : ceci afin que l'État soit correctement gouverné à la fois en temps de paix et en temps de guerre ; que le Prince non seulement soit victorieux de ses ennemis dans les batailles mais aussi qu'il réprime les iniquités des calomnia-

teurs par la sagesse de ses lois ; et qu'il se rende aussi recommandable par le droit que magnifique par ses victoires. »

4 / Après l'année 533, Justinien a encore régné plus de trente ans. Et il a continué à légiférer. Ce sont ces constitutions postérieures au Code (il y en a 158) qui ont été par la suite réunies dans un nouveau recueil appelé *Novelles* (« nouvelles » constitutions).

Promulguée théoriquement pour tout l'Empire romain (et même « pour tous les peuples » !), la compilation justinienne ne fut vraiment connue qu'en Orient. Pour plusieurs siècles, en fait de droit romain, l'Occident en resta au Code théodosien et à ses succédanés (*infra*, n° 61). Et c'est seulement à la fin du XIe siècle que le droit de Justinien fut découvert en Italie, puis passionnément étudié ; ce qui provoqua un bouleversement juridique considérable dont nous aurons évidemment à reparler (*infra*, leçon 10).

30 LA LOI, LE PRINCE, LE DROIT. — La promulgation de la compilation justinienne marque le triomphe de la loi. Le meilleur de l'héritage juridique de Rome, en quelque sorte revivifié par la volonté de l'empereur, est transformé en loi. De toutes les anciennes sources du droit romain, la loi est donc la seule qui reste active ; et la loi se définit exclusivement comme acte de volonté du prince. Le monopole de l'empereur sur la création du droit est complet. Il s'étend même à l'interprétation du droit. C'est ce qu'affirment très fermement les § 18 et 21 de la « seconde préface » du Digeste, la constitution *Tanta :* en cas de doute sur le sens d'une disposition quelconque, il faudra en référer à l'empereur – « car c'est à celui qui a fait la loi qu'il appartient de l'interpréter » (§ 21). C'est la reprise d'une constitution de 529 insérée au Code : « Seul l'empereur peut faire les lois et les interpréter » (C. 1, 14, 12). Cette affirmation s'adresse tout particulièrement aux juges, dont la subordination va normalement de pair avec l'exaltation du législateur : on retrouvera une configuration du même type en France, à la fin du XVIIIe siècle (*infra*, leçon 18).

Reste à dire un mot sur le rapport entre le prince et la loi elle-même. « Loi vivante », « loi animée », le prince est le maître exclusif de la loi. Au début de l'Empire, à l'époque où le pouvoir législatif du *princeps* était encore discret, les jurisconsultes s'étaient demandé si le prince était soumis à la loi de ses prédécesseurs, ou s'il pouvait s'en dispenser. Mais dès le IIe siècle, le principe selon lequel l'empereur est « dispensé des lois » a triomphé. Ulpien lui donne sa formulation définitive : « Le prince n'est pas lié par les lois » (*Princeps legibus solutus*, repris au Digeste : D. 1, 3, 31). Les légistes médiévaux, on le verra, en feront un grand usage : c'est l'un des textes fondateurs de l'*absolutisme* européen – l'absolutisme étant justement défini par ceci que le prince n'est pas soumis aux lois, du moins aux lois ordinaires. Pour autant, la législation ne saurait se confondre avec le caprice du « maître ». Dans le contexte philosophique du IIe siècle, l'empereur se définit avant tout par sa sagesse : c'est l'idéal stoïcien de l'empereur philosophe, tel que Marc Aurèle l'a incarné un temps. Avec l'empire chrétien, si la souveraineté législative de l'empereur reste entière, cet idéal de sagesse et de modération subsiste : « vicaire » de Dieu, investi d'une mission précise, il doit gouverner avec justice. Et donc en donnant lui-même, autant que possible, l'exemple de la soumission aux règles – non seulement à celles de la religion, mais aussi aux lois de l'État. C'est bien ce que déclarent en 429 Théodose II et Valentinien III : « C'est un propos digne de la majesté de celui qui règne que l'empereur *se déclare lui-même soumis à la loi ;* car notre autorité elle-même dépend de celle du *droit.* » Cette loi, d'abord insérée dans le Code théodosien, puis dans celui de Justinien (C. 1, 14, 4), sera abondamment citée par les auteurs politiques du Moyen Âge sous le nom de loi *Digna vox* (les deux premiers mots du texte) pour illustrer le principe d'*autolimitation* de l' « absolutisme » (*infra,* n° 100).

La loi, le prince, le droit : ces trois termes, dans cet ordre ou dans un autre, seront désormais, pour des siècles, des catégories fondamentales de la pensée juridique et politique de l'Europe. Dans les deux leçons qui suivent nous allons essayer de donner une idée plus précise de ce qu'a été l'apport de l'Antiquité romaine, dans le domaine qui est le nôtre, aux siècles ultérieurs.

Pour aller plus loin

31 La législation impériale, et tout particulièrement la technique du rescrit, a donné lieu à une grande thèse, récemment publiée : J.-P. Coriat, *Le prince législateur. La technique législative des Sévères et les méthodes de création du droit impérial à la fin du Principat*, École fr. de Rome, 1997, à compléter par un article du même auteur : Consolidation et pré-codification du droit impérial à la fin du principat, *La codification des lois dans l'Antiquité*, Paris, De Boccard, 2000, p. 273-284. – L'édit du préteur, tel qu'il a été fixé dans son dernier état, vers 130 apr. J.-C., par Salvius Julianus (Julien) ne nous est pas non plus parvenu directement, mais seulement par les jurisconsultes qui le citent et le commentent : une tentative de reconstitution a été faite par O. Lenel, *Das Edictum perpetuum*, 1re éd. Leipzig, 1883 (3e éd. 1927). – Sur la compilation byzantine : J. Gaudemet, La codification justinienne, *Revue française d'administration publique*, n° 82, 1997, p. 233-238 ; sur la question de l'interprétation, du même auteur : L'empereur interprète du droit, *Festschrift Rabel*, 1954, II, p. 169-203 (commentaire de *Tam conditor quam interpres legum solus imperator* = C. 1, 14, 12). – Pour les éditions de sources, v. *supra*, n° 23.

Leçon 5
Caractères généraux du droit romain

32 Ce que le droit romain a légué aux droits contemporains, et en particulier aux droits de la famille « romano-germanique » (celui de l'Europe continentale), est considérable. Il ne saurait être question ici d'en faire un bilan complet, même sommaire. On s'en tiendra donc, délibérément, à quelques aspects, en vue de donner au moins une idée de l'ampleur de l'héritage. L'importance du droit romain peut s'apprécier à deux niveaux. On s'attachera d'abord, dans cette cinquième leçon, à ses *caractères propres* avant de le considérer dans la leçon suivante dans ses *relations* avec ces autres systèmes normatifs que sont *la morale et la religion* – cette confrontation permettant de cerner, par différence, le domaine propre du droit.

Ce qui caractérise essentiellement le droit romain par rapport à d'autres systèmes juridiques, c'est la combinaison de deux approches complémentaires : d'abord une démarche pratique, celle du *préteur* (I), ensuite un travail d'élaboration théorique, celui de la *jurisprudence* (II).

Section I
Une démarche pratique

33 Si l'on met à part les grandes lois de la République, à vrai dire peu nombreuses, c'est pour l'essentiel à l'action du préteur qu'est dû le développement du droit romain, entre le début de sa période classique (v. 200 av. J.-C.) et la fin du Ier siècle de notre ère. Pendant cette période d'environ trois siècles, le préteur crée du droit, nous l'avons dit, en délivrant aux plaideurs de nouvelles formules d'action, sur la base du programme qu'il a annoncé en entrant en charge dans son édit. Or ce droit prétorien a pour caractère essentiel d'être une réponse aux besoins de la vie juridique, tels qu'ils se manifestent dans la pratique. Lorsque dans tel litige concret le droit existant ne fournissait pas de réponse satisfaisante, le magistrat était appelé à proposer une solution nouvelle : il s'agissait au départ de résoudre un *cas précis*, la solution adoptée pour ce cas permettant ensuite de régler les cas semblables. Ainsi le droit n'est-il pas créé *a priori*, en vertu d'une idée générale ou d'un principe préconçu (qu'il s'agisse d'un principe moral, philosophique ou religieux...), le droit est fait pour répondre à des besoins concrets, des nécessités *pratiques*. Il est fait pour remplir une fonction « utile ». Bien significatives de cette nécessaire utilité du droit sont les actions prétoriennes justement qualifiées d'*utiles* : par une technique appropriée, le préteur étend le champ d'application d'une action civile (prévue par la loi elle-même en faveur des citoyens) au-delà de son domaine strict d'application et la rend ainsi *utilisable* par d'autres que ceux en faveur de qui elle avait été initialement prévue (en particulier en faveur d'un non-citoyen). Plus généralement, toutes les formules dont la liste est contenue dans l'édit du préteur ne visent qu'à la solution concrète de litiges précis. À cet égard, on rapproche souvent le processus prétorien d'élaboration du droit romain de ce que seront plus tard, aux XIIe et XIIIe siècles, les débuts du *Common Law* anglais : la base de ce droit est constituée par un stock de formules d'action, les *writs*, délivrées à la demande des plaideurs par le roi ou son chancelier (*infra*, no 197). Dans l'un et l'autre cas, ce sont les demandes concrètes des justiciables qui conduisent les autorités en charge de la justice à créer, cas par cas, de nouvelles possibilités d'action. Comme la formule du préteur, le *writ* était adressé à un juge pour lui indiquer dans quel cadre et en considération de quels éléments il devait juger l'affaire. La comparaison s'arrête là. D'autant que le droit romain, contrairement au *Common Law*, n'est pas seulement un ensemble de solutions concrètes, dégagées à partir de cas particuliers. Il fait aussi l'objet, de la part des juristes, d'une élaboration théorique.

Section II
Une élaboration théorique

Faire du droit l'objet d'une réflexion théorique suppose d'abord que les concepts de base en soient précisément *définis* ; puis qu'ils soient *classés* les uns par rapport aux autres ; après quoi il devient possible d'observer le « système » qu'ils forment, pour en décrire les *règles*.

34 L'ART DES DÉFINITIONS. — Les philosophes grecs, et d'abord Aristote (384-322 av. J.-C.), ont beaucoup insisté sur la nécessité de donner, préalablement à toute démarche intellectuelle, des *définitions claires.* Et d'abord une définition claire de l'*objet* même de cette démarche. C'est le premier principe de toute science. S'agissant des juristes, cette définition n'est venue qu'assez tard : pas avant le IIe siècle de notre ère, apogée du droit classique. Jusque-là, le droit n'était qu'une pratique. Voici deux définitions célèbres, qui figurent l'une et l'autre au début du Digeste. La première est due à Celse (un juriste contemporain d'Hadrien, réputé pour l' « élégance » de ses formules) : « Le droit est l'art du bon et du juste » *(ars boni et aequi).* La seconde est celle, plus profonde, d'Ulpien. Après avoir relié le droit à la justice (*jus*, dit-il, vient de *justicia*), il définit la justice comme « une volonté constante et perpétuelle de rendre à chacun le sien » *(suum cuique tribuere).* Il nous faudra revenir sur cette définition un peu plus loin.

Après la définition du droit, celle de ses grands concepts. Ce n'est évidemment pas le lieu d'en faire un catalogue. Notons cependant que les juristes romains ont le goût des mots. À la grande époque, entre le Ier siècle avant notre ère et le début du IIIe siècle après J.-C., on les sent influencés par les rhéteurs et les grammairiens dont ils sont vraisemblablement proches. Ainsi s'explique leur souci de définir les termes par leurs racines, vraies ou supposées. On rencontrera plus loin la définition qu'Ulpien donne du *pacte* : « pacte » vient de « paix » ; comprenons qu'il s'agit à l'origine d'un accord qui met un terme à une dispute. La convention : c'est le fait de « venir ensemble » *(cum-venire)*. L'injure : c'est tout ce qui est contraire au droit *(in-juria)*, etc. Ce faisant les juristes élargissent parfois considérablement le sens des termes juridiques, modifiant par là même le fond du droit. Ainsi, justement, pour l'injure : dans la loi des XII Tables, c'était une catégorie précise d'atteintes à la personne d'un citoyen – une agression verbale ou un soufflet ; dans une loi du IIIe siècle avant notre ère, la loi *Aquilia*, la réparation de l'injure répondait encore à des critères très précis, très restrictifs. Et finalement, au terme de l'évolution, les juristes du Principat en viennent à définir l'injure comme toute forme d'atteinte au droit, élargissant ainsi très sensiblement le champ de sa réparation.

Au premier rang des rhéteurs qui ont inspiré les juristes et accompagné leurs efforts, on trouve Cicéron. À la fois homme politique et avocat, familier des jurisconsultes, il a entrepris la rédaction d'un traité sur la nécessité de « transformer le droit en art », c'est-à-dire en système *(De jure in artem redigendo)*. Dans ce traité (peut-être inachevé, et en tout cas aujourd'hui perdu), il conseillait aux juristes d'utiliser la méthode que les Grecs avaient appliquée aux sciences de la nature, en commençant par établir une classification.

35 LE JEU DES CLASSIFICATIONS. — En effet, il ne suffit pas de *définir* les notions ; il faut aussi les situer les unes par rapport aux autres, c'est-à-dire les *classer*. Cicéron avait indiqué une méthode : diviser la matière juridique en quelques grands secteurs, pas trop nombreux, les « genres » *(genera)* ; puis subdiviser ces genres en « espèces » *(species)*. C'est la démarche qu'Aristote avait suivie dans ses traités de zoologie ou de botanique, c'est celle qu'adoptent les jurisconsultes du Principat ; Gaius, au milieu du IIe siècle, la portera à son apogée. Il s'agit donc de distribuer la matière juridique en grandes catégories, elles-mêmes subdivisées en sous-catégories, selon une approche qui va traverser les siècles. Au début de ses Institutes, Gaius commence par distinguer le droit qui est « commun à tous les hommes » et celui qui est « propre à chaque peuple ». Ce dernier, particulier à chaque *cité*, est le droit *civil*. La distinction entre droit commun *(jus commune)* et droits propres *(jura propria)*, réinterprétée par les romanistes médiévaux, est l'une des clés de l'histoire des droits européens. Un demi-siècle après Gaius, Ulpien répartit l'ensemble du droit en trois grandes masses : le droit naturel, le droit des gens, le droit civil. Vient ensuite une autre distinction essentielle, celle du droit public et du droit privé. Il faut s'arrêter un instant sur ces définitions : reprises par Justinien dans ses Institutes et dans le Digeste, elles deviendront des lieux communs de toute la culture juridique européenne à partir du XIIe siècle.

36 LA CLASSIFICATION DES DROITS CHEZ ULPIEN. — « Le droit naturel réside dans ce que la nature enseigne à tout être animé. En effet ce droit n'est pas particulier aux hommes, mais il est commun à tous les êtres animés qui vivent sur terre et dans la mer, ainsi qu'aux oiseaux. C'est de là que vient l'union des couples que nous appelons mariage, la procréation des enfants, leur éducation. Nous voyons tous les animaux, y compris les bêtes féroces, pénétrés de ce droit » (*Inst. Ulp.*, I = D. 1, 1, 1, 3). La notion de droit naturel est empruntée à Aristote (384-322 av. J.-C.). Pour le Philosophe, le droit naturel était inscrit dans la Création elle-même ; c'est un aspect de la loi naturelle, qui règle l'ordre même du monde. Non seulement le mariage et l'éducation des enfants sont pour les hommes de droit naturel, mais aussi le respect de la parole donnée, la réparation des dommages, l'obligation de restituer les dépôts. L'organisation politique, dans son principe, est aussi de droit naturel, car c'est la nature elle-même qui a fait de l'homme un être qui ne peut s'épanouir complètement que dans la compagnie des autres, un être social, un « animal politique ». La loi naturelle se caractérise par sa permanence : elle est la même partout. Partout, les animaux s'occupent de leur progéniture ; partout, les hommes sont organisés en société. Une mère qui refuserait de nourrir ses petits, un homme qui repousserait la société des autres hommes, seraient « dénaturés ». Sous une forme simplifiée, l'analyse d'Aristote était devenue depuis longtemps un lieu commun. On la retrouve au Ier siècle avant notre ère chez les rhéteurs latins, en particulier chez Cicéron : « Il est une loi véritable, la droite raison, conforme à la nature, universelle, immuable, éternelle, dont les ordres invitent au devoir, dont les prohibitions éloignent du mal... Cette loi ne saurait être contredite par une autre, ni rapportée en quelque partie, ni abrogée tout entière... Elle n'a pas besoin d'un nouvel interprète, ou d'un organe nouveau. Elle ne sera pas autre dans Rome, autre dans Athènes ;

elle ne sera pas demain autre qu'aujourd'hui ; mais, dans toutes les nations et dans tous les temps, cette loi régnera toujours, une, éternelle, impérissable ; et le guide commun, le roi de toutes les créatures, Dieu lui-même, donne naissance, sanction et publicité à cette loi, que l'homme ne peut méconnaître sans se fuir lui-même et sans renier sa nature » (*De Republica*, III, 17).

La notion de droit naturel connaîtra par la suite bien des avatars : notion objective chez les Anciens, elle subira l'évolution ultérieure du droit vers le subjectivisme. à l'époque moderne, on passera donc *du* droit naturel objectif *aux* droits naturels subjectifs – droits naturels *de l'homme*, définis comme des attributs indétachables de sa personne (*infra,* n° 154).

Ulpien définit ensuite le « droit des gens » *(jus gentium)* comme celui qui est commun à tous les hommes : les animaux n'y ont pas accès. « Le droit des gens est celui dont usent tous les peuples. Il est facile de comprendre que le droit des gens se distingue du droit naturel car celui-ci est commun à tous les êtres animés tandis que celui-là appartient seulement aux hommes. » C'est donc la partie du droit naturel qui est propre aux hommes, ou encore les règles communes à toutes les législations positives : une espèce de « droit commun de l'humanité ». S'il n'est pas utile ici de pousser plus avant l'analyse, il faut cependant remarquer que depuis l'époque moderne la portée de l'expression « droit des gens » s'est beaucoup réduite : elle ne désigne plus aujourd'hui le droit commun à tous les hommes, mais seulement les règles qui gouvernent les rapports entre États.

Quant au *droit civil,* c'est pour Ulpien le propre de chaque *cité,* le droit civil par excellence étant bien entendu celui de la cité romaine : « Le droit civil n'est pas radicalement différent du droit naturel ou du droit des gens, mais il en diffère sur quelques points : car ajouter ou retrancher quelque chose au droit commun, c'est faire un droit particulier, c'est-à-dire du droit civil... » La cité est constituée de citoyens *(cives).* Leurs intérêts communs sont l'affaire de la République, *res publica* ; on peut traduire aussi cette expression par le mot *État*. Les règles qui concernent le fonctionnement de l'État constituent le *droit public,* celles qui concernent les intérêts privés forment le *droit privé.* Mais le droit privé lui-même n'est pas seulement formé de droit civil, de règles proprement romaines : il est d'abord régi par le droit naturel et par le droit des gens. Sous le

Principat, toutes ces définitions étaient devenues des lieux communs : c'étaient les rudiments de l'enseignement du droit. Justinien, de façon significative, les fera placer en tête du Digeste ; il les fera aussi résumer dans les Institutes.

37 LES SUBDIVISIONS DU DROIT PRIVÉ. — Au milieu du IIe siècle de notre ère, Gaius posait en ces termes la distinction majeure du droit privé : « Tout le droit dont nous faisons usage concerne ou les *personnes,* ou les *choses,* ou les *actions* » (*Inst.*, I, 8). Les personnes sont les acteurs du « jeu » juridique (le mot *persona,* à l'origine, désigne le masque de l'acteur sur le théâtre et, par extension, le *personnage* lui-même). Les choses constituent à la fois le décor et bien souvent l'enjeu de la pièce. Quant aux actions, ce sont les moyens juridiques par lesquels les personnes demandent à la justice de « dire » le droit dans les affaires qui les concernent. À partir de là, les juristes établissent des sous-distinctions. Les personnes, par exemple, se divisent entre libres et esclaves ; les libres, entre citoyens et « pérégrins » (étrangers) ; toutes ces catégories, communes à tous les peuples, appartiennent au droit des gens *(jus gentium).* Mais le droit civil romain distingue encore entre les personnes qui sont maîtresses de leur droit *(sui juris)* et celles qui dépendent du droit d'autrui *(alieni juris),* comme les enfants et les femmes (dans certaines conditions), etc. Quant aux choses et aux actions, elles aussi présentent plusieurs « espèces ». Voici, à titre d'exemple, un extrait des Institutes de Gaius concernant la « division des choses » :

« La division fondamentale des choses les répartit en deux catégories : les unes sont *de droit divin,* les autres *de droit humain.* Sont de droit divin les choses sacrées et les choses religieuses... Ce qui est de droit divin n'est dans le patrimoine de personne ; ce qui est de droit humain est le plus souvent dans le patrimoine d'une personne, mais il peut aussi arriver que ces choses n'appartiennent à personne... Les choses qui sont de droit humain sont *publiques* ou *privées.* Les choses publiques ne sont dans le patrimoine de personne en particulier, on considère qu'elles appartiennent à la communauté. Les choses privées appartiennent aux individus. [On distingue] d'autre part entre les choses *corporelles* et les choses *incorporelles.* Les choses corporelles sont celles que l'on peut toucher, comme un fonds de terre, un esclave, un vêtement, de l'or, de l'argent, etc. Les choses incorporelles sont celles que l'on ne peut toucher, comme celles qui consistent en des droits, comme l'hérédité, l'usufruit, les obligations... » (*Inst. Gai*, II, 2 et s., repris au Digeste, 1, 8, 1).

Tout cet effort de classification n'était pas une fin en soi. Le droit romain n'a jamais été, du moins à cette époque, théorie pure. Les juristes partaient du réel pour forger des outils « opératoires » – des instruments utilisables. C'est le même objectif qui présidait à la formulation des règles.

38 La formulation des règles. — Pour les jurisconsultes romains, la règle n'est pas un *a priori.* Ce n'est pas une norme préétablie qu'il s'agirait d'imposer de force à la réalité. La démarche est exactement inverse. Il s'agit de partir de situations juridiques réelles pour en dégager, *a posteriori,* un principe : c'est ce principe que les juristes romains appellent « règle » *(regula).* Le premier jurisconsulte qui ait formulé des règles est Labéon, contemporain d'Auguste. C'est un progrès sensible par rapport à la démarche purement casuistique des juristes antérieurs. La nouvelle méthode est définie au début du IIIe siècle par le jurisconsulte Paul : « La règle est un énoncé concis d'une chose existante ; ce n'est pas le droit qui doit être déduit de la règle, mais [l'inverse :] la règle doit être tirée du droit tel qu'il est » (repris au Digeste, 50, 17, 1). Cela signifie que le juriste ne crée pas du droit *a priori,* il se contente d'observer « le droit tel qu'il est » et de le formuler d'une manière à la fois concise et générale en ciselant une règle. Celle-ci doit dégager un principe, par-delà le fatras des éléments de fait. C'est bien ce qui définit, pour les Romains, la démarche du juriste : observer les situations concrètes, dégager dans chaque espèce le point de droit, formuler la solution juste. Ainsi dégagée, la règle peut s'appliquer à toute une série de situations circonstanciellement différentes mais essentiellement semblables : ce qui revient à dire, en somme, que l'art du juriste, fort proche de celui du philosophe tel que le concevait Aristote, est de découvrir l'*essence* du droit.

Et cette essence du droit, pour les juristes de la grande époque – celle du Principat, si marquée par la philosophie grecque – n'est pas différente de celle du politique. L'un et l'autre doivent tendre au bien commun *(bonum commune),* à l'utilité commune *(utilitas publica).* Pour Julien, le contemporain d'Hadrien, le droit vise à « l'utilité de la communauté politique ». Comme c'est aussi la raison d'être du pouvoir politique, il faut que le prince et les juristes coopèrent étroitement, ceux-ci suggérant à celui-là les réformes à accomplir en vue du bien commun. Les juristes disent le droit, le prince s'efforce de l'instaurer. Ainsi passe-t-on de la *règle,* telle qu'elle résulte des observations et des réflexions des juristes, à la *loi,* expression de la volonté du prince éclairée par les spécialistes du droit. Si la règle n'est pas la loi, elle peut en être le prélude, chacun restant de toute façon dans son ordre.

En simplifiant un peu, on pourrait dire que la *loi* du prince (ou, antérieurement, la loi du peuple) a un caractère *prescriptif* : elle prescrit, elle ordonne ; tandis que la *règle* des juristes est purement *déclarative* : elle « déclare » ce qui est juste. Cette distinction entre le *prescriptif* et de *déclaratif* est fondamentale pour les juristes ; nous la retrouverons.

En déclarant le juste, le juriste exerce un art qui le rapproche à la fois des prêtres et des philosophes. « C'est à bon droit, écrit Ulpien dans son manuel, au début du IIIe siècle, que l'on qualifie [les juristes] de *prêtres,* car nous exerçons la justice et nous faisons connaître ce qui est bon et équitable, séparant l'équité de l'iniquité, distinguant le licite de l'illicite, cherchant à procurer le bien non seulement par la menace des châtiments mais aussi par la promesse des récompenses, pratiquant ainsi, nous semble-t-il, la *vraie philosophie...* » (repris au début du Digeste, 1, 1, 1, pr. et 1).

39 Ces définitions, ces distinctions, cette approche pragmatique du juste qui caractérisent l'art des juristes romains à son apogée, les compilations justiniennes en recueilleront l'essentiel (même si, quantitativement, la plus grande partie de l'œuvre des juristes a disparu) ; après plusieurs siècles d'oubli, l'Occident les redécouvrira au XIIe siècle : nous en décrirons plus loin l'exceptionnelle fécondité (*infra,* leçons 10 à 12). Si le droit romain a été aussi fécond, aussi bien dans son épanouissement antique que dans sa résurgence médiévale, c'est en grande partie parce qu'il s'est érigé assez tôt en discipline autonome, en particulier par rapport à la religion (*supra,* n° 18). Pour autant, le droit n'est pas – ni à cette époque ni à aucune autre – un système clos, absolument imperméable aux autres normes, qu'il s'agisse des règles religieuses ou des principes de la morale. Le droit, la morale, la religion, entretiennent encore de nos jours des rapports complexes que le précédent romain permet en partie de comprendre. Ce sera le sujet de la prochaine leçon.

Pour aller plus loin

40 Aux références indiquées à la fin de la leçon précédente, on ajoutera les articles suivants de Robert Villers, remplis de stimulants aperçus : Le droit romain, mythes et asymptotes, *Revue des Études latines*, XLII, 1964 (1965), p. 500-513 ; Le droit romain, droit d'inégalité, *ibid.*, XLVII, 1969 (1970), p. 462-481 ; Réflexions sur le droit romain dit « classique », *Mélanges Jean Dauvillier*, Toulouse, 1979, p. 831-845. L'apport de la rhétorique à l'art du jurisconsulte a été décrit et analysé par Michel Villey : *Recherches sur la littérature didactique du droit romain*, Paris, Montchrestien, 1945. – Dans un ouvrage déjà ancien, mais qui a marqué une étape majeure des études de droit romain, le grand juriste allemand Ihering (1818-1892) éclaire la méthode des jurisprudents et insiste sur ses rapports avec les sciences naturelles : *L'esprit du droit romain*, 1852 et s., v. spécialement le t. III (trad. franç. par O. de Meulenaere, 1877). Sur la conception biblique de la loi prescriptive, v. P.-A. Vincent, Le langage du droit dans la Bible, *APD*, XIX, 1974, p. 99 et s. – Pour une récente synthèse sur le rôle du juge, on pourra lire J. J. de Los Mozos Touya, Le juge romain à l'époque classique, *La conscience du juge dans la tradition juridique européenne*, dir. L. Tarride et J.-M. Carbasse, PUF, 1999, p. 49-66.

Sur le droit naturel, la bibliographie est inépuisable, mais assez répétitive. Pour une première approche, v. le cours remarquable de M. Villey, *La formation de la pensée juridique moderne*, Paris, Les cours de droit, 1972 (présentation à la fois claire, complète et critique, dont on attend la réédition aux PUF dans la coll. « Léviathan »). À compléter, pour la période antique, par deux articles récents de J. Gaudemet : Des « Droits de l'Homme » dans l'Antiquité ?, *Collatio Iuris Romani. Études dédiées à Hans Ankum*, I, Amsterdam, 1995, p. 105-115 ; Morale, droit et histoire du droit, *ZSS, Kan. Abt.*, LXXXIII, 1997, p. 12-21.

Leçon 6
Droit, justice, religion

41 Si le droit romain s'est très tôt distingué de la règle religieuse, les grands juristes de l'époque classique lui ont cherché un fondement dans la notion morale de justice ; encore faut-il savoir ce que recouvre le concept (I). D'autre part la justice n'est pas toujours, ou n'est pas seulement, une notion morale ; avec le christianisme, du moins à la fin de l'Empire romain, la justice reçoit une définition plus nettement religieuse. Ce qui fait resurgir, sous une forme nouvelle, la question des rapports entre le droit et la religion (II).

Section I
Droit et Justice

42 Ulpien, nous l'avons dit (*supra,* n° 34), fait dériver *jus* de *justicia.* Le droit est « l'art du bon et du juste », ou de l'équitable. Dire le droit, c'est tout simplement faire advenir le juste. Mais en quoi consiste exactement le juste ? Qu'est-ce qui est « bon et équitable » ? Ces notions morales, empruntées par les juristes romains à la philosophie grecque, ne sont jamais plus précisément définies. Et qui va dire le droit ? Quelle est, dans cette « diction » du droit, la place et le rôle de la loi ? La loi est-elle toujours juste ? Que peut faire le juge, si elle ne l'est pas ? Ces questions (qui à vrai dire sont de tous les temps) ont reçu des réponses variables, à Rome, de l'époque classique au Bas-Empire. Il ne s'agit pas d'épuiser le sujet, qui est sans doute inépuisable ; mais seulement d'en donner une idée.

43 DROIT ET JUSTICE À L'ÉPOQUE CLASSIQUE. — Ulpien donne de la justice une définition à première vue banale, mais qui mérite quelque commentaire : « La justice consiste dans la volonté constante et permanente d'attribuer à chacun son droit *(jus suum cuique tribuendi)* » (D. 1, 1, 10). Celui qui dit le droit, ou qui rend la justice, a ainsi pour première mission d'attribuer *(tribuere)* ce qui revient à chacun, ce à quoi il peut prétendre légitimement *(cuique suum)*. Cette conception à première vue très réductrice est empruntée à Aristote : c'est celle de la justice *distributive*. Mais comment déterminer, dans la distribution des choses entre les membres d'une communauté, la « juste part » qui revient à chacun ? Aristote mettait en exergue l'idée de *proportion* : chacun doit recevoir selon son *mérite*, celui-ci étant évalué en fonction de la part qu'il prend à la réalisation du *bien commun*. La notion de bien commun est ici essentielle. Elle s'applique aussi bien à la cité tout entière (bien commun *politique*) qu'à une famille, une société de commerce, une communauté de métier, etc. ; c'est donc ce qui permet au groupe considéré, quel qu'il soit, de réaliser au mieux sa « destination » (ce pour quoi il est fait).

À côté de la justice *distributive*, Aristote faisait une place à la justice *commutative*. Cette dernière, qui règle non plus les distributions mais les échanges (« commutations »), obéit à un autre principe, plus simple à mettre en œuvre : le principe d'équivalence (c'est-à-dire l'égalité des valeurs). Proportionnalité dans la distribution des choses (c'est-à-dire des biens, ou des charges, ou des honneurs : toutes « choses » susceptibles de distribution) ; équivalence dans les échanges : tels sont les principes d'une bonne justice. Et tels sont, pour les jurisconsultes romains, les premiers principes de leur art.

À partir de là, les conséquences s'ensuivent. Pourquoi y a-t-il un litige ? Parce qu'un trouble s'est introduit dans la répartition des choses, ou dans leur « commutation ». Parce que l'un a trop, et l'autre pas assez ; parce que les bénéfices entre associés n'ont pas été distribués proportionnellement à leurs apports respectifs ; parce les deux biens échangés n'avaient pas la même valeur, ou parce que le prix payé pour une chose ne représentait pas exactement la valeur effective de cette chose, etc. Dès lors, le rôle du juge est simple : il doit « donner à chacun ce qui lui revient » – *cuique suum.* Et c'est, au-delà du juge lui-même, la définition même du droit. En effet, dans l'œuvre de justice, le juge n'est pas laissé à lui-même. Il agit dans un cadre général qui est celui des lois de la cité : lois *stricto sensu*, coutumes, règles de procédure, etc. Ce cadre, il n'a pas le pouvoir de le changer. Pour Aristote, l'établissement de lois justes (au sens défini ci-dessus) est l'affaire du *législateur* : « Des lois bien faites doivent déterminer elles-mêmes autant de cas qu'il se peut, et en laisser le moins possible à la décision des juges. » En effet, explique-t-il, l'organe législateur (il suffit de quelques hommes, mais « de saine intelligence ») travaille tranquillement, il prend le temps de la réflexion, et dispose en termes généraux et pour l'avenir ; en revanche les juges (des hommes ordinaires) travaillent dans l'urgence et sur des cas particuliers (*Rhétorique*, I, 1). Il faut donc que la loi trace un cadre précis au travail des juges, en définissant à l'avance les grandes lignes du « juste ». Le droit est ainsi « dit » (ou « posé ») à deux niveaux : d'abord par le législateur, en termes généraux ; ensuite par le juge, en termes particuliers. Le rôle de ce dernier est ainsi très modeste : il ne *crée* pas le droit, il se contente de le découvrir (en usant de sa *raison* ; par des « raisonnements »), puis de le *déclarer* (et c'est, on l'a vu, le sens propre du mot « juridiction »). Mais le législateur, lui non plus ne crée pas le droit *ex nihilo* : lui aussi le déclare, peut-être simplement avec un peu plus de latitude que le juge, en adaptant les catégories générales du juste (proportionnalité, équivalence) à la communauté particulière pour laquelle il édicte les lois. Le législateur, comme le juge, doit être juste : partant, il ne peut pas, lui non plus, faire n'importe quoi. Lui aussi est guidé par sa raison.

Le schéma aristotélicien s'applique parfaitement au droit romain classique, avec toutefois un élément de complexité supplémentaire qui tient à la procédure formulaire. Le cadre général est posé par les lois (XII Tables, lois votées par les comices), par la coutume, par l'édit du préteur. Le juge – qui n'est pas un professionnel – doit « dire le droit » sur l'affaire qui lui est soumise en fonction de la formule qui a été elle-même « dictée » par le préteur. Sa marge de manœuvre est donc relativement étroite : elle réside pour l'essentiel dans une *juste* appréciation des faits (c'est-à-dire une appréciation exacte : on voit ici le rapport étroit qui existe entre *justesse* et *justice*), qui implique elle-même une *juste* appréciation des preuves. On comprend, dans ces conditions, que le juge n'ait pas besoin d'être un professionnel : il suffit qu'il ait l'esprit juste, aux deux sens du mot. Mais le préteur, lui non plus, n'est pas un professionnel du droit. Lorsqu'il introduit dans son édit de nouvelles actions, c'est-à-dire de nouvelles possibilités de « dire le droit », il répond à une demande de la pratique – à un besoin social – et il adopte le plus souvent la solution technique qui lui est suggérée par les juristes de métier, les jurisconsultes : ici encore, il ne crée pas le droit, mais seulement la possibilité de le « dire ». Quant aux jurisconsultes, à qui revient ainsi en dernière analyse le rôle majeur, eux-mêmes n'ont pas conscience de créer du droit : ils s'efforcent seulement, dans le conseil du magistrat, d'ouvrir de nouveaux accès au juste. Ainsi s'explique la formule à première vue surprenante d'Ulpien : « C'est avec raison que l'on qualifie [les juristes] de *prêtres* » (D. 1, 1, 1, 1). Prêtres de la justice, serviteurs du droit : des juristes au droit et du droit à la justice, la hiérarchie est claire. Au Bas-Empire cependant, les choses allaient changer.

44 LOI ET JUSTICE AU BAS-EMPIRE. — Enrôlés au cours du IIIe siècle dans les bureaux de la chancellerie impériale, les « prêtres de la justice » se transforment rapidement en serviteurs de l'État. Cela ne s'est pas fait d'un coup. Sous le Principat, dans la ligne de l'idéologie républicaine elle-même tributaire d'Aristote, l'empereur se considère comme responsable du bien commun. Mais il en est désormais le responsable suprême, et bientôt le responsable unique. Alors que le « bien commun » traditionnel incombait à tous les magistrats, aux juristes, aux juges, à tous les citoyens, la monarchie impériale tend à le réserver au seul Prince. Secondé par une armée de plus en plus nombreuse de fonctionnaires hiérarchisés, mais fondus en une masse indistincte, l'empereur devient la seule source du droit. Source non plus seulement *déclarative*, selon le principe ancien, mais désormais pleinement *créatrice*. La volonté de l'empereur *constitue* le droit : on qualifie désormais ses actes de *constitutions*.

Au Bas-Empire, le droit positif se présente donc comme un corps de règles prescriptives, un ensemble de commandements impératifs qui tombent du sommet de l'État pour imposer des obligations de plus en plus contraignantes à tous les *sujets* du Prince : on peut en effet désigner désormais les habitants de l'Empire comme des sujets, car depuis que Caracalla, en 212, a accordé la *citoyenneté* à tous les hommes libres, ce concept a été vidé de tout sens positif. On est bien loin, dès lors, de la conception d'un droit *neutre*, simple régulateur des rapports sociaux, qui avait été celle de l'époque classique. Le droit se fait donneur d'ordres, organisateur ; il intervient sous forme de commandements et d'injonctions dans des domaines de plus en plus vastes. Et toutes ces prescriptions légales sont assorties de sanctions très dures : l'inflation du droit pénal public est le symptôme le plus frappant de l'hypertrophie de l'État. Or, de façon très remarquable, cette évolution n'est pas contrariée par l'avènement de l'Empire chrétien, bien au contraire. Car si l'Évangile ne contient qu'un seul « commandement » véritable (aimer Dieu et son prochain), l'Église a hérité de la Bible hébraïque (l'Ancien Testament) un modèle de *Loi* extrêmement autoritaire : celui de la Loi divine contenue dans les cinq premiers livres de la Bible et dont le Décalogue (les « Dix Commandements » confiés à Moïse par Dieu Lui-même) constitue le noyau. Même si les Chrétiens n'ont pas conservé la Loi hébraïque dans tout le détail de ses prescriptions (la circoncision, les interdits alimentaires, etc.), ils en ont gardé l'idée même d'une règle qui vient d'en-haut et qui ne se discute pas. D'autant que l'Église allait également adopter, en particulier du fait de saint Augustin, la conception biblique de la Justice : celle-ci n'est rien d'autre que *la conformité à la volonté de Dieu*, c'est-à-dire l'obéissance à sa Loi, elle-même interprétée par l'autorité ecclésiatique. Nous voici bien loin des définitions d'Aristote !

Les conséquences d'une mutation aussi radicale devaient être considérables. Outre l'appauvrissement qui en est résulté sur le plan proprement juridique (car un commandement, par définition, ne se discute pas), l'*augustinisme* (ainsi appelle-t-on la doctrine très réductrice que l'on a tirée, après le Vᵉ siècle, de l'œuvre si riche d'Augustin) a introduit pour des siècles un risque de confusion entre la loi civile et la loi religieuse ; entre la justice des hommes et celle de Dieu. Cette confusion, nous allons le voir, n'était pas conforme à l'*essence* du message chrétien (*infra,* n° 47). Il faudra attendre les XIIe-XIIIe siècles pour que la redécouverte d'Aristote d'une part, celle du droit de Justinien de l'autre, vienne remettre en honneur la conception classique du droit : un mode de régulation de la vie sociale fondé sur la *raison,* « dit » avec *prudence,* appliqué avec modération en vue du *bien commun* ; un droit évidemment inspiré par les principes de la justice, mais cependant distinct, dans son principe, de la Loi de Dieu. Ce retour à la pensée classique, après des siècles de confusion, sera l'œuvre, magistrale, de saint Thomas d'Aquin († 1274).

Si le Bas-Empire confond le droit avec la loi, elle-même définie comme volonté du Prince, cela ne signifie pas pour autant que le « domaine de la loi », comme on dit aujourd'hui, soit absolument illimité. Le prince chrétien se présente comme « vicaire de Dieu » et il légifère en son nom sur de multiples questions. Pour autant, l'État n'est pas à lui-même sa propre fin : il est soumis à des principes supérieurs, qui sont de nature religieuse. Aussi la loi des hommes ne saurait-elle enfreindre celle de Dieu. Elle doit bien plutôt la prolonger : de fait, comme on va le voir (*infra,* n° 49, 1), les empereurs chrétiens se sont efforcés de faire passer dans le droit un certain nombre de principes chrétiens : le commandement de l'empereur « transpose » alors celui de Dieu. Cette subordination du droit positif (celui qui est « posé » dans un texte précis) à la loi divine est un trait que l'on retrouvera tout au long des siècles suivants. Du coup, la notion classique de *loi naturelle* se brouille. Aristote, Cicéron, les jurisconsultes classiques, en avaient fait le sommet de tout l'ordre juridique, la référence suprême. La loi naturelle est désormais occultée par la loi divine, elle s'absorbe en elle : cette confusion, conséquence de l' « augustinisme », durera plusieurs siècles. Il faudra attendre le XIIIe siècle pour que saint Thomas, retrouvant Aristote, y mette un terme et rende ainsi son autonomie à un droit naturel à nouveau défini en termes de *raison.*

Il faut maintenant revenir, en la considérant dans toute son étendue, sur la question des rapports entre le droit romain et la religion.

Section II
Droit et religion

45 Les rapports qui se sont forcément établis entre ces deux systèmes normatifs, et plus largement entre les autorités dont ils émanent, ont été profondément modifiés au cours de l'histoire romaine par deux événements successifs : d'abord l'avènement du christianisme, puis son adoption comme religion officielle de l'État. Mais il faut d'abord regarder en amont, pour mesurer l'importance de ces changements.

46 AVANT LE CHRISTIANISME. — Très tôt à Rome le droit proprement dit, *jus*, s'est distingué des règles dictées par les dieux, *fas*. Très tôt, par conséquent, le droit est d'essence laïque : c'est là une donnée fondamentale. Pour autant, dans la mesure où les cultes antiques concernent beaucoup moins les citoyens pris individuellement que la collectivité civique tout entière, ils présentent un aspect politique très marqué. C'est vrai tout particulièrement des cultes « poliades », rendus aux dieux protecteurs de la cité *(polis)*. À Rome, un culte d'État fut très tôt organisé, d'abord sous l'autorité du roi, puis sous celle du Grand Pontife. Les prêtres, organisés en collèges, étaient des notables, par ailleurs membres du Sénat ou magistrats : « Nos aïeux, remarquait Cicéron, n'ont jamais été plus sages... que lorsqu'ils ont décidé de confier aux mêmes personnes le soin de la religion et le gouvernement de la République. » Un culte officiel était rendu au Capitole à Jupiter, Junon et Minerve, le trésor public et les archives de l'État étaient conservés dans le temple de Saturne, des rites religieux marquaient l'installation des magistrats – en particulier le rite de l'*inauguration*, qui consistait à prendre les augures *(in-auguro)* pour s'assurer que les dieux agréaient le nouvel élu. La religion romaine, comme tous les cultes antiques, faisait ainsi partie des institutions publiques. Aussi bien présentait-elle un caractère *contractuel* très marqué : on rendait un culte aux dieux pour qu'ils protègent la cité, pour qu'ils lui apportent la prospérité et la victoire ; on n'en attendait rien de plus.

C'est dire que ces religions antiques n'avaient rien de métaphysique ; la notion de « salut » individuel (la promesse d'une vie personnelle heureuse au-delà de la mort) leur était inconnue ; seul leur importait le salut collectif de la cité (« salut » = du latin *salus*, la santé). De ce fait, la religion officielle était à la fois réglementée et protégée par l'État.

Elle était d'abord réglementée. Le culte était l'affaire des prêtres et des magistrats, conjointement responsables de la prospérité publique. Ils organisaient les cérémonies (toute manifestation officielle comportait nécessairement un élément religieux) et géraient les biens des temples ; ces biens étaient soumis à un régime juridique particulier. Cette partie du droit public qui s'appliquait aux choses de la religion s'appelait le « droit sacré » *(jus sacrum).* Il était à la fois extrêmement formaliste et très sévère : on peut citer à titre d'exemple le statut des Vestales, chargées d'entretenir le feu sacré qui symbolisait la pérennité de la Ville, et qui, en cas d'infraction à leur vœu de chasteté, devaient être enterrées vivantes...

Strictement réglementée, la religion officielle était aussi protégée. En principe, seul le culte romain traditionnel était reconnu par l'État : les religions étrangères n'étaient pas admises. En pratique, la question ne s'est posée qu'à la fin du IIIe siècle av. J.-C. à cette époque, la conquête de la Grèce, puis de l'Asie Mineure, firent entrer à Rome des cultes nouveaux. La religion grecque, très proche de la romaine dans ses principes essentiels, fut facilement admise. On établit un système d'équivalences entre les deux panthéons, et l'assimilation fut rapide : Jupiter = Zeus, Junon = Héra, Minerve = Athéna, Mars = Arès, etc. Plus difficile en revanche fut la reconnaissance des religions nouvelles qui s'étaient développées depuis quelque temps en Orient. Ces cultes orientaux – de Cybèle, d'Isis, de Dionysos... – étaient des religions d'un type beaucoup plus individuel que les classiques cultes poliades. Ils établissaient une relation *personnelle* entre le fidèle et le dieu et répondaient à l'inquiétude métaphysique en promettant aux croyants une vie nouvelle après la mort, bienheureuse et éternelle. Introduites à Rome vers la fin du IIIe siècle, ces « religions de salut » suscitent bientôt une réaction de méfiance de la part des autorités. C'étaient en effet des cultes privés, donnant lieu à des réunions secrètes – donc difficiles à contrôler – et à des rites mystérieux. Qualifiées de « superstitions nouvelles et étrangères », elles sont interdites par diverses mesures, la plus célèbre étant le sénatus-consulte des Bacchanales pris en 186 av. J.-C. contre le culte de Bacchus-Dionysos. Toutefois, avec le temps, la plupart des cultes orientaux ont fini par être acceptés à Rome. Ils se sont superposés au culte traditionnel dans une espèce de syncrétisme un peu confus où l'esprit superstitieux des Romains trouvait finalement son compte. Les choses allaient cependant prendre un autre tour avec le christianisme.

47 L'AVÈNEMENT DU CHRISTIANISME. — Sans entrer dans des considérations théologiques qui seraient ici hors de propos, il suffira d'indiquer quelques points forts. La religion chrétienne apparaît au début du Ier siècle de l'Empire après la prédication de Jésus en Palestine. Au terme de cette prédication, Jésus est mort à Jérusalem vers l'année 30, sous le règne de Tibère. Désigné aussi par le terme *Christ*, c'est-à-dire « oint du Seigneur », il laisse à ses premiers compagnons, les Apôtres, la mission de transmettre son message à l'humanité tout entière. D'abord communiqué oralement, ce message est ensuite mis par écrit dans les Évangiles – mot d'origine grecque qui signifie « bonne nouvelle ». Très vite, le nombre des Chrétiens (ceux qui mettent leur confiance dans le Christ) s'accroît. La religion nouvelle s'inscrit dans la catégorie des religions de salut : les hommes sont appelés après leur mort à la vie éternelle, dans la mesure où ils l'ont méritée (c'est le Salut), et la religion leur indique la voie à suivre pour y parvenir. *Religion de salut*, mais développée à partir du judaïsme, le christianisme est donc aussi un *monothéisme* : le Dieu des Chrétiens, c'est celui de Moïse et d'Abraham. En conséquence, pour les Chrétiens comme pour les Israélites, seul leur Dieu est le vrai Dieu, les autres n'étant que de fausses idoles. Alors que les fidèles des religions polythéistes n'avaient en principe aucune exclusive les uns à l'égard des autres – tous les dieux pouvant être simultanément « vrais », on pratiquait volontiers plusieurs cultes à la fois –, Juifs et Chrétiens refusent de participer aux autres célébrations, y compris au culte officiel de Rome. Dès lors, ils apparaissent donc comme des « sectaires » (au sens propre du mot : un groupe « coupé » du reste de la cité).

Le salut éternel étant affaire individuelle, la nouvelle religion s'inscrit délibérément dans un ordre absolument différent de celui de la cité. Les assemblées de Chrétiens, c'est-à-dire leurs « églises » (du grec *ecclesia* : assemblée) locales, bien que liées les unes aux autres par une « communion » de nature spirituelle, ne sont pas des structures politiques. Cette distinction radicale du politique et du religieux a été affirmée par Jésus lui-même, en deux formules qui fondent la « doctrine politique » de l'Église : « Rendez à César ce qui est à César, et à Dieu ce qui est à Dieu » (évangile de Matthieu, 22, 21) ; et *« Mon royaume n'est pas de ce monde »* (réponse de Jésus au gouverneur romain qui lui demandait s'il voulait se faire roi, comme le prétendaient ses accusateurs : év. de Jean, 18, 36).

Il y a donc deux ordres distincts, deux domaines séparés : celui de César et celui de Dieu, celui du monde terrestre et celui de l'autre monde, celui de la politique et celui du Salut – on dira plus tard : celui de l'État et celui de l'Église, ce terme désignant la communauté des Chrétiens. Il y a là une distinction essentielle, mais dont la mise en œuvre, on le verra, n'a pas été toujours aisée. Reste le principe : si le christianisme peut *inspirer* l'État et les princes, l'Église ne doit pas *se substituer* à eux. Le christianisme ne saurait être ni une théocratie (le gouvernement direct de Dieu), ni une hiérocratie (le gouvernement des prêtres). Et c'est pourquoi, contrairement à d'autres livres sacrés, l'Évangile n'est pas un livre de droit. Lorsque par extraordinaire le Christ fait directement allusion à des règles juridiques (c'est-à-dire à certaines règles posées par la loi hébraïque), c'est justement pour les abolir : ainsi du droit pour le mari de répudier sa femme, ou de la « loi » pénale du talion (Matthieu, 5, 38 et s.).

En revanche, l'Évangile contient des principes fondamentaux, de nature essentiellement religieuse, mais qui peuvent influencer le droit. C'est d'abord la loi fondamentale de charité *(« Aimez-vous les uns les autres »),* qui interdit aux Chrétiens de céder au réflexe primaire de la vengeance pour les engager à pratiquer de façon systématique le pardon mutuel des offenses. L'autre grand principe qu'apporte le christianisme, c'est l'affirmation d'une égalité *ontologique* de tous les hommes : dans leur « être » (gr. *ontos*) essentiel, tous sont égaux devant Dieu car ils sont tous fils du même Créateur, et tous également promis au Salut éternel. Cela signifie que les différences ou inégalités juridiques qui peuvent exister entre les hommes (et qui résultent des diverses législations positives) n'ont aucune importance aux yeux de Dieu. C'est ce qu'exprime en termes très forts l'apôtre Paul dans sa lettre aux Chrétiens de Galatie (une région d'Asie Mineure où s'est constituée très tôt une communauté chrétienne dont les membres, par définition, n'étaient pas d'origine juive) ; il leur explique que les différences auxquelles les hommes attachent d'ordinaire tant d'importance – différences d'origine (Juifs/Grecs), de statut juridique (libres/esclaves) et même la distinction naturelle des sexes – ne comptent pas du point de vue de la foi : « Vous tous, baptisés dans le Christ, vous avez revêtu le Christ : il n'y a ni juif ni grec, il n'y a ni esclave ni homme libre, il n'y a ni homme ni femme ; car vous ne faites qu'un dans le Christ Jésus » (*Épître aux Galates*, 3, 27-28). Le christianisme se veut ainsi une religion universelle, proposée à tous les hommes. L'assemblée des Chrétiens, leur Église, a donc vocation à s'étendre dans le monde entier ; elle est, au sens propre du mot, « catholique » (du grec *katholicos* : universel).

Quant à l'État, le christianisme n'en conteste en aucune façon la légitimité. Saint Paul, reprenant une idée banale en Orient, affirme que l'autorité politique en tant que telle est voulue par Dieu : « Que chacun se soumette aux autorités en charge ; car il n'y a point d'autorité *(potestas)* qui ne vienne de Dieu » (*Épître aux Romains*, 13, 1). Saint Pierre, de son côté, invite les communautés chrétiennes à prier pour l'empereur. Et pourtant, malgré ces dispositions pacifiques, le développement du christianisme dans le monde romain ne devait aller sans difficultés.

48 LE CHRISTIANISME DANS L'EMPIRE ROMAIN. — Vu de Rome, dans les années et les décennies qui suivent la prédication de Jésus, le christianisme est une affaire très secondaire : c'est la naissance d'une secte juive parmi d'autres, donc un simple débat entre Juifs. Pourtant, dans la mesure où la religion nouvelle se développe très rapidement en dehors du milieu israélite – en particulier grâce à saint Paul – les Romains prennent assez vite conscience de la spécificité du christianisme par rapport au judaïsme. Dans les années 1950-1960, il y a des Chrétiens grecs, syriens..., et même romains, puisqu'une église est fondée à Rome par saint Pierre. Dès lors, la méfiance de l'État romain s'éveille. Comme le judaïsme, le christianisme est un monothéisme exclusif : il rejette les dieux des autres, à commencer par les divinités tutélaires de l'Empire ; mais contrairement au judaïsme, qui se cantonne dans son ethnie d'origine (et qui avait été de ce fait plus ou moins toléré, du moins jusqu'à la révolte de 68-70), le christianisme est une religion conquérante. Dès lors l'autorité romaine la considère comme « religion illicite », au sens juridique de l'expression, et punit ceux qui la pratiquent. La répression, qui respecte en principe la procédure pénale ordinaire, est d'abord sporadique et localisée. Les Chrétiens mis à mort pour leur foi – et qui, par leur mort, se font « témoins » de leur foi (c'est le sens propre du mot grec *martyr*) – sont encore assez rares aux Ier et IIe siècles. C'est au IIIe siècle que surviennent les grandes persécutions générales, marquées par la recherche systématique (c'est le sens propre du mot *persecutio*) des fidèles du Christ. Refusant l'ordre religieux traditionnel et le culte officiel de l'Empire (en particulier le culte de l'empereur lui-même qui se développe rapidement à cette époque), les Chrétiens sont considérés comme de mauvais citoyens, responsables des malheurs de la Patrie – en somme des boucs-émissaires. Très sévères, parfois féroces, plusieurs vagues de persécutions se succèdent tout au long du IIIe siècle (en particulier sous Maximin, Dèce, Aurélien...), le paroxysme étant atteint au début du IVe siècle avec Dioclétien. Or, non seulement la répression s'avère impuissante à éradiquer le christianisme, mais celui-ci sort renforcé de chaque épreuve : « Le sang des martyrs est une semence de Chrétiens. » En 305, Dioclétien renonce au pouvoir ; dès lors la politique religieuse de l'Empire change du tout au tout.

C'est Constantin qui impose ce changement, en 313. Après avoir conféré à Milan avec son collègue Licinius (nous sommes dans les séquelles de la tétrarchie : *supra,* n° 15), il décide de mettre un terme aux persécutions, de reconnaître la religion chrétienne comme licite et de rendre aux églises les biens qui leur avaient été confisqués. Cette décision, appelée improprement l' « édit » de Milan, n'est pas d'une interprétation facile. On a fait valoir que la mère de Constantin, l'impératrice Hélène, était chrétienne depuis longtemps (l'Église en fera sainte Hélène) ; son influence n'a pas dû être négligeable. Toutefois, même si l'adhésion personnelle de l'empereur au christianisme (il s'est fait baptiser un an avant sa mort) n'est pas contestable, il est évident qu'il n'a pas été insensible à des considérations purement politiques : devant l'inutilité patente des persécutions, il a compris qu'au lieu de poursuivre dans une voie sans issue, il valait beaucoup mieux intégrer la religion nouvelle dans la Cité romaine et mettre sa force montante au service de la reconstruction politique dont il avait le projet. Toutes proportions gardées (et la conversion en moins), c'est un raisonnement du même type qui poussera Bonaparte, en 1801, à faire la paix avec l'Église catholique (*infra,* n° 176).

49 DE L'ÉTAT ROMAIN À L'ÉGLISE ROMAINE. — Toléré à partir de 313 à côté de la religion officielle, le christianisme ne tarde pas à devenir religion dominante, en tout cas dans les villes (les paysans, *pagani,* restant plus longtemps « païens »). Il est le plus souvent la religion personnelle de l'empereur et bénéficie de ses faveurs. Et voici qu'en 380, par l'édit de Thessalonique, Théodose Ier en fait la religion officielle de l'État. Dès lors, ce sont les anciens cultes qui sont combattus : leurs temples sont fermés, leurs biens transférés à l'Église, leurs prêtres pourchassés. Ce rapprochement rapide entre l'Église chrétienne et l'État romain ne pouvait rester sans conséquences : tout en restant distinctes, les deux institutions s'influencent mutuellement : alors que l'État se christianise (1), l'Église se romanise (2).

1 / On constate d'abord que les empereurs chrétiens s'efforcent de faire passer dans le droit une certaine inspiration chrétienne. En voici quelques exemples. Nous avons fait allusion plus haut à l'indissolubilité du mariage, clairement affirmée par le Christ lui-même (*supra,* n° 47) ; or, au début du IVe siècle, le droit romain admettait le divorce par répudiation unilatérale, et pour les deux conjoints, avec une très grande facilité. En 331, Constantin réagit en soumettant l'exercice du droit de répudiation à des conditions strictes (C. Th. 3, 6, 1). Si cette mesure est inspirée par le christianisme, l'empereur ne va toutefois pas jusqu'à abroger complètement le divorce : c'est seulement après l'an Mille que l'indissolubilité commencera vraiment à s'imposer (*infra,* n° 102). De même, les empereurs chrétiens abolissent progressivement la législation d'Auguste contre les célibataires : le célibat, condition pour les Chrétiens d'une vie exclusivement consacrée à Dieu, est désormais valorisé. Autre exemple : l'esclavage. Là aussi les princes chrétiens procèdent avec beaucoup de souplesse, à l'instigation de l'Église elle-même. Plutôt que d'imposer de force une révolution qui échouerait, ou dont les conséquences seraient pires que le mal que l'on prétendait guérir,

l'Église préfère s'attacher à la conversion progressive des âmes. Point de législation radicale, donc ; mais le rappel insistant des grands principes. Reprenant un combat déjà engagé par les Stoïciens au nom de l'unité de la nature humaine, l'Église rappelle aux maîtres chrétiens que leurs esclaves sont leurs « frères dans le Christ ». Elle les exhorte à leur accorder assez de repos, les samedis et dimanches, « pour qu'ils aient le loisir de venir à l'église ». Dans la vie de la communauté chrétienne, aucun ostracisme ; les esclaves sont admis à la prêtrise et même parfois aux degrés supérieurs de la hiérarchie ; l'un des premiers papes, Calixte, était un esclave fugitif et plusieurs autres portaient aussi des noms d'esclaves. Enfin l'Église favorise les affranchissements d'esclaves, ou du moins elle encourage, au Bas-Empire, l'installation des esclaves sur des lopins de terre à la campagne, favorisant ainsi le lent passage de l'*esclavage* antique au *servage* médiéval.

Si les principes chrétiens font ainsi progresser le droit, en même temps l'État s'efforce de mettre l'Église à son service. Devenue chrétienne, la monarchie impériale se justifie par de nouveaux arguments. L'empereur n'est plus un dieu parmi d'autres, comme c'était le cas à la fin du IIIe siècle, dans le contexte polythéiste : il se présente désormais comme le vicaire terrestre du Dieu Tout-Puissant. Lorsque Justinien promulgue les Institutes et le Digeste, il le fait « au nom du Seigneur notre Dieu Jésus-Christ » et il présente sa grande œuvre juridique comme voulue et soutenue directement par Dieu. Bien que l'évolution vers le Dominat ait commencé bien avant l'Empire chrétien, la tentation était grande pour l'empereur de transformer la religion nouvelle en instrument d'État – à l'instar des anciens cultes poliades. Grande était la tentation pour les Césars de se transformer en chefs de l'Église, d'être à la fois empereurs et évêques, ou même papes : c'est déjà la tentation de Constantin, ce sera celle de tous les empereurs d'Orient, puis de leurs héritiers les tsars de Russie ; on appelle cette dérive le *césaro-papisme*. En Occident, l'Église a su résister à une aussi étouffante confusion. De grands évêques se sont élevés contre le despotisme des princes – en particulier saint Ambroise, évêque de Milan, qui a fait plier en 390 l'empereur Théodose. Entre la confusion et l'hostilité, la marge est étroite. Pour les Chrétiens, si l'Église est évidemment de fondation divine, le pouvoir politique est aussi donné par Dieu : les deux pouvoirs ont ainsi une origine commune, mais ils n'agissent pas dans la même sphère ; et cependant ils doivent harmoniser leurs efforts en vue du même objectif. Comment faire pour agir ensemble sans pour autant se confondre ? Pendant des siècles la question se posera, obsédante, dans l'Occident tout entier.

2 / De fait, l'Église est devenue, de son côté, un autre pouvoir. Elle s'est lentement organisée, à partir du Ier siècle, d'abord dans le cadre local : il y a au début *des* églises, c'est-à-dire des « assemblées » de fidèles, placées chacune sous la responsabilité d'un « surveillant » choisi par la communauté. Ce surveillant – en grec : *episcopos* –, ce sera l'évêque (*episcopus* en latin). Mais les différentes églises, avec leurs évêques, font partie d'un ensemble qui a vocation à l'universalité : l'Église *catholique*. Constituant ce que l'on appellera plus tard un « corps mystique » *(corpus mysticum),* elle n'en est pas moins aussi, et de plus en plus, une institution humaine. Et elle reproduit dans son organisation, tout naturellement, le modèle qu'offre l'État. C'est ainsi que le « surveillant » de l'assemblée des Chrétiens de Rome – l'évêque de Rome – affirme peu à peu sa primauté par rapport aux autres évêques. À cela, deux raisons : d'une part c'est saint Pierre, présenté par les Évangiles comme le chef du groupe des apôtres, qui a été le premier évêque de Rome ; d'autre part, Rome est la capitale de l'Empire. L'évêque de Rome, que l'on appellera plus tard le *pape* (ce terme, qui signifie *père*, s'appliquait au départ à tous les évêques), n'a toutefois au début qu'une prééminence morale sur les autres évêques. La véritable autorité réside dans les assemblées d'évêques, appelées *conciles* ou *synodes*. En 325, à l'initiative de Constantin, une assemblée de tous les évêques de l'Empire eut lieu à Nicée : c'est le premier concile « œcuménique » (universel). Le concile de Nicée est très important du point de vue proprement religieux, car c'est lui qui a précisé les points essentiels du dogme chrétien.

En même temps, l'Église s'organise sur le territoire de l'Empire, et là aussi elle se coule dans les cadres administratifs de l'État. L'autorité des évêques, au départ purement morale *(auctoritas),* prend peu à peu une dimension juridique ; elle revêt bientôt l'aspect d'une juridiction : l'évêque est en effet appelé à « dire le droit » entre chrétiens. Cette juridiction s'inscrit dans un ressort territorial qui épouse naturellement les limites des circonscriptions administratives : en Occident, celles des « cités », subdivisions de base des provinces. On appellera bientôt les circonscriptions ecclésiastiques des *diocèses* (terme d'origine grecque).

Ces diocèses ecclésiastiques (qu'il ne faut pas confondre avec les diocèses « civils » dont il a été question ci-dessus : n° 15) sont ensuite regroupés dans le cadre des *provinces ecclésiastiques* (qui correspondent exactement aux provinces administratives). À leur tête se trouve un évêque doté de responsabilités particulières, qui siège dans la ville capitale de la province et que l'on appelle de ce fait l'évêque métropolitain (il deviendra « archevêque » à l'époque carolingienne). Quant au personnel ecclésiastique lui-même – l'ensemble des *clercs*, qui forme le *clergé* –, il s'organise aussi sur le modèle propre à l'État romain, un modèle de type hiérarchique. De même que les fonctionnaires publics sont organisés en « corps » strictement hiérarchisés, de même le clergé se distingue en « ordres » superposés – sept en tout. Il est inutile ici de détailler davantage l'organisation institutionnelle de l'Église. Il suffit de retenir l'essentiel : l'extraordinaire *mimétisme* qui a conduit le nouveau « pouvoir » à se modeler sur l'ancien et qui a fait de l'organisation ecclésiastique, pour les siècles à venir, une sorte de *conservatoire des institutions impériales*. Mais l'Église n'a pas seulement des institutions propres, elle a aussi son droit particulier.

50 LE DROIT DE L'ÉGLISE. — On l'appellera par la suite le droit canonique et il prendra au Moyen Âge une importance considérable, jusqu'à constituer, avec le droit romain, un « droit commun » européen. À l'époque romaine il est encore embryonnaire, pour deux raisons. D'une part, aux trois premiers siècles, l'Église est contrainte à une vie discrète ; des usages simples suffisent donc à régler sa vie. D'autre part, à partir de Constantin, elle se développe dans l'ombre d'un État autoritaire et gros « producteur » de droit, en sorte que l'Église préfère influencer le droit étatique plutôt que développer systématiquement un droit propre. Toutefois, dans la mesure où l'institution ecclésiastique est distincte de l'État, il faut bien qu'elle se dote de règles de fonctionnement particulières. Naturellement, pour les Chrétiens, la première source normative est constituée par la Bible. Dès les débuts de l'Église, après quelques débats, ils ont décidé que les prescriptions proprement juridiques de l'Ancien Testament (la partie de la Bible antérieure à la venue du Christ) et en particulier les « codes » contenus dans les premiers livres de la Bible (Deutéronome, Lévitique, Nombres...), à l'exception cependant du Décalogue, ne les concernaient plus. À plusieurs reprises en effet le Christ avait condamné l'observance littérale de ces codes, et la fermeture d'esprit qui trop souvent en résultait. De fait, comme on l'a dit, l'Évangile lui-même ne contient à peu près aucune prescription proprement juridique. Il revenait donc aux Chrétiens eux-mêmes de régler leurs rapports internes à partir des grands principes de leur Foi. Dès le milieu du Ier siècle, les écrits des premiers apôtres, en particulier les lettres *(Épîtres)* de saint Paul, les y avaient aidés. L'édiction d'une « législation » proprement dite est d'abord le fait des conciles. Leurs décisions sont appelées « canons » (d'où l'expression « droit canonique »). Puis ce sont les papes qui, modestement, répondent aux questions que leur posent d'autres évêques, à propos d'affaires précises concernant leurs diocèses. Les réponses écrites du pape, sont appelées à la fin du IVe siècle « lettres décrétales », et par abréviation *décrétales.* Ce terme souligne la parenté de ces textes avec les décrets de l'empereur ; en réalité, les décrétales reproduisent plutôt la technique du rescrit (*supra,* no 26). De fait, on voit apparaître auprès du pape une administration, des bureaux, une « chancellerie » organisés sur le modèle de la chancellerie impériale.

Ainsi, au moment où l'Empire romain va disparaître en Occident, l'Église a déjà pris la relève institutionnelle. Son organisation administrative, locale et centrale, se calque sur le modèle romain. Si son droit est essentiellement fondé sur des principes religieux, il n'en adopte pas moins des techniques et des formes romaines. Au surplus, le droit canonique n'est en quelque sorte qu'un droit d'exception : pour le reste, les Chrétiens sont soumis aux lois de l'État. Par la suite, alors même que l'Empire aura disparu, l'Église restera fidèle au droit romain : « L'Église, dira-t-on, vit sous la loi romaine » *(Ecclesia sub lege romana vivit).*

51 Après avoir été ignorée ou persécutée par l'État romain durant trois siècles, l'Église est ainsi devenue elle-même *romaine.* Au début du Moyen Âge, du moins en Occident, elle apparaît ainsi comme l'héritière de l'Empire disparu. Héritière de ses structures, de sa langue, parfois de ses ambitions, en face d'États nouveaux qui, eux aussi, se voudront les héritiers de Rome. L'histoire des siècles suivants, dans l'ordre politique, culturel, juridique... sera celle de cet héritage partagé.

Pour aller plus loin

52 Sur l'apport du droit romain à celui de l'Église naissante, la référence majeure est l'ouvrage de Jean Gaudemet, *La formation du droit séculier et du droit de l'Église aux IVe et Ve siècles*, 2e éd., Paris, 1979, à compléter par des études plus récentes sur le même objet rééditées dans *Droit de l'Église et vie sociale au Moyen Âge*, Londres, Variorum, 1989, et par : L'entrée du droit dans la vie de l'Église, *Revue de droit canonique*, t. 47/1, 1997, p. 7-20. – Sur les sources du droit canonique : J. Gaudemet, *Les sources du droit de l'Église en Occident du IIe au VIIe siècle*, Paris, Éd. du Cerf / CNRS, 1985 et, du même auteur, *Église et cité ; Histoire du droit canonique,* Paris, 1994. Sur le cas particulier de l'esclavage, v. l'étude de Jean Imbert : Réflexions sur le christianisme et l'esclavage en droit romain, *Mélanges Fernand de Visscher*, I, 1949, p. 445-476.

D'une façon plus générale, le difficile problème des rapports entre l'Église et l'État au Bas-Empire est traité dans les ouvrages consacrés à l'histoire des idées politiques : on peut se contenter de citer la grande *Histoire de la Pensée politique médiévale, c. 350 - c. 1450*, publiée en 1988 à Cambridge sous la direction de J.-H. Burns (traduction française par Jacques Ménard, PUF, coll. « Léviathan », 1993), spécialement la troisième partie.

DEUXIÈME PARTIE

L'ANCIEN DROIT

53 Cette deuxième partie consacrée à l'ancien droit est celle qui nous retiendra le plus longtemps. C'est en effet la plus importante du point de vue de sa durée : des débuts du Moyen Âge au XVIIIe siècle. Mais c'est aussi la plus importante par l'extraordinaire richesse de son « paysage » juridique. En effet, tout en recueillant l'héritage romain – en plusieurs étapes –, l'ancienne Europe le transforme : des éléments nouveaux y sont ajoutés, qui varient sensiblement d'un pays à l'autre. Car l'ancienne Europe, quoique porteuse d'un *héritage commun*, s'organise politiquement sur le mode de la *diversité*. Entre le début et la fin du Moyen Âge on voit apparaître les pays – ou les nations – qui coexistent aujourd'hui encore, et sans doute pour longtemps, sur le continent européen ; elles s'enracinent dans une longue histoire. Le système juridique de l'ancienne Europe est donc lui aussi marqué par une grande diversité. S'il présente des éléments communs – on parlera, au XIVe siècle, d'un droit commun *(jus commune)* de l'Europe continentale – il les combine avec des éléments particuliers – on parlera de « droits propres » *(jura propria)*. Avant d'être *nationaux*, ces droits propres sont d'abord *locaux* : si l'on faisait la carte juridique de l'Europe à tel moment du Moyen Âge, ce serait une mosaïque très fine de milliers de coutumes locales juxtaposées. Globalement, cette carte juridique correspondrait à la carte politique : une multitude de seigneuries locales. Comme on le verra, il y a eu des moments de décomposition et des moments de recomposition ; des phases d'émiettement (en particulier autour de l'an Mille), et des phases de regroupement et de simplification. Néanmoins, alors que la constitution des grands États nationaux a gommé les diversités politiques dès la fin du Moyen Âge, le pluralisme juridique, lui, a subsisté bien plus longtemps : il est encore effectif, même s'il est contesté, au XVIIIe siècle.

En France, il faudra la Révolution pour rompre avec ce long et riche passé. Encore la rupture ne fut-elle pas aussi complète que certains l'auraient souhaité : l'ancien droit n'est pas complètement mort avec la Révolution, malgré le désir d'éradication totale qui animait certains révolutionnaires extrêmes (« du passé faisons table rase »). Pour ce qui est du droit privé, les rédacteurs du Code civil – juristes formés à la fin de l'*Ancien Régime* – ont puisé à pleines mains dans l'ancien droit (coutumier et romain), le transfusant ainsi dans le droit nouveau (*infra,* leçon 21) ; quant au droit public, si la Constitution de l'ancienne France a été abolie sans retour par la Révolution – la mise à mort de Louis XVI constituant le moment crucial de cette rupture – il reste que de nombreuses survivances, voire de réelles continuités, sont aisément discernables (par exemple dans le domaine du droit administratif). Dans les autres pays européens, surtout ceux qui ont échappé à la fracture révolutionnaire, cette continuité est encore plus nette : en sorte que l'ancien droit, et à travers lui le droit romain, sont à certains égards toujours vivants. Nous y reviendrons dans notre troisième partie.

L'extrême complexité de l'histoire juridique de l'ancienne Europe ne nous permettra évidemment pas, dans le cadre d'un cours d'initiation, d'en présenter un tableau exhaustif. À partir du moment où des droits nationaux commencent à se constituer, dans les trois derniers siècles du Moyen Âge, il nous sera impossible d'en suivre les histoires particulières, pays par pays. Il faudra alors se recentrer sur la France, en accordant la première place à l'histoire du droit français – mais évidemment sans pour autant s'interdire, dans la mesure où ce sera possible, d'utiles comparaisons avec les droits étrangers. Cette deuxième partie comportera onze leçons qui décriront l'évolution du système juridique et les avatars du pluralisme juridique entre les débuts du Moyen Âge et le XVIIIe siècle. Mais avant d'aller plus loin quelques précisions d'ordre terminologique s'imposent.

54 MOYEN ÂGE, MÉDIÉVAL, MOYENÂGEUX. — L'expression « Moyen Âge » est récente. Elle a été forgée pour désigner, d'abord dans le domaine des lettres et des arts, la période intermédiaire (« moyenne ») comprise entre l'Antiquité et la Renaissance de l'Antiquité (ou « Renaissance » tout court), aux XVe et XVIe siècles. L'expression « Moyen Âge » est donc péjorative : elle sous-entend qu'entre le monde antique et la redécouverte de sa culture par les hommes de la Renaissance, il n'y aurait rien d'autre qu'une longue attente, voire une longue nuit : la « nuit du Moyen Âge ». Naturellement une telle conception est absolument irrecevable. Car la période comprise entre le VIe et le XVe siècle (ou si l'on préfère, entre 500 et 1500, dates rondes), a vu se développer et s'épanouir une civilisation originale dont les productions intellectuelles et artistiques, d'inspiration essentiellement chrétienne, font honneur au génie humain au même titre que celles de l'Antiquité : comment établir une hiérarchie (autre que purement subjective) entre un temple grec et une cathédrale gothique ? Mais surtout il est totalement inexact d'affirmer que le Moyen Âge aurait délibérément tourné le dos à l'Antiquité : outre que les hommes du Moyen Âge ont sauvé le trésor de la culture antique – ne serait-ce que par la reproduction inlassable des grandes œuvres, y compris des œuvres « païennes » – celle-ci a toujours constitué au cours des siècles médiévaux une référence et un modèle. À certains moments, en particulier autour de l'an 800, et plus encore au XIIe siècle, l'étude des textes antiques a suscité de véritables « renaissances » intellectuelles qui sont autant de jalons entre l'Antiquité proprement dite et la Renaissance des XVe-XVIe siècles. On verra ici à quel point la redécouverte du droit romain en Italie à la fin du XIe et au XIIe siècle a bouleversé le paysage juridique de l'Europe (*infra,* leçons 10, 11 et 12). Ainsi le Moyen Âge est-il bien autre chose qu'une simple « période intermédiaire », un tunnel entre deux âges lumineux : son apport est tout particulièrement important dans le domaine des institutions et du droit.

L'adjectif qui fait référence au Moyen Âge normalement entendu est le mot « médiéval ». On évitera de confondre *médiéval* et *moyenâgeux*. Ce second terme renvoie plutôt à la vision négative de la période : on parle volontiers d'une « croyance moyenâgeuse » lorsqu'il s'agit de stigmatiser une opinion considérée comme absurde ou rétrograde ; le château de Blanche-Neige, à Disneyland, est moyenâgeux... S'agissant de la période comprise entre le VIe et le XVe siècle, le seul emploi admis est donc celui de l'adjectif « médiéval ».

Le Moyen Âge n'est pas lui-même un bloc. Du point de vue de l'histoire politique, on fait normalement commencer le Moyen Âge français avec Clovis († 511), premier roi des Francs après la disparition de l'Empire romain d'Occident (476). On appelle « haut Moyen Âge » les cinq siècles qui séparent le règne de Clovis de l'an Mille et pendant lesquels se succèdent les deux premières dynasties royales françaises, celle des Mérovingiens descendants de Clovis (ou plutôt de son mythique grand-père Mérovée), puis, à partir de 751, celle des Carolingiens (du nom de Charlemagne, *Carolus Magnus*, le plus célèbre d'entre eux). Au cours du Xe siècle alternent les derniers descendants de Charlemagne et les ancêtres de Hugues Capet (987-996) dont les héritiers (en ligne directe ou collatérale) régneront sur la France jusqu'à la Révolution, puis jusqu'en 1848. On appelle parfois la période des XIe, XIIe et XIIIe siècles le « Moyen Âge central », tandis que l'expression « bas Moyen Âge » (ou « Moyen Âge tardif ») désigne les XIVe et XVe siècles.

À vrai dire ces subdivisions n'ont guère de sens *du point de vue de l'histoire du droit*, domaine dans lequel il faudrait plutôt placer la césure au XIIe siècle, lorsque le droit romain réapparaît en Occident en tant que discipline intellectuelle. Plus largement, c'est le concept même de « Moyen Âge » qui semble inadapté à notre discipline. Comme on le verra, le royaume de Clovis comporte encore des éléments institutionnels romains, et Charlemagne s'est voulu un empereur *romain* (*infra,* leçons 7 et 8). Quant à la fin de la période médiévale, elle est encore plus délicate à fixer précisément. Le Moyen Âge finit-il en 1453, lorsque les Turcs s'emparent de Constantinople ? en 1492, avec la prise de Grenade par les rois catholiques, et la découverte de l'Amérique par Christophe Colomb ? en 1483, à la mort de Louis XI ? pourquoi pas en 1515, date de l'avènement de François Ier et de sa trop fameuse (car éphémère) victoire de Marignan ?... En réalité, aucune de ces dates ne présente une quelconque pertinence au regard de l'histoire du droit, car aucune rupture brutale, aucune mutation profonde et soudaine ne sépare le Moyen Âge des trois derniers siècles de l'Ancien Régime : bien au contraire, du point de vue qui est le nôtre, cet *Ancien Régime*, par-delà d'incessantes évolutions, présente une incontestable unité. Encore faut-il préciser le sens de cette expression.

55 « ANCIENNE FRANCE », « ANCIEN RÉGIME ». — Ces notions se définissent par rapport au « Nouveau Régime », celui qui commence en 1789. Cette date marque donc le *terminus ad quem* (le « terme auquel on s'arrête », c'est-à-dire le point d'arrivée) de l'ancienne France, et donc aussi du régime politique qui la caractérisait (l'Ancien Régime), comme de son régime juridique (l'ancien droit). Quant au *terminus a quo* (le « terme à partir duquel », le point de départ), il se confond bien sûr avec les débuts du royaume des Francs élargi aux limites de la Gaule romaine, donc avec le règne de Clovis (481-511). Bien que la rupture entre l'Empire romain et le royaume franc soit beaucoup moins nette qu'on ne le croyait naguère, en raison de l'importance des survivances romaines, c'est avec la dynastie mérovingienne que commence l'ancienne monarchie, et donc l'ancienne France.

On distingue parfois entre le Moyen Âge et un « Ancien Régime » qui ne commencerait qu'à la fin du XVe siècle, voire plus tard, comme si la France avait connu au cours des siècles médiévaux un régime politique et juridique substantiellement différent de celui qui a été le sien pendant les trois derniers siècles de la monarchie. Cette distinction entre le Moyen Âge et un Ancien Régime résiduel a surtout cours dans les ex-facultés des Lettres, où les spécialisations disciplinaires s'attachent à des tranches chronologiques précises : on est « médiéviste » ou on est « moderniste », la définition de la période dite « moderne » correspondant à celle de l'Ancien Régime « court » : XVIe, XVIIe et XVIIIe siècles ; quant à l'histoire « contemporaine », on la fait commencer en 1789. Or, si la Révolution française constitue bien, dans le domaine politique et juridique, une évidente rupture, rien en revanche ne sépare substantiellement le droit et les institutions du XVIe siècle de ceux des siècles antérieurs. Dans ses institutions et dans son droit, la France du XVIIIe siècle conserve encore un important héritage des temps médiévaux. En 1775, Louis XVI a été sacré avec une substance dont on croyait depuis le XIIe siècle qu'elle avait été apportée du ciel par une colombe au moment du baptême de Clovis, et le « droit écrit » qui s'appliquait encore à la veille de la Révolution dans les provinces méridionales du royaume était, dans son principe, le droit romain compilé par Justinien au début du VIe siècle.

Si les continuités sont évidentes, il est par ailleurs tout aussi évident que l'*Ancien Régime* ne constitue pas un bloc immobile : le régime politique de l'ancienne France, comme son régime juridique, n'ont pas cessé d'évoluer au cours des siècles. Mais cette évolution, même si son rythme s'est par moments accéléré ou ralenti, a été *continue*. Ainsi, rien ne justifie que le « moment » des années 1500 soit considéré comme une rupture radicale, aussi radicale que celle de 1789. C'est pourquoi, dans le présent ouvrage, les expressions *ancienne France* et *Ancien Régime* s'appliqueront (sauf précision contraire) à l'ensemble de la période comprise entre les débuts du royaume franc et le règne de Louis XVI. Quant aux trois derniers siècles de cette période, ils forment tout simplement *la fin de l'Ancien Régime*.

56 L'ANCIEN DROIT. — L'expression *ancien droit* paraît plus précise que celle d'*Ancien Régime* : on l'emploie à partir de la Révolution pour désigner le droit qui était en usage dans le royaume *juste avant 1789*. L'ancien droit, c'est donc le droit appliqué à la fin de l'*Ancien Régime*, voire à l'extrême fin de l'*Ancien Régime*. Mais, là encore, si certaines *modalités* de ce droit étaient récentes, sa *substance* était très ancienne. La moitié nord du royaume était régie par des coutumes provinciales qui avaient été rédigées au XVIe siècle sur l'ordre du roi (*infra,* leçon 14), puis éclairées par les commentaires plus ou moins systématiques de la doctrine. Mais le droit coutumier, par-delà les rédactions du XVIe siècle, plonge de profondes racines dans le Moyen Âge. Quant au droit romain qui avait cours dans le Midi, c'était le droit de Justinien (lequel comprenait, comme on l'a vu, des éléments très antérieurs), mais interprété et parfois sensiblement adapté par la doctrine savante et la jurisprudence des plus hautes juridictions du royaume, les Parlements. Ici encore il s'agissait donc d'un droit très ancien dans ses éléments fondamentaux, mais affecté de modalités d'application parfois récentes. L'expression *ancien droit*, sans autre précision s'applique donc à tout le droit de l'*Ancien Régime*, considéré dans ses caractères essentiels.

Leçon 7

Le pluralisme juridique du haut Moyen Âge : la personnalité des lois

57 On se souvient qu'à la fin du IVe siècle la division entre l'Occident et l'Orient est devenue définitive. Monde grec et monde latin ont dès lors évolué séparément, et même de façon divergente. L'empire d'Orient, « romain » par son origine, grec par sa langue, est un empire chrétien. Mais le christianisme oriental développe ses propres rites, ses traditions autochtones, et même quelques particularités théologiques ; pendant des siècles, peu à peu, la distance s'accentuera. Le dernier pas sera franchi en 1054, lorsque les églises orientales refuseront de reconnaître la primauté de l'évêque de Rome et se sépareront de l'Église catholique : c'est le « schisme » oriental. En Occident, l'Empire romain s'effondre au cours du Ve siècle. L'installation de divers peuples germaniques conduit à de nouvelles structures politiques, les royaumes dits « barbares ». Ce qui caractérise ces royaumes, c'est la juxtaposition de deux sortes de populations : les autochtones, que les textes appellent désormais les « romains » ; et les nouveaux venus – envahisseurs, ou immigrants – désignés habituellement comme « barbares ». Dans une première phase, chacun de ces « peuples » a conservé son propre système juridique. Les *lois* (au sens très large que ce mot revêt désormais) ont un caractère *ethnique* : chacun suit le droit du peuple auquel il appartient. Après quelques siècles cependant, et en tout cas au IXe siècle, les distinctions liées à l'origine s'estomperont, les peuples se mélangeront, l'attache territoriale finira par l'emporter sur l'appartenance ethnique : nous décrirons dans la

leçon suivante ce passage de la *personnalité des lois* à la *territorialité du droit*.

En attendant, et au moins jusqu'à Charlemagne, les différents « peuples » restent encore juxtaposés (I) ; il s'ensuit un régime juridique particulier, qui est celui du pluralisme à fondement ethnique (II).

Section I
La juxtaposition des « races »

58 L'INSTALLATION DES GERMAINS. — Il s'agit d'événements complexes, qu'il nous faut évidemment simplifier. Les Germains vivaient depuis des siècles à l'extérieur de l'Empire romain, de l'autre côté de la frontière (le *limes* : la « limite » du monde romain). « Barbares », donc, mais attirés depuis longtemps par la civilisation romaine. Ils avaient effectué des intrusions violentes dans les Gaules dès le Ier siècle avant J.-C., puis à nouveau au IIIe siècle. À cette époque les tribus germaniques, jusque-là divisées, se sont regroupées en confédérations puissantes ; deux surtout, celle des Alamans, établis sur la rive droite du Rhin moyen, et celle des Francs, établis sur le Rhin inférieur. Tout au long du IVe siècle les Francs s'infiltrent sur la rive gauche du Rhin et s'y établissent en tant qu'alliés de Rome. Selon certaines estimations, ils auraient représenté entre 15 et 20 % de la population totale dans le nord de la France actuelle et en Belgique.

Là-dessus, à la fin du IVe siècle et au début du Ve, se déclenchent les invasions proprement dites. Le mouvement des peuples germaniques est provoqué par l'approche des Huns, une peuplade asiatique qui s'était mise en mouvement vers l'ouest depuis au moins le milieu du IVe siècle, précédée d'une terrible réputation. Dès 376 les Wisigoths franchissent le Danube, pour se réfugier derrière le *limes* romain. En 406, ce sont les Vandales, accompagnés par leurs alliés Alains et Suèves, qui franchissent le Rhin et traversent les Gaules, se dirigeant vers l'Espagne. Puis ce sont les Burgondes, qui s'installent dans la région alpine. En 410, Rome est prise et pillée par les

Wisigoths (ou « Goths de l'Ouest ») conduits par Alaric – choc formidable. Pour autant, le sac de Rome ne met pas fin à l'Empire. L'empereur Honorius, l'un des fils de Théodose Ier, conclut avec eux un traité qui en fait des « alliés » de Rome (des *foederati* : peuples liés à Rome par un *foedus*) et leur permet de s'installer en Espagne et dans la partie sud-ouest de la Gaule. Dès lors les Wisigoths deviennent rapidement autonomes, au point de constituer dès les années 470 un royaume indépendant. L'évolution est la même pour les Burgondes quelques années après. Des Germains se sont aussi installés en Italie. En 476 un général barbare nommé Odoacre dépose le dernier empereur romain d'Occident et renvoie à Constantinople les insignes du pouvoir impérial. Ce geste pouvait signifier que l'unité de l'Empire était reconstituée entre les mains de l'empereur d'Orient, Zénon ; cela signifiait beaucoup plus sûrement que les chefs des royaumes occidentaux, tout en reconnaissant la supériorité toute théorique de l'empereur, étaient désormais seuls maîtres chez eux. Il faudra attendre l'an 800, et Charlemagne, pour que renaisse l'empire d'Occident. En 493, ce sont les Ostrogoths (ou « Goths de l'Est ») qui s'emparent de l'Italie et y établissent un royaume distinct.

Il faut ici remarquer que, contrairement à ce qu'on pourrait croire, l'installation des Germains ne s'est pas faite, sauf sans doute au moment de leur arrivée, dans le désordre et la violence. Après le pillage de Rome en 410, l'État romain s'efforce d'organiser l'installation des Barbares et leur applique un régime juridique précis : celui de l'*hospitalitas,* l'hospitalité. Bien qu'ils n'aient pas été précisément invités, les Germains sont considérés comme des « hôtes » de Rome. L'empereur oblige les grands propriétaires à partager leurs domaines – terres et esclaves – avec les chefs barbares. Ce partage doit s'effectuer selon des règles précises : chez les Wisigoths, par exemple, le Barbare prend les deux tiers des terres et le tiers des esclaves, le Romain conservant le reste. Il y a là un exemple très remarquable de gestion d'une situation de crise par le droit, et de la vertu pacificatrice du droit.

À la fin du Ve siècle, l'Europe occidentale se répartit en royaumes ou principautés indépendants. Le territoire de la Gaule est lui-même divisé de la façon suivante : au nord, c'est le petit royaume des Francs ; au sud-est, autour de l'axe Saône-Rhône, le royaume des Burgondes ; au sud-ouest, celui des Wisigoths, qui englobe aussi toute l'Espagne ; au centre, de la Somme à la Loire, un général romain nommé Syagrius maintient un vestige de province romaine autonome. Telle était la situation en 481, au moment où Clovis devient roi des Francs. À la fin de son règne, en 511, le royaume des Francs s'étendra du Rhin aux Pyrénées.

59 LA NAISSANCE DU ROYAUME FRANC. — Il n'est pas utile ici de raconter en détail comment Clovis, simple roi des Francs Saliens en 481, a étendu son autorité, en moins de trente ans, sur l'ancienne Gaule romaine presque tout entière, faisant ainsi du royaume des Francs la préfiguration de la France actuelle – ou, pour mieux dire, sa première forme. On se bornera aux principales étapes, jalonnées par une série de victoires. C'est d'abord l'armée romaine de Syagrius qui est battue en 486 près de Soissons ; puis c'est le tour des Alamans, vaincus à Tolbiac en 496. À l'égard du puissant royaume wisigoth, qui tenait tout le pays au sud de la Loire, la question n'était pas seulement militaire ; elle présentait aussi une dimension religieuse essentielle. En arrivant dans l'Empire, les Germains étaient animés d'un très fort désir d'assimilation. À leurs yeux, la civilisation romaine était LA civilisation tout court. Elle se caractérisait par plusieurs traits : la vie dans des cités (dans « civilisation » il y a le mot *civitas*, qui signifie « cité ») ; l'usage d'une langue écrite, le latin ; et aussi, plus d'un siècle après l'édit de Milan, le christianisme – désormais perçu comme un élément constitutif de la romanité. Ainsi la conversion au christianisme (même si elle était souvent bien imparfaite, la nouvelle foi se combinant avec les croyances antérieures) constituait une étape obligée dans l'adhésion au modèle romain. Ce pas fut rapidement franchi, au moins par les chefs et leurs principaux soldats. Or, si les Germains qui occupaient le sud de la Gaule – Wisigoths et Burgondes – avaient bien adopté la religion chrétienne, ils avaient adhéré à une variante du christianisme que l'Église considérait comme hérétique, l'arianisme : à la suite du prêtre Arius, les ariens refusaient de reconnaître la nature divine du Christ et donc le dogme de la Trinité. Brûlant de l'ardeur des néophytes, les rois wisigoths de Toulouse avaient alors déclenché des persécutions contre leurs sujets catholiques, au nom d'une autre interprétation de la foi. Du coup, le pouvoir wisigoth s'était aliéné la masse de ses sujets catholiques et surtout l'appareil de l'Église officielle : son autorité s'en trouvait sensiblement affaiblie.

Le coup de génie de Clovis fut d'opter pour le catholicisme orthodoxe, celui de la majorité des populations méridionales et celui des évêques. Ainsi, lorsqu'il se tourne vers le sud quelque temps après son baptême (reçu à Reims le jour de Noël de l'an 497, 498 ou 499), Clovis est-il assuré du soutien de l'épiscopat et des populations catholiques : en attaquant Alaric II, roi hérétique des Wisigoths, il était reçu au sud de la Loire comme un libérateur. Et la victoire qu'il remporte à Vouillé, en 507, est interprétée comme un signe du Ciel. Voilà donc le roi des Francs maître de la totalité de la Gaule, ou presque : après Vouillé, les Wisigoths se replient juqu'aux Pyrénées, ne conservant dans les Gaules que la Septimanie (l'actuel Languedoc méditerranéen). Quant au royaume burgonde, déjà soumis *de facto* à Clovis (son épouse, Clotilde, était la fille de Gondebaud, roi des Burgondes), ce sont ses fils qui l'annexeront au royaume franc dans les années 530.

Du fait de la conquête de la Gaule, le « roi des Francs » *(rex Francorum)* ne règne plus seulement sur « ses » Francs : il gouverne un *territoire*, selon la conception romaine de l'État. Et sur ce territoire coexistent plusieurs « races » (au sens ancien du mot) ou « peuples » : plusieurs *ethnies*. Sur un fond gallo-romain largement majoritaire (entre 15 et 20 millions de personnes ?), l'apport démographique des Germains (Francs, Burgondes, Wisigoths) ne dépasse pas quelques centaines de milliers. Malgré cette disproportion, les Germains se donnent des « lois » propres, tandis que les Romains conservent leur droit : pluralisme juridique.

Section II
Le pluralisme juridique

60 LA PERSONNALITÉ DES LOIS. — Les descendants de Clovis (les Mérovingiens) ont régné jusqu'au milieu du VIIIe siècle. En 751 une nouvelle dynastie s'installe, celle des Carolingiens. Dans le royaume mérovingien, puis carolingien, le régime juridique est celui de la personnalité du droit, ou *personnalité des lois* : dans un territoire où coexistent plusieurs ethnies différentes, chacune d'entre elles conserve son droit propre, et chaque personne est jugée selon le droit du groupe ethnique auquel elle appartient. Ce système est caractéristique du haut Moyen Âge, mais il a eu cours, sur d'autres continents, à d'autres époques ; il s'applique encore de nos jours dans certains pays. Dans les tribunaux, tout procès commençait par une question rituelle posée à chaque plaideur : « Sous quelle loi vis-tu ? » La réponse (« Mon père et mes ancêtres vivaient sous telle loi ») déterminait le droit applicable. Tout était simple lorsque les deux parties appartenaient à la même ethnie, et donc relevaient du même droit ; c'était plus compliqué – et l'on se contentera ici de signaler la difficulté – lorsque les deux parties relevaient de droits différents. Deux grands types de « lois » (au sens large de système juridique) étaient en présence : celle des « Romains » (ce terme désigne évidemment les Gallo-Romains : la population autochtone de l'ex-Gaule romaine) ; et celles des Barbares.

61 LE DROIT DES « ROMAINS ». — On se rappelle que l'empereur Théodose II a promulgué en 438 un grand recueil de constitutions qui porte son nom. Mais le droit des constitutions impériales était complexe, difficile à comprendre et à mettre en œuvre, de sorte que le Code théodosien avait été assorti, dans le courant du Ve siècle, de résumés simplificateurs présentés comme des *« interprétations »* (à vrai dire pas toujours fidèles). En 506, le roi wisigoth qui régnait à Toulouse, Alaric II (celui-là même qui sera vaincu l'année suivante par Clovis à Vouillé) promulgue une « loi romaine » pour ses sujets romains. L'objectif affiché dès le préambule est de « faire disparaître toute obscurité dans les lois romaines et le droit » – le nouveau texte se substituant à tout le droit antérieur. On appellera ce texte, à partir du XVIe siècle, le *Bréviaire d'Alaric*. En réalité le Bréviaire n'est pas une nouvelle rédaction du droit. C'est une compilation, c'est-à-dire une juxtaposition de textes déjà publiés ou connus : la majeure partie du Code théodosien assorti de ses interprétations, quelques constitutions impériales postérieures à ce Code et des extraits d'œuvres doctrinales antérieures. L'ensemble, à peine classé, est assez hétéroclite. Cette publication hâtive s'expliquerait par le souci du roi Alaric de complaire à ses sujets « romains » et catholiques en simplifiant à leur intention les sources du droit, au moment où le baptême de Clovis venait d'en faire le champion de l'Église : ce serait en somme une opération politique.

Quoi qu'il en soit de cette explication, Alaric mourra l'année suivante sur le champ de bataille de Vouillé, et Clovis étendra son royaume jusqu'aux Pyrénées. Ce faisant, il conservera le legs du Wisigoth vaincu en déclarant son Bréviaire applicable à toute la Gaule. C'est donc ce texte qui constitue désormais le recueil officiel du droit romain pour l'ensemble du royaume franc. Il s'appliquera jusqu'aux IXe et Xe siècles, mais sous forme de résumés de plus en plus sommaires, et en prenant des formes de plus en plus locales.

À vrai dire, l'appauvrissement du droit a commencé en Occident dès le Bas-Empire. Comme on l'a dit, les Romains avaient laissé leurs droits propres aux peuples conquis. Lorsque l'édit de Caracalla, en 212, a étendu la citoyenneté romaine à tous les hommes libres de l'Empire, il a laissé subsister ces droits locaux. Le droit romain avait donc fait l'objet d'applications variables selon les provinces ou les « pays » *(pagus),* prenant des formes que l'on désigne parfois comme du « droit vulgaire » (c'est le droit effectivement appliqué par les populations, bien différent du droit officiel). Le Bréviaire d'Alaric se superpose lui-même à ces usages locaux, avec lesquels il finira par se mélanger. À côté du droit romain utilisé par les sujets « romains » du roi, il y a un droit « barbare » destiné aux peuples germaniques.

62 DES « LOIS » POUR LES BARBARES. — À la fin du Ve siècle et au tout début du VIe, les chefs des nouveaux royaumes décident de donner à leurs sujets d'origine germanique un droit *écrit*, et écrit *en latin* : un droit formellement comparable, du moins à ces deux égards, au droit de Rome. Jusqu'aux Invasions, les différentes tribus germaniques étaient régies par de simples usages oraux, les « coutumes des ancêtres », qui formaient un droit très sommaire. Ainsi, dans le domaine familial, le mariage germanique résultait exclusivement d'un accord entre deux familles. Dans le domaine pénal, c'était le système de la vengeance privée : la plupart des crimes n'étaient considérés que comme des offenses particulières dont la victime était en droit de se venger elle-même, avec l'aide de ses parents et amis. Naturellement elle pouvait aussi renoncer à cette vengeance moyennant une compensation (pécuniaire, ou autre), mais elle restait libre de son choix. – Au contact de la romanité, les Barbares se sont civilisés. Pour certains, en particulier les Francs, ce processus a commencé dès avant les invasions, à l'époque où ils étaient les alliés de Rome. Une étape importante de ce processus de « civilisation » des Barbares est donc la rédaction de leur droit. Cette rédaction marque un double progrès, de forme et de fond : non seulement les droits germaniques affectent désormais, comme le droit romain, la forme d'un texte latin, mais encore il s'agit d'un droit amélioré dans son contenu, parfois de façon substantielle.

Ce sont les Germains du sud de la Gaule, Wisigoths et Burgondes, qui ont les premiers rédigé leur droit. La première version de la « loi des Wisigoths » est promulguée en 476 par le roi Euric ; on l'appelle le *Code* d'Euric. Combinant traditions germaniques, droit romain et influence chrétienne, il sera complété aux VIe et VIIe siècles, après le repli du royaume wisigothique sur l'Espagne. Dans le royaume burgonde, c'est le roi Gondebaud qui promulgue autour de 502 une « loi des Burgondes » (parallèle à une autre « loi » d'inspiration romaine et destinée aux sujets romains du même roi). Mais le texte « barbare » le plus remarquable est évidemment la *loi salique* : c'est la loi personnelle du roi franc, comme telle promise à une notoriété durable et même, à la fin du Moyen Âge, à une singulière résurrection (*infra,* n° 145). Cette loi célèbre est généralement méprisée des historiens du droit, qui n'en retiennent que les aspects anecdotiques ou ridicules ; cependant des études récentes ont conduit à en renouveler l'analyse. Il faut en dire quelques mots.

63 LA LOI SALIQUE. — La loi salique est pour l'essentiel un Code pénal, fondé sur le principe des *compositions pécuniaires* : en cas d'infraction, le coupable doit « composer » avec sa victime, c'est-à-dire la dédommager par une somme d'argent (ou un bien de valeur équivalente). La loi se présente donc comme un long « tarif » de réparations fixes. On est ici dans la logique d'un droit pénal « privatiste », où l'indemnisation de la victime l'emporte sur la peine publique, sanction du trouble à l'ordre public. Celle-ci, sauf exception, consiste en une simple amende qui équivaut au tiers de la composition ; cette proportion montre bien quelle est la hiérarchie des préoccupations : indemniser d'abord, punir ensuite. En une série de titres qui se sont allongés avec le temps, la loi salique décrit donc toute sorte d'infractions (atteintes aux biens et aux personnes), et fixe l'indemnisation correspondante. La composition centrale est celle qui concerne l'homicide : c'est le *wergeld*, ou « prix de l'homme ». Par extension, le mot *wergeld* est parfois utilisé pour désigner l'ensemble du tarif. Le prix du Franc ordinaire est ainsi fixé à 200 sous d'or, celui d'un Romain à 100 sous ; mais un Franc placé sous la protection du roi « vaut » 600 sous, et le Romain « convive du roi » en vaut 300. Le *wergeld* des blessures varie de la même façon, en fonction de leur gravité apparente. Selon le titre XXXII, consacré aux blessures graves, « pour une main coupée, si la main pend encore », le coupable devra 2 500 deniers (art. 1er) ; « si la main a été complètement séparée : 4 000 deniers, qui font 100 sous » (art. 2) ; « pour le pouce de la main ou du pied, s'il est séparé : 1 800 d. ; s'il pend encore : 1 200 d. » (art. 3) ; « si c'est le second doigt, celui qui sert à tirer à l'arc : 1 400 deniers » (art. 4), etc. – Vu d'aujourd'hui, il s'agit donc bien d'un mode de règlement des conflits très primitif. Et pourtant, la loi salique constitue un très grand progrès par rapport au droit germanique antérieur. Ce progrès résulte d'une double influence : celle des conceptions chrétiennes et celle du droit romain.

Même si la datation de la loi, dans tel ou tel de ses éléments constitutifs, peut être discutée (v. le n° suivant), sa version première a reçu sa forme définitive à la fin du règne de Clovis, entre 507 et 511. C'est l'époque où le roi, baptisé depuis une dizaine d'années, gouverne entouré d'évêques. Or la conception pénale de l'Église, naturellement tributaire des principes fondamentaux du christianisme, est centrée sur l'idée de paix et de pardon. Il s'agit de *rétablir la paix* entre les parties en litige, et une paix définitive. Voilà pourquoi la loi salique interdit la vengeance et rend la réconciliation obligatoire. Si elle ne peut pas imposer un pardon véritable, qui ne saurait être que spontané, la loi contraint du moins la victime et sa famille à renoncer à toute vengeance en acceptant la composition. Et c'est pour éviter toute discussion dilatoire, et tout prétexte à une reprise du conflit, que la loi détaille jusqu'à l'excès les caractéristiques du dommage : il faut que le tarif s'applique sans hésitation ni chicane.

Mais cette idée de paix, chrétienne dans son principe, est coulée dans un moule romain. La loi salique se présente en effet, quant à sa structure générale, comme un « pacte », au sens romain du mot : *pactus legis salicae*. Or, selon une définition célèbre d'Ulpien, un pacte est justement un accord conclu entre deux ou plusieurs personnes afin de ramener entre elles la *paix* – Ulpien rappelle que le mot *pactum* vient de *pax, pacis*, la paix (D. 2, 14, 1, 1). Le préambule primitif de la loi est à cet égard très significatif : « Il a plu aux Francs et il a été convenu entre eux et leurs chefs que, pour favoriser au sein du peuple le maintien de la *paix*, il fallait couper court à l'enchaînement sans fin des bagarres... » – entendons : des vengeances privées, enchaînées sans fin les unes aux autres. Cet accord porte à la fois sur le principe d'une « mise hors la loi » de la vengeance primitive, et sur le montant des multiples compositions destinées à la remplacer. Que les conditions dans lesquelles ce tarif a été dressé, par quatre sages plus ou moins mythiques, restent largement obscures, peu importe : l'essentiel est qu'il y ait désormais un tarif, donc *une règle*, qui se substitue à l'anarchie d'autrefois.

Les différentes lois « barbares » – on se rend compte désormais à quel point ce terme, pris dans son acception péjorative, est inadéquat – se sont appliquées pendant plusieurs siècles, parfois avec des compléments (la loi salique a ainsi été enrichie à plusieurs reprises, jusqu'à ce que Charlemagne en donne la dernière version « amendée » en 768). Pourtant, à partir du IXe siècle, le pluralisme ethnique va rapidement évoluer vers un autre système : celui de la territorialité. Nous décrirons cette évolution dans la leçon suivante.

Pour aller plus loin

64 D'une bibliographie immense, nous ne retiendrons que l'essentiel et, dans le plus récent, les analyses les plus novatrices. Pour une présentation générale de l'installation des Francs dans l'Empire : K. F. Werner, *Les origines*, t. 1er de l'*Histoire de France* publiée sous la dir. de J. Favier, Fayard, 1987. L'organisation politique des Francs, en particulier le rôle joué auprès du roi par l'assemblée des guerriers (assemblée du peuple en armes, ou *plaid*), a beaucoup intéressé les historiens de la période moderne. Dès le XVIe siècle, les adversaires du droit romain exaltent les Francs comme vainqueurs des Romains et fondateurs d'une monarchie « libre » ; pendant la Fronde (au milieu du

XVIIe siècle), mais surtout au XVIIIe siècle, les adversaires de la monarchie absolue développent la thèse selon laquelle les États généraux du bas Moyen Âge auraient été les héritiers des plaids francs, les Parlements étant eux-mêmes les héritiers des États généraux ; cette fable permet aux parlementaires de se dire gardiens des lois fondamentales du royaume et de prétendre à un contrôle sur l'activité législative du roi (*infra*, n° 131). Montesquieu, lui-même parlementaire, n'hésite pas à puiser au mythe franc pour développer un modèle de monarchie libérale à fondement traditionnel, parallèle au modèle « anglais » fondé sur la distinction des pouvoirs. En insistant sur la *germanité* du royaume franc (et sur la prétendue liberté que les Francs auraient « trouvée dans les bois » de la Germanie), Montesquieu a lourdement influencé l'historiographie ultérieure jusqu'au cœur du XXe siècle.

Une voie nouvelle a été récemment ouverte par les travaux d'Olivier Guillot, qui insiste à juste raison sur la *romanité* de Clovis et sur sa volonté de continuité : roi des évêques, « champion de la foi catholique », Clovis s'est voulu un nouveau Constantin – le continuateur d'une romanité chrétienne : O. Guillot, Les origines de la France, *Pouvoirs et institutions dans la France médiévale*, I, *Des origines à l'époque féodale*, Paris, A. Colin, 1994, p. 64 et s. ; id., Clovis, le droit romain et le pluralisme juridique : aux origines du « monde franc », *Libertés, pluralisme et droit*, éd. H. Van Goethem et L. Waelkens, Bruxelles, 1995, p. 61-84 ; id., Clovis « Auguste », vecteur des conceptions romano-chrétiennes, *Clovis, Histoire et Mémoire*, dir. M. Rouche, Presses de la Sorbonne, 1998, p. 705-736. – La datation de la loi salique a fait l'objet de savantes discussions. Pour J.-P. Poly, les 44 premiers titres de la version de base, dite en 65 titres, seraient un règlement militaire donné par un général romain à ses guerriers francs, à l'époque où les Francs gardaient la frontière de l'Empire pour le compte de Rome, vers le milieu du IVe siècle (La corde au cou. Les Francs, la France et la loi salique, *Genèse de l'État moderne en Méditerranée*, coll. de l'« École française de Rome », n° 168, 1993, p. 287-320) ; pour K. A. Eckhardt, qui a donné une nouvelle éd. de ce texte en 1962 dans les *MGH*, la rédaction n'est pas antérieure aux années 507-511. Même si certaines de ses dispositions peuvent remonter à une sorte de « loi de police militaire » d'origine romaine (une *lex data* du IVe ou du Ve siècle ?), la loi elle-même semble bien n'avoir été rédigée qu'à la fin du règne de Clovis, dans le contexte de politique chrétienne qui caractérise les dernières années du règne : O. Guillot, La justice dans le royaume franc à l'époque mérovingienne, *La giustizia nell'alto medioevo (sec. V-VIII)*, Spolète, 1995, p. 676-685.

Leçon 8

De la personnalité des lois à la territorialité du droit

65 En 751, l'avènement de Pépin le Bref marque le début de la dynastie carolingienne. Son fils, Charlemagne, régnera de 768 à 814 ; il ressuscitera l'empire d'Occident en l'an 800. Cette nouvelle forme politique, où l'association du roi et des évêques se fait encore plus étroite, tente de réaliser l'idéal du royaume chrétien – idéal de justice, certes, mais aussi *idéal d'unité* (I). Après avoir favorisé la fusion des « races », l'État carolingien s'avère cependant peu solide : il se disloque bientôt, le morcellement politique qui se poursuit aux Xe et XIe siècles entraînant l'*émiettement* territorial du droit (II).

Section I
L'idéal d'unité

66 Au titre de « roi des Francs » qu'il a hérité de son père et de leurs prédécesseurs mérovingiens, Charlemagne ajoute à partir de la Noël de l'an 800 celui d' « empereur Auguste ». Comme Clovis, il se réclame des deux traditions, germanique et romaine. Mais par-dessus tout, il se veut un prince chrétien ; il se sait investi d'un « ministère » précis. *Ministerium :* ce mot est très important pour toute la durée de l'Ancien Régime, et pour toute l'Europe. En latin classique, il désigne le *service*, la fonction du serviteur ; il donnera en français « mestier », puis « métier » – c'est un service éventuellement manuel. Appliquée au métier princier, la notion de ministère permettra de définir le roi comme le premier *serviteur de la République* – le terme de « république » réapparaît au IXe siècle dans son sens romain d'État.

Son ministère, le roi le tient de Dieu. Dès le début de l'époque franque, mais surtout à l'époque carolingienne, les évêques expliquent au roi ce que Dieu attend de lui : qu'il « guide » son peuple sur la voie *droite*, celle du Salut. C'était déjà l'idée de saint Augustin. Isidore, évêque de Séville au début du VIIe siècle, avait expliqué aux rois wisigoths le sens précis du mot « roi ». Dans ses *Étymologies*, il faisait dériver « roi » de « régir » *(reges a regendo vocati)* ; dans ses *Sentences*, il précisait : « Mérite d'être appelé roi celui qui agit droitement » *(recte agendo regis nomen tenetur).* On trouve chez d'autres auteurs le rapprochement entre « voie royale » *(via regia)* et « voie droite » *(via recta),* etc. L'idée essentielle, c'est que le roi digne de ce nom est celui qui gouverne *droitement*, en conduisant le peuple dans la bonne *direction* : celle du Ciel.

Cette mission divine, Charlemagne et son fils, Louis le Pieux (814-840), ont eu à cœur de l'assumer. Elle inspire le renouveau de la législation – une législation valable pour tout le peuple, par-delà ses différences ethniques.

67 L'UNITÉ DU PEUPLE. — C'est la traduction politique d'un thème cher aux hommes d'Église : celui de l'unité des chrétiens *(unitas christianorum).* Les sujets de l'empereur ne sont pas une simple juxtaposition d'ethnies différentes : ils forment un seul peuple, un peuple uni, défini d'abord comme un peuple chrétien. Cette qualité de chrétiens, à la fois essentielle et commune à tous, efface les différences ethniques. Communiant dans la même foi, participant au même « corps mystique » qui est celui de l'Église universelle, tous les sujets du roi doivent obéir à la même loi – non seulement la loi divine, mais aussi la loi terrestre, alors conçue comme une simple mise en œuvre de la première. Dans cette idée, certains évêques auraient voulu aller plus loin : faire disparaître toutes les lois ethniques, les remplacer par une seule « loi royale » calquée sur celle de Dieu. Tel est le projet qu'en 817 l'évêque de Lyon Agobard présente à Louis le Pieux : « Plût au Ciel que, unis sous un seul roi très pieux, tous les peuples fussent régis par une seule loi : cela favoriserait la concorde dans la Cité de Dieu (= la communauté des Chrétiens)... » En pratique, les lois ethniques n'ont pas été abrogées. Mais les rois carolingiens ont développé une législation qui s'est superposée aux droits particuliers et qui les a complétés ou modifiés sur de nombreux points.

68 LES CAPITULAIRES. — Il s'agit d'un droit prescriptif, fait de règles obligatoires énoncées par le prince mais au préalable discutées dans le cadre de l'assemblée du peuple (c'est-à-dire des guerriers) régulièrement réunie autour du roi. À l'époque mérovingienne les guerriers se rassemblaient au mois de mars (« champ de mars ») ; Charlemagne a repoussé la convocation de l'armée au mois de mai (« champ de mai »). C'est dans les assemblées politiques réunies en marge du rassemblement militaire qu'étaient discutées les réformes législatives, étant bien entendu que seuls les dignitaires ecclésiastiques et les chefs de l'armée participaient utilement à la discussion. Les capitulaires sont divisés en « petits chapitres » *(capitula)* juxtaposés, d'où leur nom ; dans les éditions modernes, les *capitula* sont numérotés comme les articles d'un code.

Les capitulaires sont pour l'essentiel de deux sortes. Les uns sont ajoutés à la loi salique et ne s'appliquent de ce fait qu'aux seuls Francs (c'est donc encore un droit ethnique). Les autres – les plus importants – s'appliquent à tous les sujets du roi, quelle que soit leur origine ethnique, dans l'ensemble du royaume : c'est donc un *droit territorial*, comparable à cet égard à celui de l'Empire romain. Ces textes puisent une bonne partie de leur inspiration dans les préceptes du christianisme : exhortations morales, citations bibliques et canons conciliaires se mêlent à des dispositions pénales, à du droit procédural, à des mesures administratives. Il faut remarquer que cette législation s'adressait à des populations largement analphabètes. Elle était donc portée à la connaissance des sujets par des lectures publiques faites dans les chefs-lieux des circonscriptions locales (les comtés et leurs subdivisions : les centaines) à l'occasion des sessions judiciaires, puis dans chaque paroisse. Ainsi, nul n'était censé ignorer la loi.

En pratique, ce système a bien fonctionné pendant quelques décennies, sous Charlemagne et son fils Louis le Pieux († 840). Mais à partir des années 840-850, les institutions de l'Empire se dérèglent et le droit se transforme.

Section II
« Fusion des races » et morcellement du droit

Entre le milieu du IXe siècle et l'an Mille (date ronde), on assiste à une double évolution : tandis que la population du royaume cesse assez vite de se définir en termes ethniques, le territoire de la « France » se divise ; ce qui devait entraîner, à terme, le morcellement du droit.

69 LA FUSION DES « RACES ». — À partir du milieu du IXe siècle, on constate la désuétude assez générale des anciennes lois personnelles. Ces lois sont de moins en moins alléguées en justice par les plaideurs, signe manifeste de leur oubli progressif. Plus profondément, cette évolution signifie que les habitants du royaume perdent le souvenir de leurs différences ethniques : ils ne se définissent plus comme « romains », « francs » ou « goths », c'est-à-dire par rapport à l'ethnie de leurs ancêtres, mais bien plutôt par le lieu où ils sont fixés, par la terre sur laquelle ils vivent : par *le sol*, en un mot, et non plus par *le sang*. L'effacement de la référence ethnique ne résulte pas seulement de l'enracinement de la population ; il est aussi la conséquence de ce que l'on appelle parfois la « fusion des races » – le mélange des ethnies. De façon très remarquable, ce mélange a été puissamment encouragé par l'Église, au nom de l'*unitas Christianorum*. Elle a utilisé à cette fin le droit matrimonial, que les conciles du IXe siècle réglementent de façon de plus en plus précise ; il s'agit en particulier de lutter contre les pratiques *endogamiques* – c'est-à-dire le fait de se marier « à l'intérieur » (c'est le sens du préfixe grec *endo-*) d'un groupe social donné, d'une ethnie ou d'une « race » particulière : entre Romains, entre Francs, etc. – en établissant des « empêchements au mariage » entre parents et alliés. Le mariage entre cousins ou alliés jusqu'à un degré assez éloigné est qualifié d'*inceste*, et donc interdit : d'où la nécessité de trouver un conjoint d'un autre « sang », dans une famille extérieure au cercle de la parenté et avec laquelle n'existe encore aucune alliance. On comprend qu'il y avait là un puissant encouragement au brassage des « peuples »...

Toute cette politique a contribué efficacement à affaiblir les distinctions ethniques, pour renforcer d'autres sentiments d'appartenance : l'identité de la foi, la communauté politique. Une foi, un roi. Ce roi, dans ses actes officiels toujours rédigés en latin, continue de s'intituler *« rex Francorum »*. À quel moment précis faut-il traduire cette expression non plus par « roi des Francs », mais par « roi des Français » ? Dès avant l'an Mille, le terme *Francus* ne fait plus référence à une ethnie particulière, mais à une sujétion politique. Quant au territoire sur lequel s'exerce, au moins théoriquement, l'autorité de ce roi, on l'appelle *Francia* dès le IXe siècle : *Francia* (même si ce terme continue à désigner aussi, jusqu'au XIIIe siècle, la seule Île-de-France, *Francia minor*) et non plus *Gallia*, sauf exception. Pour autant, le territoire de la *Francia* n'est pas homogène, son droit non plus.

70 LE MORCELLEMENT TERRITORIAL. — Trop vaste, l'Empire carolingien n'a pas pu conserver son unité. Après la mort de Louis le Pieux, ses trois fils se disputent l'héritage comme s'il s'agissait d'un bien privé : si la conception romaine de l'État survivait dans l'esprit des évêques, elle était en revanche fort brouillée dans celui des princes. En 843, après trois ans de guerre, les petits-fils de Charlemagne se partagent l'héritage. C'est l'objet du traité de Verdun. L'aîné des trois frères, Lothaire, reçoit le titre impérial et une dotation territoriale que l'on appelle la Lotharingie, « la part de Lothaire » (terme qui donnera *Lothringen* en allemand et *Lorraine* en français). Il s'agit à l'origine d'une bande de terres très allongée, réunissant les actuels Pays-Bas à l'Italie, en passant par la Lorraine (au sens actuel du mot), la Bourgogne et la Provence. À l'est, c'est le pays des Francs de l'Est, ou « Francie orientale » *(Francia orientalis)* ; on l'appelle aussi Germanie, et c'est la part de Louis – dit « le Germanique ». Quant à l'ouest, c'est la « Francie occidentale » *(Francia ocidentalis)*, bientôt la France tout court, mais limitée du côté de l'est par une frontière qui reste le plus souvent en deçà des quatre fleuves : l'Escaut, la Meuse, la Saône et le Rhône. La Francie de l'Ouest est le partage de Charles, dit « le Chauve ».

Même s'il garde le titre d'empereur, Lothaire n'a aucune primauté sur ses frères : Charles le Chauve, en particulier, se considère comme totalement indépendant. Cette *indépendance* du royaume de l'Ouest – bientôt royaume de France – sera l'axe essentiel et permanent de la politique extérieure de tous ses rois à venir (*infra*, leçon 13). Après une période d'hésitation, le titre impérial échappera définitivement aux descendants de Charlemagne. En 962 il sera relevé par le roi de Germanie, Otton Ier. C'est le début de ce que l'on appellera désormais le Saint Empire (*Sacrum Imperium*), ou Saint Empire romain, puis (à la fin du Moyen Âge) Saint Empire romain de nation germanique ; il durera jusqu'en 1806. Lorsque dans les pages qui suivent nous parlerons de l'empereur, sans autre qualificatif, il est bien entendu qu'il s'agira de l'empereur du Saint Empire.

On notera au passage que l'expression « Empire germanique », fréquemment appliquée au Saint Empire par les historiens français, est juridiquement inexacte : car le royaume de Germanie, ou des Teutons (*regnum Teutonicorum* : c'est l'origine du mot *Deutsch*), est juridiquement distinct de l'Empire, qui comprenait aussi les royaumes de Provence et d'Italie. Il est aussi erroné de parler d' « Empire d'Allemagne » et *a fortiori* d' « Empire allemand », ce dernier intitulé devant être exclusivement réservé au second Reich, entre 1871 et 1918.

Le processus de dissociation ne s'est pas arrêté au partage de Verdun. Quelque temps après, la part de Lothaire, non viable, se fractionne elle-même en trois morceaux. Mais c'est surtout à l'intérieur de chaque royaume que l'autorité politique s'affaiblit et se divise. Vers 850 commence une longue période d'insécurité due aux incursions violentes et prédatrices de peuplades périphériques : les Hongrois (ou Magyars), descendants des Huns ; les « hommes du Nord », ou Normands, qui arrivent de Scandinavie par la mer et remontent les fleuves jusqu'au cœur des terres ; les Maures (ou Sarrazins) qui harcèlent toute l'Europe du Sud. Les rois en titre s'avérant impuissants à défendre leurs sujets, la résistance s'organise localement autour de chefs régionaux – comtes, ducs, marquis – agents royaux titulaires de ce fait de prérogatives régaliennes, mais qui vont de plus en plus les exercer pour leur propre compte. Apparaissent ainsi, au cours du Xe siècle, quelques dizaines de principautés territoriales dirigées par des dynasties d'anciens fonctionnaires royaux devenus à peu près autonomes. L'Église, de son côté, constitue elle aussi des seigneuries temporelles ; cette confusion du temporel et du spirituel sera la cause d'une crise profonde, que s'attacheront à résoudre, au siècle suivant, les réformateurs grégoriens. C'est dans ce contexte de dissociation de la puissance publique que la dynastie carolingienne est éliminée par les Robertiens/Capétiens. L'élection de Hugues Capet, en 987, marque l'avènement définitif de la dynastie nouvelle.

Mais déjà, autour de l'an Mille et plus encore au XIe siècle, les principautés territoriales se fractionnent à leur tour en seigneuries plus petites, organisées autour d'un château fort ; à la tête de milices privées, les maîtres des forteresses s'emparent (plus ou moins vite et dans des proportions variables) de prérogatives de nature politique (justice, impôts, etc.) et imposent une autorité souvent brutale aux populations du lieu, aggravant les anciennes contraintes et en ajoutant de nouvelles – les unes et les autres souvent appelées « coutumes » (*infra,* n° 76). Ces prérogatives politiques ainsi usurpées par les seigneurs, au détriment des anciens agents royaux et du roi lui-même, sont en général désignées par le vieux mot de *ban*, terme d'origine germanique qui signifie pouvoir de commander. D'où l'expression de *seigneurie banale* qui caractérise désormais les nouveaux cadres locaux : cadres politiques, mais aussi juridiques.

71 POUVOIRS LOCAUX, DROITS LOCAUX. — Au cours des XIe et XIIe siècles, après une phase de flottement plus ou moins longue selon les régions, les diverses seigneuries, des plus petites aux plus étendues, s'organisent selon une hiérarchie verticale, la hiérarchie des *fiefs*. Corrélativement, les seigneurs titulaires de ces fiefs se sont eux-mêmes hiérarchisés tout au long de la *chaîne vassalique*, le titulaire d'une seigneurie inférieure se reconnaissant comme le *vassal*, ou l' « homme », du seigneur supérieur. C'est cette double hiérarchie des terres et des personnes qui constitue proprement le système « féodo-vassalique ». Tout l'effort de la royauté capétienne pendant ces deux siècles sera de placer le roi au sommet de la chaîne vassalique en le faisant reconnaître comme « suzerain par-dessus tous » ; cet effort accompagnera la reconstitution de la souveraineté proprement dite, servie par la renaissance du droit romain (*infra,* n° 99). Il n'est pas nécessaire d'entrer plus avant dans la description des structures féodales, qui doivent faire l'objet de développements précis au second semestre dans le cadre du cours d'*Histoire des ins-*

titutions publiques. Laissant de côté pour l'heure les aspects proprement politiques, on n'envisagera ici les seigneuries que comme cadres de formation du droit coutumier.

Le processus de territorialisation du droit, par définition très progressif, est difficile à saisir. Les témoignages de l'époque sont à la fois rares et peu explicites. On se limitera à deux observations. D'abord, dans les pays entre Rhin et Loire, le vieux pays franc, la loi salique tend à devenir après le milieu du IXe siècle un droit territorial s'appliquant indistinctement à tous les habitants. En même temps, dans les pays situés au sud de la Loire, le droit romain devient lui aussi un droit territorial qui s'applique aussi bien aux familles d'origine « romaine » qu'aux familles « germaniques » (on les distingue encore par leurs patronymes). Pour autant, vers l'an Mille, les expressions *lex salica* ou *lex romana* que l'on rencontre encore dans les comptes rendus de procès (les « notices de plaid ») n'ont plus du tout le sens complet qu'elles avaient gardé jusqu'à Charlemagne : ces expressions ne désignent plus, comme autrefois, des systèmes juridiques structurés, mais seulement des vestiges de droit ancien, ici quelques tarifs de composition (les plus courants), là quelques formules tronquées, quelques expressions mal comprises ou déformées, avec beaucoup de variantes locales – en somme les épaves d'un droit dont l'essentiel a sombré dans l'oubli.

À la place des vieilles « lois » disparues, les populations se dotent donc de règles nouvelles, qui combinent en proportions variables deux sortes d'éléments : d'une part les bribes des droits anciens que nous venons d'évoquer (des résidus de loi salique au nord, des vestiges du Bréviaire au sud, des fragments de capitulaires ici et là) ; et d'autre part des solutions nouvelles, créées au coup par coup au fur et à mesure des besoins, puis reproduites dans des situations identiques. Mais l'essentiel est que ce nouveau système normatif – encore très rudimentaire, et en quelque sorte instinctif – s'élabore dans un cadre territorial et local : celui des nouvelles principautés territoriales et, plus encore, celui des seigneuries banales. Ce droit, qui ne se présente évidemment plus sous une forme écrite mais qui se cherche à travers des pratiques hésitantes, c'est un droit *coutumier* en formation. Un droit coutumier *local*.

Au lendemain de l'an Mille, au temps des premiers Capétiens, le droit « français » se présente donc comme une simple juxtaposition de coutumes locales en gestation, des coutumes encore informes et informulées, des embryons de coutumes. Pour que s'épanouisse vraiment la coutume, pour qu'elle soit formellement désignée comme *source du droit*, il faudra cependant attendre le XIIe siècle, l'essor des franchises d'un côté, la renaissance du droit romain de l'autre.

Pour aller plus loin

72 Les capitulaires ont été édités par A. Boretius et V. Krauss dans les *MGH*, *Capitularia*, 2 tomes, 1883-1897 ; pour l'analyse, il faut toujours revenir à F. L. Ganshof, Recherches sur les capitulaires, *RHD*, 1957, p. 33-87 et 196-246 ; v. aussi la synthèse de J. Gaudemet, *Les naissances du droit...*, p. 116-118. La lettre écrite par Agobard à Louis le Pieux en 817 est publiée aux *MGH*, *Epist. Karol.*, III, p. 158 et s. – Sur l'expression *res publica*, qui réapparaît au IXe siècle, v. Y. Sassier, L'utilisation d'un concept romain aux temps carolingiens : la *res publica* aux IXe et Xe siècles, *Médiévales*, 1988, p. 17-29, et L'utilisation du concept de *res publica* en France du Nord aux Xe, XIe et XIIe siècles, *Droits savants et pratiques françaises du pouvoir*, PU Bordeaux, 1992, p. 89-97. – Sur la formation des coutumes, v. l'étude toujours stimulante de J.-F. Lemarignier, La dislocation du « pagus » et le problème des « consuetudines », X[e]-XIe siècles, *Mélanges Louis Halphen*, 1951, p. 401-415. – Sur le contexte général dans lequel se forment les premiers usages coutumiers, v. J.-P. Poly et E. Bournazel, *La mutation féodale*, PUF, « Nouvelle Clio », 2e éd., 1991, à compléter avec O. Guillot, Sur la naissance de la coutume en Anjou au XIe siècle, *Droit romain, « jus civile » et droit français*, dir. J. Krynen, Toulouse, 1999, p. 273-295.

Leçon 9

Les droits locaux : libertés, coutumes, statuts

73 Les coutumes territoriales, dont la lente gestation commence autour de l'an Mille et qui se révèlent en tant que telles au XIIe siècle, forment à la fin du Moyen Âge de véritables petits codes particuliers, plus ou moins étendus selon les lieux. Mais ce particularisme du droit privé n'est lui-même qu'un aspect parmi d'autres d'un *pluralisme juridique* plus général, que fonde la notion générale de *privilège* (I). C'est dans ce contexte d'ensemble qu'il faut replacer les coutumes de droit privé (II).

Section I
La notion de privilège *(privata lex)*

74 LES ORDRES ET LES CORPS. — À partir des XIe-XIIe siècles, la société française (selon un processus que l'on retrouve, avec des variantes, dans d'autres pays d'Europe) apparaît comme divisée en « ordres » (1), eux-mêmes subdivisés en corps (2).

1 / *Les ordres.* — La société romaine, les sociétés germaniques, étaient divisées selon un mode binaire : on opposait les libres aux esclaves, les citoyens aux étrangers, les puissants aux « humbles », l'aristocratie au peuple... À partir de l'an Mille, en gros, c'est un autre schéma qui apparaît – de type ternaire (ou « trinitaire »). La société se compose de trois éléments, solidaires comme les trois côtés d'un triangle, et dont chacun concourt à la stabilité de

l'ensemble. Ces trois groupes sont définis par leurs fonctions : il s'agit donc d'une structure *fonctionnelle*. Cette vision semble avoir été exprimée pour la première fois au début du XIe siècle par l'évêque de Laon Adalbéron, dans son *Poème au Roi Robert* (il s'agit de Robert le Pieux, fils de Hugues Capet). Par-delà l'unité de la foi, nous dit l'évêque, la société chrétienne est divisée en trois groupes : il y a « ceux qui prient, ceux qui combattent, ceux qui travaillent la terre ». En un mot, selon le vocabulaire postérieur, trois « états » sociaux : le clergé, dont la fonction sociale est *la prière* ; la noblesse, à qui incombe *la fonction militaire* ; le reste – le troisième état, ou « tiers état » – s'occupant de *la vie matérielle* de l'ensemble. Destiné à assurer la cohésion sociale à partir de la complémentarité des ordres (dont chacun est théoriquement indispensable aux deux autres), le schéma trinitaire exprime aussi une conception politique : car le roi occupe nécessairement le sommet du triangle, à la jonction des deux premiers ordres ; investi comme les clercs d'une mission sacrée, il est aussi chargé de la défense du royaume et de la protection des faibles, à l'instar des chevaliers. Purement théorique au début du XIe siècle, cette conception de la société se généralise ensuite rapidement : elle est devenue un lieu commun dès le début du XIIIe siècle. Considérée comme inhérente à la « constitution » même de la monarchie, la distinction des trois ordres restera une constante de l'organisation politique et sociale de la France jusqu'en 1789. Lorsqu'à partir du XIVe siècle le roi convoquera des représentants du pays pour leur demander conseil en temps de crise – ce sont les États généraux – chaque ordre désignera ses représentants distincts, qui siégeront en trois « chambres » séparées, et c'est encore sur ce mode qu'ils seront convoqués en 1789.

2 / *Les corps*. — Accessoirement à cette division fondamentale en trois ordres, la société française était encore subdivisée en corps ; ce sont des collectivités plus ou moins étendues, définies soit par leurs fonctions particulières, soit par leur implantation géographique. Ainsi, à partir du XIIe siècle, les villes – ou d'autres communautés locales – se constituent en corps : elles existent *en tant que telles*, et non comme une simple collection d'individus. Sont aussi considérés comme des corps les communautés de métiers qui s'organisent au sein des villes, mais aussi les agents royaux (« officiers »)

affectés à la même institution, les Universités, les monastères, etc. Ces corps si différents sont d'abord des réalités sociologiques ; mais ce sont aussi des *personnes juridiques*, dotées d'un statut particulier que l'on désigne par le terme *privilèges*.

75 LES PRIVILÈGES. — Ici encore il faut revenir à l'étymologie : « privilège » vient du latin *privata lex* (pl. *privatae leges*), c'est-à-dire « loi privée ». C'est la « loi » particulière d'un groupe que définit soit la fonction propre qui est la sienne dans l'ensemble de la société (1), soit son implantation territoriale (2).

1 / *Les privilèges fonctionnels*. — Des trois ordres du royaume, les deux premiers disposent de privilèges collectifs, liés à leurs fonctions respectives. L'Église dispose ainsi d'un droit propre, le droit canonique (*infra,* leçon 12) et d'une juridiction particulière, distincte des « justices » séculières (celle du roi, des seigneurs, des villes). Cependant, comme on le verra, les privilèges juridiques et judiciaires de l'Église sont contrôlés par le roi : l'autonomie n'est pas l'indépendance. Les nobles aussi disposent de privilèges : le droit de porter les armes ; le droit d'être jugés par leurs pairs (d'autres nobles) ; de même, à la fin du Moyen Âge, lorsque l'impôt direct se généralise, les nobles en sont normalement exemptés – payant « l'impôt du sang », ils considèrent qu'ils n'ont pas à payer en plus un impôt en argent. De fait, les privilèges sont faits de *droits* et de *devoirs*. Outre l'obligation militaire, les nobles sont astreints au strict respect de certaines valeurs ; ils doivent donner l'exemple et c'est pourquoi, dans certains cas, ils sont punis plus sévèrement que les non-nobles. Mais les clercs et les nobles ne sont pas les seuls à bénéficier de privilèges ; au sein même du tiers état, de nombreux corps jouissent de droits particuliers. C'est le cas par exemple des communautés de métiers qui, tout en jouissant d'un monopole de production, sont en même temps soumises par leurs statuts à des règles de fabrication très strictes, afin d'assurer la qualité des produits et la protection des consommateurs – c'est l'origine lointaine de l'actuel droit de la consommation.

2 / *Les privilèges territoriaux*. — Du point de vue territorial, l'ancienne France est restée jusqu'à la fin un pays très divers. Cette diversité est le fruit de l'histoire. Au XIe siècle, on l'a dit, le territoire

du royaume comprend quelques dizaines de principautés territoriales – duchés, comtés ou groupes de comtés, grandes seigneuries ecclésiastiques... Et chacune de ces principautés comporte elle-même à l'intérieur de ses « frontières » (à vrai dire souvent imprécises) des dizaines et des centaines de seigneuries banales secondaires, plus ou moins étendues. Le roi, dont le pouvoir s'étend en théorie à tout le royaume, ne dispose d'une autorité effective qu'en Île-de-France, c'est-à-dire là où il est lui-même prince territorial et seigneur banal : c'est ce que l'on appelle son « domaine direct ». Partout ailleurs son autorité est *médiatisée* par les princes régionaux et les seigneurs locaux. Après quoi, à partir du XIIe siècle, le roi étend peu à peu son domaine direct. Par une politique patiente et avisée, les Capétiens rattachent à leur domaine direct principautés territoriales et seigneuries banales. Cette récupération d'une autorité *immédiate* et effective sur toutes les terres du royaume dure jusqu'au début du XVIe siècle : le dernier grand fief réuni au domaine est le duché de Bretagne. Quant aux seigneuries locales, si un très grand nombre d'entre elles subsistent encore jusqu'à la Révolution, c'est désormais sous le contrôle étroit de la Couronne.

Pour autant, ce patient rassemblement des terres françaises sous l'autorité politique du roi n'a pas fait disparaître toutes leurs particularités. Les rois de France ont *unifié* le royaume, ils ne l'ont pas *uniformisé* : distinction essentielle. En sorte que chaque ancienne principauté, devenue une province, a conservé jusqu'à la fin quelques traits distinctifs plus ou moins accusés, parfois un statut administratif privilégié (avec des États provinciaux, réplique régionale des États généraux), et souvent un droit propre – une coutume distincte. D'autre part, à partir du XIIe siècle, la renaissance des villes a permis à de nombreuses agglomérations d'acquérir des libertés ou « franchises », c'est-à-dire là encore un statut propre qui a pu aller, dans les cas les plus favorables, jusqu'à une véritable autonomie municipale, jusqu'à la reconnaissance de la ville comme personne juridique collective (*infra,* n° 103), jusqu'à un droit privé particulier. Tous ces statuts, provinciaux, municipaux, locaux, imbriqués les uns dans les autres, souvent superposés, dessinent un « paysage » juridique singulièrement complexe. Et c'est dans ce tableau d'ensemble que s'insèrent, comme des éléments essentiels de la diversité française, les coutumes de droit privé.

Section II
Les coutumes de droit privé

76 NAISSANCE DE LA COUTUME. — Autour de l'an Mille, le mot « coutume » revêt un sens très précis dans la relation entre les seigneurs et leurs sujets (1) ; c'est pour circonscrire ces « coutumes » particulières que sont rédigées, dès le XIIe siècle, des chartes de franchise (2), tandis que s'élaborent de leur côté de véritables coutumes de droit privé (3), ces dernières participant, au même titre que les franchises de « droit public », au « bloc » de privilèges de la population concernée (4).

1 / *Coutumes dues et coutumes indues.* — Autour de l'an Mille, le sens proprement juridique du mot « coutume » *(consuetudo),* tel que l'avait fixé le droit romain (*supra,* n° 20), est à peu près oublié du droit laïc. Le mot appartient presque exclusivement au vocabulaire fiscal : il désigne des taxes diverses levées *habituellement* par les seigneurs sur les habitants de la seigneurie ou sur les étrangers de passage : des « redevances accoutumées ». Au XIe siècle apparaît l'expression « mauvaise coutume » *(mala consuetudo)* ; il s'agit toujours d'une taxe ou d'une prestation, mais exigée indûment *(indebite)* par les seigneurs : une exaction, une nouveauté inadmissible. Les conciles de paix, réunis par l'Église pour protéger les populations contre les exactions seigneuriales, ont souvent protesté contre la multiplication de ces « coutumes » indues. Dès la fin du XIe siècle, les sujets des seigneurs ont donc cherché à réduire leurs charges en se faisant exempter des « mauvaises coutumes ».

2 / *Les franchises.* — Profitant d'un essor économique de plus en plus marqué (c'est le début du grand « décollage » de l'Occident médiéval), certaines communautés urbaines ou rurales obtiennent alors de leurs seigneurs non seulement l'abolition des exactions les plus pénibles – ou les plus récentes – mais aussi, de façon plus générale, l'abolition de certaines incapacités personnelles qui pesaient auparavant sur les habitants, en particulier sur les serfs. Ces der-

niers, jusque-là réputés « non libres » (selon des modalités localement très variables), se voient ainsi reconnaître la liberté personnelle, la franchise (c'est-à-dire la qualité d'hommes libres, *francs*). Ces droits nouveaux que les seigneurs reconnaissent à certains de leurs hommes, on les appelle généralement des *franchises* ; ils sont en principe consignés dans un écrit, la *charte de franchises*. Au XIIe siècle, ces chartes de franchises ont pour objet de régler les rapports en quelque sorte *verticaux* entre le seigneur et ses « hommes » : elles limitent ou suppriment les incapacités serviles, elles fixent une fois pour toutes le montant des redevances, elles précisent la nature et la durée des corvées (prestations en travail), enfin elles réduisent l'arbitraire pénal du seigneur en fixant certaines garanties de procédure et en édictant un tarif de peines fixes (ou du moins plafonnées). En revanche les premières chartes de franchises ne contiennent pas de dispositions précises concernant les rapports judiques *horizontaux*, ceux qui existent ou qui peuvent s'établir entre les habitants de la seigneurie – en somme, les rapports de droit privé. Or, dans ce domaine aussi, au même moment, des usages sont en train de se former au sein de la population elle-même, sans que le seigneur y soit partie.

3 / *La coutume de droit privé.* — L'apparition des usages de droit privé est naturellement beaucoup plus difficile à saisir que la concession de franchises, toujours sanctionnée par un acte solennel. Pour régler les relations interpersonnelles, ou plutôt interfamiliales, les anciens systèmes juridiques sont désormais inopérants : ils ne subsistent plus qu'à l'état de vestiges (*supra,* n° 71). Apparaissent donc des règles nouvelles, créées ou adaptées selon les besoins. Les accords entre familles – ce qu'on appelle dans le Midi les « convenances » *(convenientiae)* – ont joué un grand rôle, du moins au début, lorsqu'il s'est agi de pallier l'absence de règles en comblant les vides juridiques. Après une phase de tâtonnements et d'incertitude, les solutions peu à peu s'harmonisent, du moins dans le cadre de la seigneurie, des habitudes se prennent. D'une fois à l'autre, d'une génération à l'autre, on reprend les mêmes solutions, on reproduit les pratiques ancestrales : finalement, après quelques décennies, après un certain nombre de répétitions, il naît de cette répétition même le sentiment d'une véritable nécessité juridique – ce que les juristes

savants appelleront un peu plus tard l'*opinio necessitatis* (le sentiment de la nécessité de la règle) : on peut dès lors considérer que la coutume est née.

4 / Très rapidement les deux phénomènes que nous venons d'évoquer – la concession officielle de franchises « publiques » et l'élaboration populaire de coutumes « privées » – apparaissent comme étroitement liés : car dans l'un et l'autre cas, il s'agit de sortir du flou juridique et de l'imprécision des normes pour formuler des règles certaines et stables. En outre, dans les deux cas, la création du droit s'inscrit dans le cadre de la seigneurie : franchises et coutumes ont donc le même « ressort » d'application. « Franchises et coutumes », « coutumes et libertés » : souvent employés en juxtaposition, ces mots en viendront à paraître redondants. Comme les franchises *stricto sensu*, les coutumes de droit privé s'intègrent au « bloc » des libertés locales, elles font partie des *privilèges* d'une localité ou d'une province. C'est à ce titre qu'elles survivront, du moins dans la moitié nord du royaume, jusqu'à la Révolution (*infra,* leçon 14).

77 LA DIVERSITÉ COUTUMIÈRE. — Par-delà une réalité complexe (1), la coutume répond à un concept unique (2).

1 / *Une réalité complexe.* — C'est d'abord une complexité géographique. Dès les XIIe-XIIIe siècles, l'Europe de l'Ouest présente une mosaïque de coutumes locales ou régionales. La zone géographique dans laquelle s'applique une coutume donnée s'appelle son ressort ; ce terme s'appliquera par la suite au territoire relevant d'un même tribunal (ressort judiciaire). Les limites des ressorts coutumiers se fixent à partir du XIIe siècle, et elles correspondent généralement aux limites politiques : celles des principautés territoriales ou des seigneuries secondaires. Selon les régions, les ressorts coutumiers sont donc plus ou moins homogènes. Dans les zones politiquement unifiées, par exemple le duché de Normandie, on ne trouve qu'une seule coutume : la coutume du duché. En revanche, dans les zones politiquement morcelées, là où coexistent de multiples seigneuries banales, on observe une juxtaposition de coutumes locales, de ressorts parfois peu étendus. Dans d'autres cas, comme en Bretagne ou dans le Sud-Ouest, il y a à la fois des coutumes « régionales » et des coutumes locales superposées. Au XIIIe siècle, à la lumière du droit

savant, on qualifiera les coutumes provinciales de « générales » et les coutumes locales de « particulières », les premières constituant le *droit commun* de la province, les secondes un *droit d'exception.*

Un autre élément de complexité tient au contenu précis des coutumes. Ce contenu est difficile à apprécier, du moins tant que les coutumes ne sont pas rédigées. Il semble avoir été très variable d'un lieu à l'autre. Les coutumes règlent le statut des personnes, la condition des terres, les rapports pécuniaires entre époux, les successions, etc. Et sur tous ces points, les coutumes offrent des solutions très différentes : en matière successorale, par exemple, telle coutume avantage l'aîné des enfants (droit d'aînesse), telle autre impose un partage égal ; ici les garçons ont un avantage, ailleurs non. On a discerné des « familles de coutumes », présentant des caractères communs ; mais d'une « famille » à l'autre, les différences sont profondes. L'étude de ces ressemblances et de ces différences implique une démarche comparative, qui sera menée dès le XVIe siècle : on parlera de la *conférence* des coutumes (« conférer », au sens propre, signifie comparer).

2 / *Un concept unique.* — Par-delà cette foisonnante diversité, toutes les coutumes de droit privé présentent des caractères identiques, analysés comme tels dès le XIIIe siècle par les juristes savants. Même si cette analyse peut varier d'un auteur à l'autre, il y a en général quatre éléments qui permettent de cerner la notion. La coutume est d'abord un droit *territorial*, inscrit dans un ressort précis. C'est ensuite, du moins à l'origine, un droit non écrit ; au départ, nous l'avons noté, c'est même un simple usage informulé, une « conduite sociale » qui s'impose par sa propre force (« *ça* se fait ainsi ») ; au stade ultérieur, ces usages seront fréquemment formulés sous forme d'adages – sortes de proverbes juridiques dont la tournure lapidaire facilite la mémorisation. Ces adages, ou « maximes », seront recueillis à la fin du XVIe siècle par Antoine Loisel. Troisième élément caractéristique de la coutume : elle est « fille du temps », c'est-à-dire qu'elle se forme dans la durée, ce qui implique la répétition. *« Une fois n'est pas coutume. »* Combien de « fois » faut-il pour qu'une coutume existe ? Les juristes de droit savant poseront la question en termes de délai : combien de temps faut-il pour qu'un simple usage devienne coutume ? Et ils appliqueront à cette question le mécanisme de la prescription : la coutume se prescrit par dix

ou vingt ans si elle porte sur une question qui n'est pas réglée par le droit romain *(consuetudo praeter jus)*, par trente ou quarante ans si elle est contraire au droit romain *(consuetudo contra jus)*. Lorsque la coutume existe « depuis si longtemps que nul n'a mémoire du contraire », on parle de « coutume immémoriale ». – C'est cette durée d'application de la coutume qui permet de présumer le quatrième élément qui la constitue, et qui en dernière analyse lui donne toute sa force : le *consentement* des populations concernées. La coutume est sécrétée par le tissu social lui-même, qui est convaincu de sa nécessité *(opinio necessitatis)* ; c'est un droit populaire (même si la coutume est formulée dans un jugement, le juge se borne à *constater* la règle, il ne la crée pas) ; il est fondé sur une présomption de consentement général *(consensus omnium)*.

Ce système juridique présente d'évidents avantages : c'est un droit souple, qui peut évoluer avec le temps, au gré des besoins sociaux. Émanant du corps social auquel elle s'applique, la règle coutumière ne devrait pas rencontrer de résistance : avantage d'un droit « sociétal » par rapport au droit étatique. Ce tableau idyllique comporte cependant des ombres. En effet si la coutume évolue, aussi longtemps qu'elle reste orale, elle est du même coup imprécise. Les adages sont laconiques, obscurs, polysémiques (ils ont plusieurs sens possibles) ; « fille du temps », la coutume est incapable de régler nettement et rapidement les situations nouvelles. De ce fait, en cas de litige, les parties allèguent fréquemment des coutumes contradictoires – d'où de délicats problèmes de preuve. D'où aussi, dans certains cas, le souhait de mettre la coutume par écrit.

78 De l'oral à l'écrit. — Au XIIe siècle, l'Occident connaît une renaissance culturelle sans précédent : loin de rester cantonnée au monde des clercs, comme la « renaissance carolingienne » du IXe siècle, celle du XIIe siècle touche l'ensemble de la société. L'un des aspects majeurs de cette renaissance est la diffusion rapide de l'écriture dans le monde des laïcs : ce ne sont plus seulement les grands ou les hommes d'Église qui font constater leurs droits par écrit, ce sont aussi les hommes ordinaires. Nous venons d'évoquer les chartes de franchises, dans lesquelles dès le XIIe siècle les communautés d'habitants font consigner leurs libertés. Un autre aspect très important de la renaissance culturelle est d'autre part l'essor des droits savants : d'abord le droit romain, à partir de la redécouverte en Italie du Nord, à la fin du XIe siècle, d'un manuscrit des compilations justiniennes ; puis le droit canonique, dont une compilation très importante est réalisée à Bologne par le moine Gratien autour de 1140 (*infra,* n° 86). Droit romain et droit canonique sont des droits écrits, qui font l'objet de commentaires écrits de plus en plus foisonnants. Comment n'aurait-on pas songé à rédiger aussi les coutumes de droit privé ? De fait cette idée est rapidement mise en œuvre, et justement dans les régions qui ont été le berceau de la renaissance juridique : d'abord en Italie du Nord, dès avant le milieu du XIIe siècle, puis aussitôt après en Provence, les bourgeois des grandes villes demandent que leurs coutumes municipales soient mises par écrit. Ainsi sont rédigés les statuts de Gênes, Pise, Arles, Avignon... Après quoi, le mouvement gagne le Languedoc, la Catalogne, et de proche en proche toute la France du Midi. Par centaines, jusqu'au milieu du XIVe siècle, villes et villages se mettent à rédiger leurs coutumes.

Comme lors de la rédaction des lois barbares (*supra,* n° 62), la rédaction des coutumes s'accompagne d'une sensible modernisation du droit local : si l'on reprend de vieux usages, on en profite pour en modifier d'autres, voire pour ajouter des dispositions nouvelles. Celles-ci sont parfois inspirées du droit romain, mais ce sont aussi dans certains cas des règles originales destinées à *écarter* le droit romain. On a même jadis expliqué la rédaction des coutumes du Midi par une « réaction populaire » contre le droit romain, considéré comme une menace pour le droit coutumier traditionnel. Si un tel sentiment peut en effet expliquer tel ou tel aspect particulier des rédactions, il est tout à fait insuffisant pour rendre compte de la rédaction en elle-même, qui est aussi un phénomène d'imitation formelle des droits savants, avec des emprunts de fond au droit romain. Ainsi, la rédaction des coutumes ne se limite pas à la simple transcription des coutumes antérieures ; ou, si l'on préfère, la « codification » médiévale du droit municipal n'est pas une « codification à droit constant », comme on appelle aujourd'hui la codification purement « organisatrice », celle qui se contente de remettre en ordre un secteur du droit sans rien ajouter au fond.

Ces rédactions forment de longs textes, comportant plusieurs dizaines d'articles et concernant toute sorte de sujets : il y a bien sûr du droit privé et du droit pénal, mais aussi des franchises collectives et personnelles, du droit municipal, des dispositions de police, des règlements économiques, etc. – tout cela mêlé dans des proportions variables. Chose remarquable : les coutumes du Midi se présentent comme des *textes officiels*, sanctionnés par une autorité publique : les magistrats municipaux, un seigneur, le roi lui-même (par ex. à Toulouse, 1286) ; dès lors, leur texte fait foi en justice. Tout en marquant une étape dans l'évolution du droit coutumier, ces rédactions s'inscrivent donc aussi dans un contexte de renaissance du pouvoir « législatif » (*infra,* leçon 15). Des textes semblables ont été rédigés en Espagne : ce sont les *fueros*, ou fors, dont certains sont locaux, d'autres s'appliquant à des royaumes entiers (fors d'Aragon, fors de Navarre) ; ils ont encore leur place (sous des formes qui ont évidemment évolué) dans le droit espagnol contemporain (*infra,* n° 196).

Dans la moitié nord du royaume, en revanche, il n'y a pas eu de rédactions officielles. Il y a simplement des commentaires de coutumes, que l'on appelle des coutumiers.

79 LES COUTUMIERS. — On trouve en effet, dès le XIIIe siècle, des « livres coutumiers », qui sont des œuvres purement privées. Encore de tels ouvrages n'existent-ils pas pour toutes les coutumes. Le premier commentaire coutumier apparaît en Normandie au début du XIIIe siècle : c'est le *Très ancien coutumier de Normandie* ; dans la seconde moitié du siècle, un autre commentaire de la même coutume sera successivement rédigé en latin et en français : c'est le *Grand coutumier de Normandie*, encore utilisé de nos jours dans les îles anglo-normandes. D'autres coutumiers, concernant des coutumes d'assez vaste ressort, sont composés vers la même époque : ainsi le *Conseil à un ami*, rédigé dans les années 1250 par Pierre de Fontaines, bailli de Vermandois, sur la coutume de cette région ; le *Livre de Jostice et de Plet*, rédigé après 1259, relatif au droit orléanais ; les *Établissements de Saint Louis*, qui ne doivent rien à Saint Louis et ne sont pas des « établissements » (des ordonnances), mais un coutumier concernant l'Anjou et le Maine, etc.

Le plus remarquable de tous ces ouvrages est sans nul doute celui qui a été écrit en 1283 par Philippe de Beaumanoir sur le droit du comté de Clermont-en-Beauvaisis (seigneurie qui était l'apanage de Robert de Clermont, sixième fils de Saint Louis, auteur de la branche capétienne des Bourbons). C'est un texte très remarquable par sa richesse et sa précision : il compte près de 2 000 paragraphes. Beaumanoir avait acquis une connaissance intime du droit local par ses fonctions de bailli (à la fois juge et administrateur) du comté de Clermont. Mais au lieu de se borner à une plate énumération des règles en vigueur, il en fait un véritable commentaire, comparant la coutume de Clermont à d'autres coutumes ou aux droits savants – dont il avait une bonne connaissance, même s'il n'est pas certain qu'il l'ait acquise à l'Université. Il fait aussi état de la jurisprudence du Parlement et cite des décisions prises au cours de certaines sessions de la cour auxquelles il avait assisté comme bailli. Les *Coutumes de Beauvaisis* sont l'œuvre d'un très grand juriste, assurément le plus grand juriste coutumier du Moyen Âge ; c'est en outre un superbe monument de la langue française du XIIIe siècle.

D'autres coutumiers seront rédigés par la suite, jusqu'au XVe siècle, concernant la Bretagne, la Bourgogne, la France du Nord, le Poitou... Œuvres purement privées, ces ouvrages ne font pas foi en justice. Il appartient donc aux plaideurs de prouver la coutume qu'ils allèguent. On recourait aux modes de preuves ordinaires, y compris au duel judiciaire (« preuve par bataille »). À la fin de son règne, Saint Louis a promulgué une ordonnance pour réglementer la preuve de la coutume : il généralise l'enquête « par turbe ». Une « turbe » est un groupe d'au moins dix témoins, hommes sages (« prud'hommes »), qui délibèrent entre eux à la demande du juge pour se rappeler ensemble, sur le point en litige, en quoi consiste exactement la coutume ; normalement, leur avis unanime lie le tribunal. À vrai dire ce système était à la fois lourd, coûteux et aléatoire ; à la fin du XVe siècle on en vint à exiger deux « turbes » concordantes, soit 20 témoins. Le plus simple était évidemment de consigner le texte complet des diverses coutumes dans des actes officiels, du type de ceux qui existaient déjà dans le Midi : c'est la décision que prend Charles VII en 1454, par l'article 125 de l'ordonnance de Montils-lès-Tours (*infra,* no 120).

Au cours de ce chapitre, nous avons fait plusieurs fois allusion à la grande « révolution » juridique du XIIe siècle, la renaissance de droits savants – droit romain et droit canonique. C'est un phénomène de portée européenne, auquel nous allons consacrer les leçons suivantes.

Pour aller plus loin

80 D'une bibliographie très abondante, on retiendra les titres les plus novateurs, même si certains ouvrages anciens restent toujours d'un puissant intérêt. Ainsi, sur la théorie des ordres : Georges Duby, *Les trois ordres, ou l'imaginaire du féodalisme*, Gallimard, 1978 (ouvrage discuté, mais qui vaut mieux que son titre). Sur le régime des privilèges territoriaux : F. Olivier-Martin, *Les Ordres, pays, villes et communautés d'habitants*, Paris, 1949 (repr. Loysel, 1988), et le t. XLVIII des recueils de la Société Jean Bodin, *L'individu face au pouvoir*, Bruxelles, 1987 (même si l'intitulé de ce volume n'est guère propre à rendre compte du caractère forcément *communautaire* des libertés médiévales). – Sur le droit coutumier, le volume LII des *Recueils de la Société Jean Bodin*, consacré à *La Coutume* (Bruxelles, 1990), contient d'excellents articles de synthèse, en particulier ceux d'A. Gouron, La coutume en France au Moyen Âge, p. 193-217, et Jacques Poumarède, La coutume dans les pays de droit écrit, p. 233-250.

Pour une étude plus poussée, il faut toujours revenir à F. Olivier-Martin, *Histoire de la coutume de la prévôté et vicomté de Paris*, 2 vol., Paris, 1922. Le concept de géographie coutumière a été parfaitement illustré par Jean Yver, *Égalité entre héritiers et exclusion des enfants dotés. Essai de géographie coutumière*, Paris, 1966, et les travaux subséquents du même auteur. – Sur les rapports entre coutumes et droit savant, on lira en priorité André Gouron, *Droit et coutume en France aux XIIe et XIIIe siècles*, Londres, 1993. Redécouvrant dans la compilation justinienne la définition romaine de la coutume, les nouveaux juristes « savants » l'appliquent aux usages privés qui prennent corps sous leurs yeux et qui, du coup, accèdent au statut de droit « pensé ». Néanmoins on ne peut pas dire que la coutume ne *« naît »* qu'à partir du moment où elle est *désignée* comme telle : car les usages qui sont à un moment donné reconnus comme « coutumiers » existaient déjà, au moins en partie, depuis parfois longtemps (cf. la leçon précédente). Aj. J.-M. Carbasse, Coutume, temps, interprétation, *Droits,* n° 30, 2000, p. 15-28.

Leçon 10

Renaissance du « droit civil » et apogée du droit canonique (XIIe s. - v. 1250)

81 Le droit savant par excellence, c'est d'abord celui des Romains, celui dont la somme a été faite au VIe siècle à Constantinople par Justinien (*supra,* n° 29). Les compilations justiniennes n'avaient pas eu le temps de se répandre en Occident du fait de la coupure qui était intervenue entre l'est et l'ouest de l'ancien Empire romain. À l'ouest, comme on vient de le voir, un tout autre système juridique s'était épanoui. Mais voici qu'à la fin du XIe siècle, en Italie, le droit de Justinien est retrouvé et surtout étudié. Au XIIe siècle, dans le stimulant contexte de renaissance intellectuelle qui marque toute l'époque, les études juridiques connaissent un essor très rapide. Parallèlement, en ce même siècle où l'Église affirme mieux que jamais sa puissance, et dans le même contexte d'effervescence intellectuelle, le droit canonique connaît un développement comparable. Lui aussi devient un objet d'étude, un droit savant. Lui aussi, ignorant les frontières des seigneuries, des principautés et des royaumes, est un droit européen. C'est à ce développement simultané des deux droits savants de l'Europe que sera consacrée cette dixième leçon. Mais l'essor des droits savants n'a pas été seulement une aventure intellectuelle ; leur impact sur la vie juridique, et au-delà sur les institutions et la société tout entière de l'Occident chrétien, a été considérable. S'il nous sera bien évidemment impossible d'en dresser le bilan complet, du moins en présenterons-nous quelques aspects, à titre d'exemple, dans la leçon 12.

Le développement des droits savants commence par la « renaissance » du droit romain en Occident. À vrai dire ce droit n'avait pas complètement disparu : le droit théodosien à travers le Bréviaire d'Alaric et ses résumés ultérieurs, n'avait pas été totalement oublié. Ce qu'on découvre à la fin du XIe siècle, ce sont les compilations byzantines. L'irruption de cette masse de textes jusque-là à peu près inconnus, en mettant à la disposition des Occidentaux la totalité du droit romain accessible, provoque la renaissance du « droit civil » – au sens large, l'expression désigne l'ensemble de la compilation justinienne, que l'on appellera à la fin du Moyen Âge le *corpus juris civilis*, le « corps du droit civil » – et permet son développement (I). Quant au droit canonique, on ne peut pas parler de renaissance, puisqu'il avait déjà une longue histoire ; mais, stimulé par le réveil du droit civil et par le rapide déploiement institutionnel de l'Église, il connaît aux XIIe et XIIIe siècles un essor sans précédent (II).

Section I
La renaissance du droit romain

82 LES PREMIERS GLOSSATEURS (XIIe s.). — La « découverte » du droit de Justinien a été entourée de légendes. Ainsi pour la découverte de l'un des plus célèbres manuscrits de la compilation, appelé la *littera pisana* (manuscrit de Pise) : des soldats pisans guerroyant dans le sud de l'Italie, l'incendie d'une maison à Amalfi et, dans un mur effondré, miraculeusement offert, un manuscrit du Digeste vieux de plusieurs siècles ! Il est à vrai dire peu vraisemblable que la compilation justinienne soit restée totalement inconnue en Occident depuis le VIe siècle. Des manuscrits devaient dormir, délaissés, dans la poussière des archives monastiques. C'est peut-être l'effervescence intellectuelle provoquée par la réforme grégorienne qui, dans la seconde moitié du XIe siècle, les a ramenés au jour. Ives de Chartres, le grand canoniste français de cette époque, cite des fragments du Digeste. Il est en particulier très probable que l'œuvre de Tribonien n'était pas totalement inconnue en Italie du Sud et en Sicile, régions reconquises par Justinien et où les Byzantins s'étaient maintenus assez longtemps après sa mort ; on peut même supposer que, par l'intermédiaire des Normands qui avaient conquis la Sicile au XIe siècle, le droit byzantin avait atteint, au moins par bribes, la Normandie... Quoi qu'il en soit de ces supputations, il est certain que jusqu'à la fin du XIe siècle le droit de Justinien est resté pour le moins très confidentiel en Occident. Et c'est à la fin du XIe siècle, en Italie du Nord, qu'il sort brusquement de la clandestinité.

Voici d'abord un certain Pepo, que plusieurs témoignages (contemporains ou postérieurs) nous montrent, dans les années 1070-1080, en train d'alléguer les « lois » de Justinien : mais on ne sait rien de certain sur ce mystérieux personnage qui aurait été le premier à « lire » publiquement le droit romain. À cette époque l'enseignement se réduisait pour l'essentiel à la grammaire ; des maîtres « ès arts » l'enseignaient à partir de quelques grands textes littéraires, *lus* et expliqués mot à mot. La *lectura* était donc à la fois lecture et « leçon », en somme une lecture commentée. Pepo était peut-être un grammairien que la qualité littéraire des textes juridiques romains, ou leur nouveauté, avait séduit. Toujours est-il qu'aucune trace écrite de ses commentaires sur le droit ne nous est parvenue.

Le premier maître au sens plein du mot, celui qui le premier a enseigné et écrit, s'appelle Irnerius. C'est la forme latinisée (car tous ces savants, travaillant en latin, latinisent aussi leurs noms) de Werner (forme germanique) ou Garnier (forme française). « Maître ès arts », c'est-à-dire au départ grammairien, il se trouve être aussi juge de Bologne : d'où son intérêt pour le droit. Aux alentours de l'an 1100 (?), il s'est mis à « lire » les textes de Justinien devant des élèves. C'est le début d'un enseignement juridique qui allait faire de Bologne, pour longtemps, la capitale européenne du droit. Irnerius a enseigné au moins jusqu'en 1125. Il laisse en mourant quatre disciples, qu'il a formés à l'explication du droit romain et qui vont en perpétuer l'enseignement. Ce sont les fameux « quatre docteurs » de Bologne : Martinus, Bulgarus, Hugo et Jacobus. Ils forment la seconde génération des *civilistes* – spécialistes du droit « civil ». Hormis quelques anecdotes douteuses, on sait très peu de choses de leur vie. Retenons cependant, mais nous y reviendrons, qu'ils ont été présents en 1158 auprès de l'empereur Frédéric Barberousse lors de la Diète de Roncaglia (*infra*, nos 99 et 101). Martinus († 1159) et Bulgarus († 1166) se sont souvent opposés sur l'interprétation du droit de Justinien ; leurs élèves respectifs ont repris leurs thèses, formant ainsi pour quelque temps deux « écoles » rivales. Ainsi réapparaissent ces *querelles d'école* qui avaient divisé les jurisconsultes romains et qui sont la marque, à toute époque, d'une doctrine vivante.

83 LE RAYONNEMENT DE BOLOGNE. — Dès avant le milieu du siècle, l'enseignement des quatre docteurs attire à Bologne des élèves de toute l'Europe. Tel est le prestige de la nouvelle « science des lois » qu'elle détourne de leur route des jeunes gens initialement destinés à la théologie : mais l'Église, comme on va le voir, ne tardera pas à réagir (*infra,* n° 91). D'Italie d'abord, puis très vite de « Provence » (ce mot désignait alors l'ensemble de l'actuel Midi français), de Catalogne, de Castille, d'Allemagne, d'Angleterre même, on vient à Bologne étudier les *leges,* les lois romaines – notons que l'expression désigne l'ensemble du *Corpus* de Justinien, et pas seulement le Code. On les étudie sans doute pour leur intérêt propre, comme une discipline intellectuelle stimulante, mais aussi pour les perspectives de carrière qu'elles offrent : à l'instar des quatre docteurs appelés à Roncaglia pour conseiller l'empereur, leurs élèves respectifs deviennent à leur tour les auxiliaires des divers pouvoirs – villes, princes, rois. Pourtant, si la nouvelle science juridique apparaît ainsi, dès les débuts de sa renaissance, comme liée au pouvoir, nous verrons qu'il serait parfaitement abusif de la réduire à cet aspect (*infra,* n° 99).

Très vite, d'autres centres d'enseignement apparaissent. Rentrés chez eux, les jeunes juristes formés à Bologne ouvrent un *studium* (un lieu d'enseignement) et se mettent à leur tour à « lire » le droit. Dès les années 1130, du temps même des quatre docteurs, une école juridique se développe dans la vallée du Rhône (Arles, Avignon, Valence). Vers 1150 un certain Rogerius enseigne le droit du côté d'Arles et de Montpellier ; un de ses élèves, originaire de Plaisance et surnommé pour cette raison Placentin (on ne connaît pas son vrai nom), enseigne à Montpellier dans les années 1159-1180 : ce *studium* éphémère est une préfiguration de la Faculté de droit de Montpellier, qui sera créée officiellement un siècle plus tard. À Oxford, c'est un certain Vacarius qui lit quelque temps le droit dans les années 1140. À vrai dire, sauf à Bologne, toutes ces écoles de droit sont épisodiques ; liées à la présence d'un professeur, elles disparaissent avec lui. Les maîtres se promènent, laissant ici et là des disciples plus ou moins formés. Le rôle de ces nouveaux civilistes est cependant loin d'être négligeable : ces petits maîtres locaux, relayant les grands maîtres italiens, formant à leur tour des « experts en droit » *(juris periti)* ont favorisé la diffusion du droit romain en Italie d'abord, puis dans le sud de la France. Les notaires, qui sont au départ de simples écrivains publics (des gens qui rédigent des « notes », et tout particulièrement des actes juridiques, pour leurs clients), sont les premiers bénéficiaires d'une « formation professionnelle » juridique. Ils sont nombreux en Italie du Nord dès le XIIe siècle, on les trouve ensuite en « Provence ». C'est surtout par leur intermédiaire que le sud de la France adopte peu à peu les règles romaines, mais de manière d'abord sélective, et moyennant leur adaptation aux besoins de la pratique : comme on le verra au chapitre suivant, c'est seulement à la fin du Moyen Âge que le Midi français deviendra pleinement « pays de droit écrit » (*infra,* no 112). Dans le processus de romanisation progressive du Midi français, ou de la Catalogne, les marchands ont aussi joué leur rôle : en relation d'affaires avec Gênes ou Pise, les bourgeois de Nîmes, d'Arles, de Montpellier, de Barcelone... sont naturellement portés à acclimater chez eux les nouveautés institutionnelles ou juridiques de l'Italie. La plus remarquable de ces nouveautés est certainement le *consulat* : au fur et à mesure que les villes commerçantes obtiennent leur autonomie municipale, elles confient leur « gouvernement » à un collège de magistrats municipaux élus chaque année et appelés consuls – à l'instar des consuls de l'ancienne Rome. La multiplication rapide des consulats dans les provinces du Midi à partir du milieu du XIIe siècle est, avec le développement du notariat, l'un des signes les plus certains de leur progressive « romanisation ». Nous avons vu d'autre part dans la leçon précédente comment cette intrusion des catégories juridiques romaines dans le Midi avait provoqué, à partir du milieu du XIIe siècle, la mise par écrit du droit coutumier (*supra,* no 78).

Revenons à Bologne. C'est, pendant tout le XIIe siècle et la première moitié du XIIIe, la capitale incontestée du droit. À leur tour, les disciples des quatre docteurs y professent, apportent à la science juridique de nouveaux développements, et forment une nouvelle génération d'élèves. Il faut citer, parmi beaucoup d'autres, Jean Bassien, Pillius († 1207), Azon († v. 1220) ; puis, à la génération suivante, Accurse (élève d'Azon) et Odofrède († 1265). L'école de Bologne constitue alors une université au plein sens du mot : les étudiants y constituent une personne juridique collective dotée de privilèges distinctifs. C'est l'empereur Frédéric Barberousse qui a donné aux « écoliers » de Bologne leurs premiers privilèges. Mais ce sont les papes qui les ont complétés ; dans l'Europe médiévale, l'Université sera affaire d'Église. C'est seulement dans la seconde moitié du XIIIe siècle que l'étoile de Bologne pâlira, au profit d'Orléans (v. la leçon suivante). Tous ces maîtres se caractérisent par la méthode qu'ils utilisent pour expliquer le droit : si on les désigne comme « glossateurs », c'est parce qu'ils pratiquent la *glose*. Voyons de quoi il s'agit.

84 LE TRAVAIL DES GLOSSATEURS. — La méthode des glossateurs est identique à celle des grammairiens : l'explication de texte. Le maître lit le texte – ici il s'agit de la compilation de Justinien – et s'arrête à chaque mot important, ou difficile, pour en proposer une explication : une *glose* (d'un mot grec qui signifie à la fois « langue » et « mot »). Ces gloses, d'abord orales, sont ensuite notées sur les manuscrits, soit par les maîtres eux-mêmes (on parle dans ce cas d'une glose « rédigée », *glossa redacta*), soit par un auditeur, qualifié de « rapporteur » (*reportator* : on parle alors d'une glose rapportée, *glossa reportata*). Les gloses étaient notées parfois entre les lignes du texte (gloses interlinéaires), plus souvent dans ses marges (gloses marginales). Les gloses étaient le plus souvent identifiables : leur auteur était mentionné par son sigle (une abréviation de son nom, par exemple W. pour Irnerius/Wernerius, M. pour Martinus, Pla. pour Placentin, etc.) placé à la fin de la glose. Remarquons au passage que les manuscrits juridiques, étant donné le volume du *Corpus* romain, coûtaient fort cher : le prix, dit-on parfois, d'une « petite maison » ! Mais c'était un investissement rentable dans la mesure où les carrières juridiques, du moins au niveau universitaire, étaient à cette époque très lucratives. Aux gloses apportées par Irnérius et les quatre docteurs, les générations suivantes ont ajouté les leurs, de plus en plus nombreuses et détaillées. S'accumulant en strates successives autour du texte de Justinien, les gloses marginales ont fini par former une sorte d'encadrement plus épais que le texte lui-même. Au bout d'un siècle, l'amas des gloses était tel qu'il parut indispensable d'y mettre de l'ordre : ce fut l'œuvre d'Accurse. Il reprit toutes les gloses antérieures et s'efforça de les organiser : c'est le résultat de cette mise en ordre, élaborée en plusieurs étapes entre 1220 et 1234, qui constitue la *Grande Glose*, ou glose ordinaire. Les manuscrits ultérieurs la reproduiront, selon une disposition qui sera conservée par les éditions imprimées du *Corpus juris civilis* : le texte de Justinien au centre, sur deux colonnes étroites ; et autour, s'étalant en un cadre opulent, la glose ordinaire.

Il ne faut cependant pas croire que la glose fût le seul travail des premiers civilistes. Dès le XIIe siècle, en effet, certains d'entre eux rédigent de petits traités synthétiques sur des questions pratiques, par exemple la procédure, domaine pratique s'il en est : ce sont les *ordines judiciarii*, qui décrivent l'organisation ou les « étapes » (c'est le sens du mot *ordo*, pl. *ordines*) du procès d'après le droit romain. Mais les œuvres les plus caractéristiques sont les *sommes* qui combinent résumé et explication d'une partie plus ou moins importante du *Corpus* justinien : sont ainsi rédigées des Sommes aux Institutes *(Summa Institutionum),* des Sommes au Code *(Summa Codicis),* ou seulement aux trois derniers livres du code *(Tres Libri),* etc. La Somme au Code d'Azon a été de loin la plus célèbre. Pourtant, ces œuvres sont au mieux des synthèses, et bien souvent de simples paraphrases ; si l'on y trouve parfois des idées neuves et des formules bien frappées, elles sont généralement noyées dans un fatras de citations et de références – comme si la multitude des références pouvait jamais pallier l'insuffisance d'une démonstration. De fait, après Accurse († 1260), l'école de la glose s'essouffle bientôt. L'explication des mots, pressurés en tous sens depuis un siècle et demi, a épuisé le sens littéral des textes. Le moment est venu de les considérer autrement : c'est à quoi s'attacheront, après le milieu du XIIIe siècle, les commentateurs (v. la leçon suivante).

Section II
Les compilations canoniques

85 UN AUTRE DROIT « UNIVERSEL ». — Le droit romain, dans ses successifs avatars, n'a pas été le seul droit « universel » de l'Europe médiévale. Héritière de l'Empire romain et elle aussi universelle, l'Église avait depuis longtemps développé son propre droit (*supra,* n° 50). Il s'appliquait soit à certaines personnes – les clercs –, soit à certaines matières – celles qui comportaient au moins un aspect religieux, comme le mariage. Le droit canonique s'épanouit dans les derniers siècles du Moyen Âge, en relation avec le droit « civil » ; il fait lui aussi l'objet de spéculations savantes. Et c'est cette association étroite des deux droits savants de l'Europe chrétienne qui constitue véritablement son *droit commun*. Mais il faut d'abord envisager le droit canonique en lui-même : un retour en arrière s'impose.

On se souvient que le droit canonique, dont l'élaboration a commencé sous l'Empire romain, regroupait à la fois des règles générales tirées de l'Écriture sainte et de la Tradition (les écrits des Pères de l'Église : Ambroise, Augustin, Jérôme, Grégoire, etc.) et des règles plus particulières émanées soit des papes (les décrétales) soit des conciles (les canons). Au cours du premier millénaire, ces règles s'étaient multipliées et avaient donné lieu à des compilations privées en Espagne, puis en Irlande, en Italie, en France. Mais ces collections étaient hétéroclites, incomplètes, truffées de textes contradictoires, mêlant authentiques et faux. Vers l'an Mille, l'Église était en crise : comme la société tout entière, elle était en voie de morcellement et de division. La réaction est venue au milieu du siècle suivant, avec la réforme dite « grégorienne » – ainsi appelée du fait que le pape Grégoire VII (1073-1085) en a été sinon l'initiateur, du moins l'artisan le plus énergique. En mettant l'accent sur l'impératif d'*unité* de l'Église, cette réforme rendait insupportable le désordre de son droit. Comme en même temps elle renforçait l'*autorité* pontificale (ceci, justement, afin d'assurer l'unité), elle devait rapidement entraîner l'édiction de règles nouvelles : toute une « législation » réformatrice qui a encore accru la masse (et parfois la disparité) du *corpus* normatif. Toutes les conditions étaient réunies pour une remise en ordre. Elle a lieu dans les années 1130-1140, à Bologne, dans le contexte sans doute très stimulant de la renaissance civiliste : c'est le Décret de Gratien.

86 LE DÉCRET DE GRATIEN (V. 1140-1150). — Œuvre collective réalisée en plusieurs étapes, entre 1140 et 1150, à Bologne, sous la direction de Gratien (personnage dont on ne sait à peu près rien par ailleurs), le Décret s'intitule en réalité « Concordance des canons discordants » *(Concordia discordantium canonum)*. Ce titre indique assez son objet : il ne s'agit pas seulement, comme à l'époque précédente, de réunir une masse aussi abondante que possible de règles canoniques, il faut aussi les faire « concorder » – en dissipant les « discordances », les contradictions – pour en faire un tout *cohérent*. Gratien et son équipe entendent donc remplacer tous les recueils antérieurs, qui avaient laissé subsister des discordances. Ce souci est significatif non seulement des nouveaux besoins de l'Église, mais aussi de l'ambiance intellectuelle du XIIe siècle : il faut faire œuvre *raisonnable*, c'est-à-dire cohérente et ordonnée.

Le travail était considérable. Il fallait d'abord réunir les textes – extraits de l'Écriture et des Pères de l'Église, canons conciliaires, décrétales des papes, tous ici désignés indifféremment comme *canons* –, vaste collecte pour laquelle Gratien bénéficiait d'un certain nombre de travaux antérieurs, en particulier ceux d'Ives de Chartres († 1115) ; ensuite il fallait les classer, les regrouper, les comparer. Et il fallait surtout, en cas de discordance, s'efforcer de la résoudre. La méthode utilisée est celle que Pierre Abélard, le célèbre théologien parisien, avait esquissée quelques années auparavant dans son *Sic et non* (« Oui et non »). Sur une question donnée, les textes sont répartis en deux masses : ceux qui vont dans le sens du pour (du *oui*) et ceux qui vont en sens inverse (contre, ou *non*) ; la contradiction est résolue dans un *dictum* (« dit ») qui est l'œuvre propre de Gratien et qui sert de conclusion. Voici, à titre d'exemple, la question 5 de la Cause XXIII du Décret, relative à la peine de mort. Cette question comporte 49 canons, regroupés en deux masses : 1 / ceux qui posent le principe, en l'occurrence le respect de la vie ; 2 / ceux qui apportent des dérogations à ce principe (légitimité de la peine de mort dans certains cas précisés par la loi) ; l'ensemble se termine par le *dictum* de Gratien qui synthétise les éléments précédents. Comme on le voit, il ne s'agit pas vraiment d'un plan dialectique, car la conclusion est contenue dans la disposition même des textes, répartis sur le mode principe/exception : il s'agit plutôt d'un plan dichotomique. Le véritable plan dialectique en trois parties (un pour, un contre, et une conclusion qui constitue un véritable progrès par rapport aux deux stades précédents) n'apparaîtra vraiment qu'au siècle suivant : saint Thomas l'utilisera de façon systématique, avec une admirable maîtrise, en particulier dans sa

Somme théologique. Elle sera aussi utilisée par les maîtres d'Orléans, contemporains de saint Thomas (*infra,* n° 92).

Travail énorme, le Décret de Gratien a rencontré un succès très rapide. Bien qu'il fût au départ une œuvre privée, il a vite acquis un caractère officiel. Mais surtout, il devient un objet d'études et de commentaires, en un mot de *doctrine*. Elle est le fait de juristes spécialisés, les décrétistes. Ceux-ci « lisent » et expliquent le Décret, comme au même moment les glossateurs lisent et expliquent le droit civil. Les décrétistes rédigent donc des gloses, des Sommes, des commentaires. L'un des plus célèbres est Huguccio de Pise, qui enseigne à Bologne dans les années 1178-1190 et y rédige une énorme *Somme* sur le Décret (encore inédite). À l'époque suivante, il y aura dans les Universités des Facultés spéciales, les Facultés de Décret. Remarque importante : même si Gratien et ses auxiliaires, qui pourtant vivaient à Bologne, sont restés à peu près étrangers au droit romain (du moins ne l'utilisent-ils pas dans le Décret), les décrétistes ne l'ignorent pas. Ils y recourent d'abord avec réserve, puis de façon plus confiante : ainsi Huguccio reconnaît le droit romain comme droit *supplétoire* en cas de silence des sources canoniques (s'il n'y a pas de règle canonique pour résoudre une question donnée, le droit romain viendra y *suppléer*). C'est le début de la cohabitation des deux composantes du futur *jus commune* (*infra,* n° 94). Au XIIIe siècle, l'influence des *leges* romaines sur la *législation* canonique sera beaucoup plus marquée.

87 LES DÉCRÉTALES DE GRÉGOIRE IX (1234). — En 1075, décrivant dans les Dictats du pape *(dictatus papae)* les prérogatives du Pontife romain, Grégoire VII avait affirmé : « Il n'est permis qu'à lui seul de faire des lois nouvelles, selon les nécessités du moment » (dictat n° 7). Ainsi le pape revendiquait-il pour lui-même, à l'instar des empereurs de Rome, un pouvoir législatif *exclusif*. De fait – même si l'exclusivité prétendue n'a pas été respectée, puisque les États ont eux aussi développé des législations (*infra,* leçon 15) – la législation pontificale connaît au XIIe siècle un essor rapide. Il est surtout sensible à partir du milieu du siècle, comme si le Décret de Gratien, en mettant en ordre les règles canoniques existantes, avait stimulé l'édiction du droit. Au surplus, les grands papes qui se succèdent à cette époque sont tous des juristes : ainsi Alexandre III,

Innocent III (élève d'Huguccio), Honorius III, Grégoire IX lui-même ; son successeur, Innocent IV sera un très grand juriste. Jaloux au premier chef de leur autorité, soucieux d'organisation rigoureuse, ces Pontifes légifèrent beaucoup. Les décrétales postérieures au Décret (on les appelle « extravagantes » car elles sont *extra Decretum vagantes*, elles « se promènent en dehors du Décret ») sont donc de plus en plus nombreuses. Des compilations privées ou officielles en sont faites assez rapidement ; on en compte cinq successives jusqu'au début du XIIIe siècle – les « cinq anciennes compilations » *(Quinque compilationes antiquae)*. Fait remarquable : alors que Gratien avait retenu dans son Décret toute sorte de textes, y compris des fragments scripturaires ou patristiques dont le contenu juridique n'était pas toujours très clair, les compilations publiées autour des années 1200 ne comportent plus que des décrétales : ce sont des recueils purement *législatifs*. Résultant d'initiatives privées, ces recueils n'étaient pas sans défauts.

« Que l'on se représente l'embarras d'un canoniste qui, vers 1230, avait à enseigner, administrer, plaider. À sa droite, il contemplait Gratien quelque peu démodé ; à sa gauche, cinq recueils incomplets et redondants, partiels et discordants, inégaux en richesse et en autorité » (G. Le Bras). C'est cet embarras qu'a voulu dissiper Grégoire IX en ordonnant la compilation systématique et ordonnée de toutes les « extravagantes ». Le travail est confié à un très grand juriste, Raimond de Peñafort, qui l'achève rapidement : le 5 septembre 1234 le recueil est promulgué par le pape. Transmis aussitôt aux Universités de Bologne et de Paris, il est désormais le droit officiel de l'Église. La compilation était divisée en cinq livres, respectivement consacrés à l'organisation judiciaire de l'Église, à la procédure, à la discipline du clergé, au mariage et enfin au droit pénal. Chaque livre était divisé en titres et chapitres. Contrairement au Décret de Gratien, les Décrétales de Grégoire IX sont très influencées par le droit romain, en particulier dans le domaine de la procédure : ainsi le rapprochement des « deux droits » continue. Comme le Décret, les Décrétales seront étudiées dans les Universités par des spécialistes que l'on appellera *décrétalistes* (il ne faut pas les confondre avec les décrétistes) ; comme le Décret, elles susciteront gloses et commentaires en grand nombre. Les deux plus célèbres « apparats » sur les Décrétales sont dus respectivement au pape

Innocent IV lui-même (v. 1253) et à Henri de Suse, cardinal d'Ostie *(Hostiensis)*.

Après 1234 de nouvelles décrétales ont été édictées : une compilation, pas plus qu'une codification, n'arrête le développement du droit. Des compilations complémentaires ont donc été nécessaires. Elles sont publiées au début du XIVᵉ siècle (toujours sur le même plan en cinq livres) par Boniface VIII, Clément V et Jean XXII, et ces recueils sont commentés à leur tour par la doctrine. Après quoi l'effervescence créatrice s'apaise et la science canonique, comme la science civilistique, entre dans une nouvelle phase (*infra,* nᵒ 93 *in fine*).

Pour aller plus loin

88 La question des droits savants a suscité depuis le siècle dernier dans toute l'Europe une masse énorme de recherches. L'initiateur en est Karl Fr. von Savigny (1779-1861), l'un des plus grands savants du XIXᵉ siècle, que nous retrouverons plus loin à propos des débats sur la codification (*infra,* nᵒ 195). Il a publié à partir de 1815 une *Histoire du droit romain au Moyen Âge (Geschichte des römischen Rechts im Mittelalter)* d'abord en 6 vol. (1815-1831) puis en 7 vol. (2ᵉ éd., 1834-1851), traduite dans les principales langues de l'Europe (toutefois la trad. française de la 1ʳᵉ éd., due à Ch. Guenoux [4 vol., Paris, 1839], est tronquée). À partir de là l'histoire du droit romain médiéval a suscité une immense littérature, non exempte (au début du moins) d'arrière-pensées politiques. L'érudition allemande a fait merveille, les Italiens ont surenchéri, les Français (pour des raisons qui paraîtront évidentes à qui aura lu l'ensemble du présent manuel) restant en retrait – sous réserve de brillantes exceptions. Ce sont d'abord les débuts de la renaissance civiliste qui ont fait couler des torrents d'encre. Les hypothèses sur les causes et les conditions de cette renaissance sont d'autant plus nombreuses que les indices sont ténus. Il en va de même, ensuite, pour la diffusion du droit romain dans les différentes régions de l'Europe ; il faut se livrer à de longues et patientes recherches de manuscrits (souvent anonymes, d'où d'épineux problèmes d'attribution) et à de laborieuses exégèses pour parvenir à quelques certitudes : îlots épars dans un océan d'hypothèses. Ce n'est évidemment pas le lieu d'en faire ici le bilan ; qu'il suffise de signaler les synthèses les plus récentes : M. Bellomo, *L'Europa del diritto comune*, 7ᵉ éd., Rome, 1994 ; E. Cortese, *Il rinascimento giuridico medievale*, Rome, 1992, et surtout : *Il diritto nella Storia medievale*, Rome, 2 vol., 1995-1996. Tous ces ouvrages comportent de riches bibliographies.

Sur l'école « provençale » du XIIᵉ s., v. les nombreux travaux d'A. Gouron, réunis dans *La science du droit dans le Midi de la France au Moyen Âge*, Londres, 1984 (résumés dans Le rôle des maîtres français dans la renaissance juridique du XIIᵉ siècle, *Comptes rendus de l'Académie des Inscriptions...*, 1989, p. 198-207). Les « maîtres » *(magistri)* provençaux, qu'ils aient été formés sur place ou à Bologne même, ont aussitôt fait passer dans la pratique juridique et judiciaire leur fraîche science des lois, non évidemment en bloc (eux-mêmes n'avaient bien souvent qu'une connaissance limitée du droit romain), mais par bribes et morceaux, progressivement. P. Tisset a souligné ce caractère progressif et longtemps incomplet de ce que l'on appelle la « réception » du droit romain dans la France méridionale : Placentin et l'enseignement du droit à Montpellier ; droit romain et coutume dans l'ancien pays de Septimanie, *SHDE*, II, 1951, p. 67-94. Sur Placentin, aj. A. Gouron, Placentin : une hypothèse d'identification, *Initium* (Barcelone), n° 5, 2000, p. 133-145 (avec la biblio. antérieure).

Sur les sources et le développement du droit canonique, v. les synthèses de J. Gaudemet, *Les sources du droit de l'Église en Occident, IIe-VIIe siècle,* Paris, 1985, et *Les sources du droit canonique, VIIIe-XXe siècle*, Paris, 1993 (résumé dans L'élaboration du droit canonique en Occident du XIe au XVe s., *Hommage à J.-Fr. Poudret*, Lausanne, 1999, p. 211-234). Pour les dernières hypothèses concernant Gratien, v. les actes du colloque de Strasbourg, 1998, publiés dans la *Revue de droit canonique*, 48-2, 1998.

Leçon 11

Des commentateurs aux humanistes (v. 1250 - XVIe s.)

89 Après Accurse, comme on l'a dit, l'école de la glose s'essouffle. Le flambeau de la science juridique va alors quitter l'Italie, du moins pour un temps, et briller en France, à l'Université d'Orléans. Les maîtres orléanais vont inaugurer une nouvelle méthode, beaucoup moins littérale que celle de la glose, la méthode du commentaire. C'est pourquoi on désigne les juristes qui succèdent aux glossateurs (les *postglossateurs*) comme *commentateurs*. Inaugurée par les Orléanais, la méthode du commentaire synthétique a été ensuite adoptée en Italie et portée à son apogée par l'Italien Bartole (1313-1357) : c'est pourquoi l'on qualifie aussi de *bartolistes* les juristes savants de la fin du Moyen Âge. C'est aussi la raison pour laquelle on désigne la méthode du commentaire, à la même époque, comme *mos italicus*, « méthode italienne » (I). Mais au cours du XVe siècle, cette école entre en déclin ; une autre approche devait alors l'emporter, inspirée par la haute exigence culturelle de la Renaissance humaniste. Dans la mesure où cette nouvelle approche est perfectionnée, dès le début du XVIe siècle, par l'école française, on la qualifie de « méthode française », *mos gallicus* (II).

Section I
Commentateurs et « *mos italicus* »

90 LES COMMENTATEURS. — Ils délaissent gloses et sommes au profit du commentaire juridique large, un commentaire beaucoup plus accueillant qu'auparavant aux questions posées par l'actualité. En effet, si les glossateurs s'étaient intéressés aux problèmes de leur temps – en particulier dans le domaine politique, mais aussi dans d'autres – c'était pour y appliquer un droit romain considéré comme porteur de la sagesse des siècles, mais une sagesse en quelque sorte intemporelle : d'où leur souci, à travers une glose de plus en plus précise, de retrouver le sens véritable, c'est-à-dire à leurs yeux *originel*, des mots et des règles du *Corpus*. À partir de la seconde moitié du XIIIe siècle, c'est un esprit nouveau qui anime les professeurs d'Orléans, puis, à leur exemple, les Italiens de l'époque suivante : s'ils souhaitent plus que jamais mettre en œuvre le droit romain dans tous les domaines de la vie sociale, c'est avec la conscience aiguë de la singularité de leur époque par rapport à celle au sein de laquelle le droit « civil » s'était formé. Et c'est donc pour prendre en compte toutes les réalités de leur temps qu'ils donnent de ce droit des interprétations de plus en plus libres, et du même coup *créatrices*. Ainsi, tandis que les glossateurs – héritiers des grammairiens – s'étaient efforcés de restituer tant bien que mal le sens littéral du *Corpus* romain, en revanche les civilistes qui leur succèdent à partir du milieu du XIIIe siècle ne considèrent plus le texte même de la compilation justinienne comme une vérité révélée, un trésor intouchable dont le sens serait figé à jamais, mais bien plutôt comme un matériau utile – ou du moins qu'il convient de *rendre utile* en l'adaptant, par des commentaires appropriés, aux nécessités présentes. Soucieux de prendre une part active aux affaires de leur temps, les commentateurs ont excellé dans l'exercice lucratif de la consultation : le prestige de certains professeurs était tel que leur avis suffisait à convaincre les juges ; leurs honoraires pouvaient donc être très élevés (beaucoup plus élevés, à réputation égale, que ceux des professeurs de médecine). À côté des consultations ponctuelles (*consilia*, conseils) qui traitent de cas pratiques, les nouveaux romanistes ont rédigé de vastes ouvrages intitulés Commentaires (*commentaria*) ou Traités (*tractatus*). Généralement verbeux, remplis de subtilités pédantes et d' « hypothèses d'école » souvent farfelues, c'est pourtant là que se rencontrent aussi quelques-unes des théories nouvelles qui ont fait du droit romain médiéval un droit véritablement créateur : nous allons y revenir dans la leçon suivante. Mais avant de dire qui furent ces commentateurs – d'abord les maîtres d'Orléans, puis les Italiens – il faut au préalable s'interroger sur la présence d'une école de droit à Orléans.

91 À L'ORIGINE DE L'ÉCOLE D'ORLÉANS : LA DÉCRÉTALE *« SUPER SPECULAM »*. — Dans la seconde moitié du XIIIe siècle, il y a une grande école de droit à Orléans, il n'y en a pas à Paris. Pourquoi ? Parce qu'en 1219 le pape Honorius III à strictement interdit « à Paris et dans les lieux circonvoisins » tout enseignement des *leges* : c'est l'objet de l'un des textes les plus célèbres de l'histoire du droit français, la décrétale *Super Speculam*. L'explication traditionnellement retenue attribue au roi de France alors régnant, Philippe Auguste, l'initiative de cette mesure. C'est la thèse qui sera soutenue par le roi Philippe le Bel près d'un siècle plus tard, dans des lettres de juillet 1312 : pour que la théologie prospère plus aisément à Paris, écrira le roi, « nos ancêtres n'ont pas permis que soit instituée dans ce même lieu une école de droit civil et de lois séculières ». Ces lettres sont très importantes pour la question des rapports entre le roi de France et le droit applicable dans le royaume : nous y reviendrons (*infra*, leçon 13). Faut-il, pour autant, leur accorder créance sur ce point précis ? C'est ce qu'ont fait longtemps la plupart des historiens du droit : Philippe Auguste aurait demandé au pape d'interdire le droit romain à Paris parce que les premiers glossateurs, assimilant Frédéric Barberousse à l'empereur romain du Bas-Empire, l'ont déclaré, à l'instar de ceux-ci, maître du monde (*dominus mundi*). Tel est donc le raisonnement prêté au roi : si le droit romain et ceux qui l'enseignent reconnaissent encore aujourd'hui l'empereur comme « maître du monde », ce droit n'est pas acceptable en France ; d'où la demande d'interdiction.

En réalité, cette thèse d'une hostilité *politique* du roi de France à un droit romain considéré comme le propre de l'ennemi impérial n'est pas sans susciter de fortes réserves. Le roi de France hostile par principe au droit romain ? C'est ignorer que depuis au moins un demi-siècle Philippe Auguste et son père, Louis VII, ont admis des civilistes dans leur conseil, qu'ils les écoutent et qu'ils utilisent à l'occasion, sans hostilité aucune, des arguments puisés au droit romain. Cette présence de romanistes au sein du conseil royal ne fera que se renforcer par la suite, surtout après le milieu du XIIIe siècle, jusqu'aux « légistes » de Philippe le Bel : pourquoi le roi aurait-il proscrit l'enseignement d'une science (la *scientia legum*) dont il faisait par ailleurs un usage si peu réticent ? Nous reviendrons sur ce point essentiel dans la leçon suivante (*infra,* n° 99).

Quant à la thèse de l'hostilité politique à l'Empire, elle aussi mérite un examen plus attentif. Certes, cinq ans avant l'expédition de la décrétale, le roi de France avait vaincu Othon de Brunswick, qui se disait empereur romain : c'est la fameuse victoire de Bouvines (juillet 1214). Mais justement l'empereur vaincu était un empereur illégitime (du moins au regard du Saint-Siège), de sorte que la victoire française de Bouvines était aussi, indirectement, celle de la papauté et de l'empereur légitime, Frédéric II de Hohenstaufen. Dès lors, en 1219, les relations entre le roi de France – alors au comble de sa puissance – et le jeune Frédéric II, étaient parfaitement confiantes : le moment eût été bien mal choisi, de la part du roi, pour manifester sa mauvaise humeur à l'égard d'un empereur ami, et au surplus exclusivement occupé par son cher royaume de Sicile. Enfin, la décrétale ne mentionne aucune sollicitation royale : à supposer qu'une telle demande ait eu lieu, il eût été sans doute de bonne guerre, de la part du pape, d'en faire état ouvertement.

À vrai dire, les motifs allégués par la décision pontificale se suffisent à eux-mêmes : c'est bien pour protéger l'enseignement de la théologie à Paris, capitale européenne de cette science, que le pape en éloigne celui du droit civil : l'Écriture sainte sera « plus pleinement étudiée » dans la mesure où les candidats « ne trouveront pas à leur porte des écoles [de droit] où ils pourraient égarer leur démarche ». On ne saurait être plus clair ! Depuis près d'un siècle, on l'a dit (*supra,* n° 83), l'engouement pour le droit civil était tel qu'il menaçait de tarir le recrutement des écoles de théologie. Qu'y a-t-il d'étonnant à ce que le pape intervienne pour protéger ce recrutement à Paris, en écartant la concurrence dangereuse du droit ? Au surplus ce n'était pas la première fois que la papauté prenait une semblable mesure : on en trouve toute une série depuis le début du XIIe siècle.

Restent, bien entendu, les lettres de 1312 : Philippe le Bel attribue expressément à son aïeul l'initiative de la décrétale de 1219. Cette idée remontait peut-être au milieu du XIIIe siècle (on la trouve dans un coutumier de cette époque ; c'est sa seule mention avant 1312), à l'époque où le roi, constatant les progrès du droit romain dans les provinces méridionales, devait affirmer que cette « coutume générale » ne s'appliquait qu'avec son accord (*infra,* n° 112). Mais si Philippe le Bel y revient en juillet 1312, c'est dans un contexte politique très précis, où l'empereur Henri VII semblait remettre en cause l'indépendance politique du royaume : il faudra y revenir dans la leçon suivante. En attendant, il suffira de retenir que, faute de pouvoir s'épanouir à Paris du fait de la décrétale de 1219, l'enseignement du droit romain s'est développé, dès le second tiers du XIIIe siècle, à Orléans.

92 L'ÉCOLE D'ORLÉANS. — L'enseignement juridique s'est installé à Orléans dans les années 1230 et il s'y épanouit après 1250. C'est alors que les maîtres français renouvellent la science juridique. Rejetant la méthode des glossateurs, trop pointilliste, trop servile par rapport au texte de Justinien, les Orléanais vont passer de la glose au commentaire, de l'explication des mots à la synthèse critique. Prenant de la distance par rapport au texte de Justinien, au lieu de le suivre pas à pas, ils adoptent *une démarche thématique.* Il s'agit de regrouper tous les textes du *Corpus juris civilis* relatifs à une question donnée, puis de les comparer, de faire l'état des convergences et des divergences pour finalement proposer une solution satisfaisante. C'est la méthode scolastique, déjà esquissée au XIIe siècle par le théologien Pierre Abélard dans le *Sic et Non* (arguments pour, arguments contre, solution) et adoptée par Gratien dans son *Décret* (*supra,* n° 86). Au XIIIe siècle, Thomas d'Aquin, qui enseigne la théologie à Paris, porte la scolastique à son apogée, grâce à la dialectique d'Aristote. C'est donc tout naturellement que les maîtres d'Orléans appliquent cette méthode à la science des lois ; l'un des plus célèbres, Jacques de Révigny, a d'ailleurs commencé ses études par la théologie. Révigny a été professeur à Orléans entre 1263 et 1272, avant de devenir évêque de Verdun à la fin de sa vie († 1296). Il a laissé une œuvre considérable : des *Lectures* et des *Commentaires*, mais aussi des *Questions*. C'est dans ces « Questions » consacrées à un point précis, mais discuté, que s'épanouit la virtuosité dialectique des maîtres. Révigny a aussi laissé un *Dictionnaire de droit* qui est l'un des premiers du genre. L'autre grand Orléanais est Pierre de Belleperche. C'est un élève du précédent, avec lequel on l'a parfois confondu. Il enseigne à Orléans entre 1280 et 1296. « Clerc du roi », il prend part à la querelle qui oppose Philippe le Bel au pape Boniface VIII (*infra*, n° 109), avant de devenir chancelier de France de 1306 à sa mort (1308). Ces maîtres prestigieux ont attiré à eux la jeunesse de toute l'Europe, non seulement de l'Europe du Nord (les Pays-Bas en particulier), mais aussi d'Italie : signe qu'Orléans avait alors éclipsé Bologne. En tout cas les œuvres des Orléanais ont été rapidement diffusées en Italie. Parmi ces Italiens qui ont été influencés par l'enseignement de Révigny et de Belleperche, on trouve un juriste originaire de Pistoie appelé Cynus (1270-1336) ; on a longtemps cru que Cynus avait suivi à Orléans même l'enseignement des maîtres français, mais ce point est aujourd'hui contesté. Du moins est-il certain que Cynus de Pistoie a introduit à Bologne la méthode orléanaise et qu'il est à l'origine du renouveau de l'école juridique italienne au début du XIVe siècle. Le représentant le plus éminent de cette école sera Bartole.

93 BARTOLE ET LE *MOS ITALICUS*. — Bartole *(Bartolus de Sassoferrato)* est certainement le juriste européen le plus célèbre du Moyen Âge. D'abord vénéré comme un génie du droit, il sera ensuite tourné en ridicule par les humanistes. Au XVIIIe siècle, lorsque Beaumarchais mettra en scène, dans *Le mariage de Figaro*, un juriste franchement antipathique, il l'appellera tout naturellement Bartolo. Mais le vrai Bartole ne mérite « ni cet excès d'honneur, ni cette indignité ». Élève de Cynus de Pistoie, ce fut un grand professeur et un travailleur infatigable. Après avoir enseigné dans plusieurs universités italiennes, il est mort en 1357, âgé seulement de 43 ans, en laissant une œuvre impressionnante. Dans la ligne de Cynus et des Orléanais, il pousse très loin la liberté à l'égard des textes du *Corpus* : ce n'est pas la « lettre de la loi » *(lit-*

tera legis) qui importe, mais son esprit et sa « raison » *(mens et ratio)*. Cette idée, dont l'origine religieuse est évidente (« La lettre tue, l'esprit fait vivre », IIe Ép. de saint Paul aux Corinthiens, 3, 6), avait déjà été développée par les canonistes du siècle précédent.

À vrai dire, Bartole considère la compilation justinienne comme un vaste réservoir de mots et de concepts dans lequel le juriste peut puiser à sa guise. Elle n'est en somme qu'une matière première propre à être refondue en vue de composer un nouveau droit. Aussi bien Bartole n'hésite-t-il pas à mettre en œuvre d'autres sources, concurremment aux sources romaines, en particulier les statuts municipaux des villes italiennes ou le droit canonique. Outre un commentaire complet du Digeste, du Code et des Institutes, et des centaines de consultations *(consilia)*, il a laissé sur des quantités de sujets des traités qui ont encore été imprimés à la fin du XVIe siècle dans cette vaste encyclopédie juridique qu'a été le *Tractatus Universi Juris* (« Traité du droit universel », appelé aussi *Tractatus Tractatuum*, « Traité des traités », Venise, 1584-1585). Tout sujet lui est bon : le duel judiciaire *(Tractatus de pugna)*, le gouvernement des villes *(Tract. de regimine civitatis)*, le droit de l'eau *(Tract. de fluminibus*, ou *Tract. Tyberiadis)*, le problème de la tyrannie *(Tract. de Tyranno)*, etc. Il va sans dire que Bartole a aussi excellé dans le genre des *quaestiones disputatae*.

Son principal élève a été Balde *(Baldus de Ubaldis)*, encore un auteur très prolifique et de notoriété européenne. Il est mort en 1400, laissant à son tour des quantités d'élèves. Ce sont eux, répandus à travers l'Europe, qui assurent à la fin du Moyen Âge le triomphe de la méthode italienne du droit romain, le *mos italicus*. Ce sont eux qui donnent au droit de Justinien, combiné au droit canonique et à leurs propres commentaires, le statut de droit commun de l'Europe, *jus commune*. Plus que les compilations byzantines, c'est l' « opinion commune des docteurs » *(communis opinio doctorum)* qui le constitue.

Il faut ajouter un dernier mot sur le droit canonique, auquel s'applique aussi, à la même époque, la méthode du commentaire. à la fin du XIVe siècle s'ouvre le Grand Schisme d'Occident : après la période de la papauté d'Avignon et le retour de Grégoire XI à Rome, deux papes rivaux sont élus, un Italien et un Français ; l'un décidera de rester à Rome, l'autre retournera à Avignon. Il faut recourir au concile œcuménique, qui contestera la monarchie pontificale. Les conciles s'opposent aux papes, et des papes rivaux s'opposent entre eux. On conçoit que cette grave crise, qui a duré de 1378 à 1418, ait fortement ralenti l'activité législative des papes. Les juristes s'engagent d'un côté ou de l'autre. Dans ces conditions la doctrine canonique, parallèlement à la doctrine civiliste, dégénère ; elle se fait répétitive, compilatoire, pesante. À la fin du XVe siècle, le *Corpus juris canonici* se présente sous sa forme définitive ; il restera le droit officiel de l'Église (après une révision, au XVIe siècle, par les *correctores romani*) jusqu'au Code de 1917. *Corpus juris civilis* et *Corpus juris canonici* constituent alors les deux branches du *jus commune* ; on désigne aussi l'ensemble qu'ils forment par l'expression *utrumque jus*, « les deux droits », « l'un et l'autre droits ». En quoi ces « deux droits » constituent-ils un « droit commun » ?

94 *UTRUMQUE JUS* ET *JUS COMMUNE*. — Les rapports entre les deux droits savants n'ont pas toujours été simples. À première vue, du moins jusqu'à Gratien, ils ne sont guère comparables. Ils diffèrent par leurs sources, leurs champs d'application, leurs caractères intrinsèques. Et pourtant, à partir du milieu du XIIe siècle, les deux disciplines s'ouvrent l'une à l'autre. Si les canonistes se mettent au droit romain, les civilistes ne peuvent ignorer la loi de l'Église. Mais ce qui rapproche le plus sûrement les deux familles de juristes, c'est l'identité de leurs méthodes. Les uns et les autres s'adonnent à la glose, au commentaire, à la discussion savante *(disputatio)*. Longtemps, Bologne est leur capitale commune. Comment s'étonner, dans ces conditions, que leurs deux disciplines soient bientôt englobées sous une dénomination commune, l'*utrumque jus* ? Il y a deux droits, comme il y a deux domaines : le spirituel et le temporel. Ils sont à la fois distincts et liés ensemble, comme l'âme au corps. Aux civilistes le temporel, aux canonistes le spirituel. En principe, l'harmonie peut régner : « Car le pape ne doit pas s'immiscer dans les affaires temporelles, dit Accurse, ni l'empereur dans les affaires spirituelles. » En pratique les choses sont souvent différentes : au titre du péché *(ratione peccati)*, l'Église prétend contrôler les rois, parfois même les soumettre ; et les rois résistent. Dévoués à des puissances rivales, canonistes et civilistes ne s'aiment donc pas. Et pourtant, dans la vie quotidienne du droit, leurs disciplines s'entremêlent. Tant bien que mal, dans des proportions variables selon les domaines, elles se complètent. Au bout du compte, au moins dans certaines matières – par exemple la procédure – il existe bel et bien un « droit romano-canonique » qui combine les principes et les règles des deux droits. Cette imbrication des deux disciplines est particulièrement poussée après le milieu du XIIIe siècle ; les canonistes d'abord, puis les Orléanais, mais surtout Cynus, Bartole, Balde, n'hésitent pas à puiser à toutes les sources. Ainsi les deux branches de l'*utrumque jus*, « l'un et l'autre droits », mêlent-elles leurs rameaux. À la fois distincts et complémentaires, droit civil et droit canonique finissent par constituer un double *jus commune* : le droit commun de l'Europe.

L'expression « droit commun » est susceptible de sens divers. On rencontrera ultérieurement cette notion, dans un contexte différent, à propos de la naissance du droit français (le « droit commun coutumier » : *infra,* leçon 16). Il existe aussi un droit commun en Angleterre, le *common law*, qui n'a rien à voir ni avec le *jus commune* européen, ni avec le droit commun coutumier français : c'est un droit spécifiquement anglais, qui résulte des décisions des juges, liés par le système du précédent (*infra,* n° 197). Dans les derniers siècles du Moyen Âge, lorsque les civilistes continentaux parlent de *droit commun*, ils désignent l'ensemble des règles que la doctrine a tirées des compilations justiniennes – ou qu'elle a formées à partir de ces compilations – et qu'elle a interprétées : de sorte que le *jus commune* gît au moins autant dans cette interprétation que dans la règle initiale. Le *jus commune* est donc, avant la lettre, un *Juristenrecht,* un droit fait par des juristes. Droit *commun* à toutes les contrées où exerce cette communauté de juristes, le *jus commune* n'est cependant pas un droit *unique* : la nuance est ici essentielle. La grande distinction, systématisée par Bartole, oppose *jus commune* et *jus proprium*, « droit propre » dans le sens de « particulier » – ou plutôt, car les droits particuliers sont par définition multiples, *jura propria*, au pluriel. Le droit commun ne fixe que les grands principes ; au dessous, les droits particuliers, consacrant une grande variété de situations, expriment le pluralisme institutionnel de l'ancienne Europe. Les droits propres ont vocation à s'appliquer d'abord ; à défaut, c'est le droit commun qui est appelé, en vertu d'une sorte de principe de subsidiarité, à combler les lacunes des *jura propria*.

En France, à vrai dire, la conception du *jus commune* comme droit subsidiaire n'a jamais été vraiment admise ; on reviendra plus loin sur la manière dont la royauté a conçu l'ordre juridique français (*infra,* leçons 13 et s.). Le droit romain, accepté dans le Midi comme « coutume générale », n'a été admis dans les autres provinces que comme « raison écrite », outil d'interprétation, discipline intellectuelle – jamais vraiment comme un droit subsidiaire qui s'imposerait en tant que tel. C'est cette approche, plus spéculative que pratique, qui inspire l'école romaniste française du XVIe siècle, et la méthode du *mos gallicus*.

Section II
L'école humaniste et le « *mos gallicus* »

95 LE *MOS GALLICUS*. — De fait, au XVe siècle, le *mos italicus* entre en crise. À peine l'apogée atteint, il se fige. Les élèves de Bartole et de Balde ne sont plus des créateurs, ils se contentent de répéter ce qu'ont dit les maîtres ou, pis encore, de les gloser : retour de la glose, donc, à ceci près qu'on ne glose plus le texte de Justinien, mais les commentaires médiévaux de son *Corpus* ! La décadence est évidente. La réaction survient, brutale, avec la Renaissance. L'humanisme prône le retour aux sources, et à des sources « purifiées » : balayer tous les commentaires, revenir au texte du *Corpus*, critiquer le *Corpus* lui-même pour retrouver l'état antérieur du droit romain, tel est le nouveau programme. Il est défini dès 1508 par Guillaume Budé (qui fondera en 1530 le Collège de France) dans ses *Annotations sur les Pandectes*.

Détrônés par les juristes à la fin du XIe siècle, voici donc qu'à la sortie du Moyen Âge les grammairiens resurgissent, et prennent leur revanche. Revanche contre Balde, Bartole, et autres « barbares » Italiens, revanche aussi contre Tribonien, accusé d'avoir manipulé les textes authentiques du droit civil, c'est-à-dire le « vieux droit » des jurisconsultes, en l'intégrant aux compilations (*supra,* n° 29).

Significative est à cet égard la position que Rabelais prête à Pantagruel : « Les livres des lois [romaines] ressemblaient à une belle robe d'or, triomphante et précieuse à merveille, qui fut brodée de merde. Car, disait-il, au monde [il] n'y a livres tant beaux, tant ornés, tant élégants comme sont les livres des Pandectes ; mais la bordure d'iceux, c'est à savoir la glose d'Accurse, est tant infâme et punaise [= puante] que ce n'est qu'ordure et vilenie » (*Pantagruel,* V). Mais Rabelais est tout aussi critique, dans le *Tiers Livre* (1546), à l'égard de Tribonien – « mécréant, infidèle, barbare, tant maling, tant pervers, tant avare et inique qu'il vendait les loix, les edictz, les rescriptz, les constitutions et ordonnances en purs deniers... ». C'est un point de vue comparable qui anime, au même moment, les apologistes du droit français (en particulier Charles Dumoulin : *infra,* n° 135). Au-delà de ces excès polémiques, retenons l'essentiel. Ce que préconise l'humanisme juridique, une fois balayé le fatras des commentaires engendrés par le *mos italicus*, c'est une *étude scientifique du droit romain* : étude philologique (critique de la langue), historique (replacer les diverses sources du droit romain dans leurs époques respectives), diplomatique (revenir aux manuscrits les plus fiables et retrouver la version authentique des textes romains).

À l'exception de l'Italien André Alciat († 1550), les maîtres de cette nouvelle école juridique sont pour la plupart français : Le Douaren († 1559), Baudouin († 1573), Doneau († 1591) et surtout, les dominant tous, Jacques Cujas († 1590). Quoique voyageant beaucoup, tous ont enseigné au moins un temps à l'Université de Bourges, centre de la « science nouvelle ». Celle-ci met en œuvre la même méthode critique, voire hyper-critique : on la désignera bientôt comme « méthode française », *mos gallicus*, pour l'opposer au *mos italicus* des commentateurs. La méthode critique ne tarde pas à révéler la grande hétérogénéité des compilations justiniennes : alors que les médiévaux les avaient considérées comme un bloc, les humanistes découvrent la profondeur historique du droit romain et la diversité de ses composantes. Dès lors la mode n'est plus aux grandes synthèses : on revient au plus près des textes, on les analyse jusqu'aux moindres détails, on fait assaut d'érudition sur une virgule. Cujas, tout particulièrement, excelle à ces exercices : aujourd'hui encore, nombre de ses observations sur le *Corpus* romain conservent toute leur valeur.

Pour autant, ces exercices savants n'avaient que peu de rapports avec la pratique. Si Cujas comblait d'aise les érudits, il n'était d'aucun secours aux praticiens. En face du bartolisme condamné, la nouvelle école ne constituait pas une alternative réaliste. Une troisième voie s'est donc ouverte, celle d'un *droit proprement français* : c'est dans cette direction que Charles Dumoulin et quelques autres se sont engagés en rejetant à la fois les « puérilités » des bartolistes et les spéculations trop savantes des humanistes ; nous les retrouverons un peu plus loin (*infra,* leçon 16). Le droit romain n'en reste pas moins, jusqu'à la fin de l'Ancien Régime, une discipline fondamentale dans la formation des juristes. Jusqu'à la création, en 1679, des chaires de droit français (*infra,* n° 136), il est seul enseigné (avec le droit canonique) dans les facultés de droit.

À la fin du XVIIe siècle, sa présentation est entièrement repensée par un contemporain de Louis XIV, Jean Domat. Né à Clermont en 1625, ami de Pascal, Domat inscrit sa réflexion sur le droit dans une conception du monde essentiellement chrétienne : il croit à un ordre naturel du monde, à une « loi naturelle » voulue par Dieu. Sa grande pensée a été de présenter le « droit civil » (c'est-à-dire le droit romain) dans un « ordre » conforme à cette loi naturelle : tel est le propos de son chef-d'œuvre, paru en 1689, *Les lois civiles dans leur ordre naturel.* Cette admirable systématisation des règles romaines exercera une grande influence sur la doctrine du XVIIIe siècle ; elle inspirera même, au moins sur certains points, les rédacteurs du Code civil.

Pour aller plus loin

96 Ce sont surtout les historiens néerlandais qui ont travaillé dans les dernières décennies sur l'école d'Orléans : E. M. Meijers, L'Université d'Orléans au XIIIe siècle, *Études d'histoire du droit*, Leyde, 1959, ouvrage fondateur prolongé par les travaux de R. Feenstra et de ses élèves. V. les références données par R. Feenstra, L'enseignement du droit à Orléans. État des recherches menées depuis Meijers, *Le droit savant au Moyen Âge et sa vulgarisation*, Londres, 1986, III, et, du même auteur : L'école de droit d'Orléans au XIIIe siècle et son rayonnement dans l'Europe médiévale, *RHFD*, 1992, n° 13, p. 23-42. Sur Révigny encore, il faut recommander le petit ouvrage très vivant de K. Bezemer, *What Jacques Saw. Thirteenth century France through the eyes of*

Jacques de Revigny, professor of law at Orleans, Francfort, 1997. – Sur Bartole, v. les études réunies dans *Bartolo da Sassoferrato, Studi e documenti per il VIº centenario*, Milan, 1962, et en particulier celle de P. Legendre, La France et Bartole, p. 133-172.

Sur la critique du *mos italicus* par les humanistes, v. P.-E. Viard, *André Alciat, 1492-1550*, Paris, 1926, et P. Mesnard, La place de Cujas dans la querelle de l'humanisme juridique, *RHD*, 1950, p. 521-537. Le prestige de Cujas était si grand que l'interdiction d'enseigner le droit romain à Paris, qui remontait à la décrétale *Super Speculam*, fut levée exceptionnellement en sa faveur par un arrêt du Parlement du 2 août 1576. Sur Doneau, v. J.-L. Thireau, Hugues Doneau et les fondements de la codification moderne, *Droits*, nº 26, 1997, p. 81-100. – Sur Domat : M.-F. Renoux-Zagamé, Domat, le Salut et le Droit, *RHFD*, nº 8, 1989, p. 69-111 (avec bibliographie).

Leçon 12

Quelques apports du droit savant

97 Immenses sont les effets de la renaissance du droit dans l'Europe du XIIe siècle et des siècles suivants. Il va sans dire qu'on ne saurait les décrire tous, même en les évoquant de façon rapide, dans le cadre d'un simple cours d'initiation. On se bornera donc à quelques exemples, choisis parmi les plus significatifs, et concernant les grandes branches du droit : public (II), privé (III), procédural (IV). Mais le premier apport de la nouvelle « science des lois » *(scientia legum),* c'est la mise à la disposition des juristes de nouveaux outils – mots et concepts – que romanistes et canonistes vont mettre en œuvre pour élaborer des théories nouvelles (I).

Section I
De nouveaux outils

98 « UNE FORTERESSE DE MOTS ». — L'irruption de la compilation justinienne dans l'Europe du XIIe siècle a constitué une véritable révolution culturelle. L'énorme masse de textes dont Tribonien, six siècles auparavant, avait dirigé la compilation, était d'abord un réservoir de mots dont beaucoup, désignant des réalités disparues, n'étaient pas d'une compréhension immédiate. D'où l'effort de la glose, qui vise dans un premier temps à l'explicitation (parfois laborieuse) des termes nouveaux, mais qui permet aussi, dans un deuxième temps, leur « appropriation » par les juristes : *toute science commence par l'apprentissage d'un langage* – à cet égard les premiers glossateurs étaient dans la même situation que les juristes débutants du XXIe siècle (cf. nos remarques introductives, *supra,* n° 4). Découvrir des mots, leur donner une définition précise, voilà la première étape ; c'est seulement ensuite que l'on peut les combiner entre eux, les mettre en rapport, les classer, les comparer, en un mot *raisonner.* Il faut faire ici deux remarques.

1 / Sur les définitions, d'abord. Pendant tout le Moyen Âge, les mots apportés par le *Corpus Juris Civilis* sont étudiés en eux-mêmes et pour eux-mêmes, comme s'ils étaient revêtus d'une valeur à la fois intemporelle et universelle, comme si le droit romain n'était pas le produit d'une longue histoire – celle du peuple romain – mais bien *le Droit* tout court. Significatif est le fait que pour désigner l'ensemble du droit romain les juristes médiévaux disent « le droit » *(jus),* ou « les lois » *(leges),* sans jamais éprouver le besoin d'ajouter l'épithète « romain ». Or, nous l'avons dit : le *Corpus* de Justinien rassemble des textes rédigés à des dates et dans des contextes fort différents, depuis des références à la loi des XII Tables (450 avant J.-C.), jusqu'aux constitutions de Justinien lui-même (VIe siècle après J.-C.) : soit près de mille ans de droit romain ! Et pourtant les glossateurs considèrent ce matériau fondamentalement composite (en dépit des harmonisations triboniennes : *supra,* n° 29) comme s'il était à la fois homogène et contemporain – contemporain d'eux-mêmes ; ou plutôt comme si c'était un corps harmonieux de règles sans âge, valable en tous temps et en tous lieux : *le Droit universel.* Il n'est pas sûr que les contorsions intellectuelles auxquelles de tels présupposés ont condamné les premiers exégètes du *Corpus*, et qui ont débouché sur des interprétations parfois très divergentes, aient été finalement nuisibles à la réflexion juridique elle-même : ce débat, qui relève de la théorie du droit, ne peut pas être abordé ici. Il a fallu attendre le milieu du XIIIe siècle, l'école d'Orléans et les postglossateurs, pour que les utilisateurs du *Corpus* commencent à prendre quelque distance par rapport aux textes ; mais c'est seulement au XVIe siècle, avec l'école humaniste, que le droit romain a été enfin replacé dans son contexte historique et donc analysé comme un élément d'une histoire qui, pour être la plus

prestigieuse de toutes, n'en était pas moins une histoire particulière... et révolue. Dès lors les « lois » ne forment plus un bloc indivisible, un système clos, comme aux premiers temps de la renaissance juridique, mais simplement une carrière où l'on vient choisir librement des matériaux, une « banque de données » offerte à toutes les critiques.

2 / La seconde remarque a trait à la pratique des classifications. Avec l'exactitude des définitions, la clarté des classifications constitue le fondement de l'art juridique. Au XIIe siècle, la méthode scientifique en usage dans toutes les branches du savoir – la scolastique – est à base de classifications. Mais ce sont à coup sûr les juristes qui ont pratiqué cet art de la façon la plus systématique. Dans les écoles, les étudiants sont invités à apprendre des listes de mots ou de concepts présentés en couples antithétiques, et sur le mode alternatif (ou bien..., ou bien...) : public/privé, général/spécial, commun/particulier, absolu/relatif, meuble/immeuble, paternel/maternel, propres/acquêts, etc. Ce sont les fameuses *distinctions*, dont circulent des listes de plus en plus étoffées, puis des recueils systématiques où les « paires » terminologiques sont présentées sous forme de vers rimés – ceci, bien entendu, afin d'en faciliter la mémorisation. C'est cette vieille pratique de la distinction systématique qui explique la préférence toujours actuelle des juristes pour les plans dichotomiques, les plus propres à présenter clairement une question de droit compliquée. Il serait toutefois excessif de croire que toute distinction fût forcément binaire : les glossateurs ont aussi repéré dans le droit romain des distinctions de type ternaire. En combinant plusieurs niveaux (divisions et subdivisions), les juristes médiévaux ont développé ce qu'ils appelaient des « arbres » – deux branches, subdivisées chacune en deux ou trois « sous-branches », etc. Les plus complexes de ces « arbres » concernent la procédure : ce sont les *Arbores actionum* (« arbres des actions [judiciaires] »).

Des définitions très précises (soit purement conceptuelles à l'époque des glossateurs, soit de plus en plus « contextualisées » à l'époque suivante) ; des distinctions claires et des plans rigoureux : armée de ces outils solides, la doctrine médiévale a puissamment œuvré au renouveau du droit. Et d'abord au renouveau du droit public.

Section II
Le renouveau du droit public

99 L'ÉTAT ET LE PRINCE. — Les civilistes partent de la définition romaine du droit public : celui qui concerne « l'état de la chose romaine », ou de la « chose publique » – *status rei romanae,* ou *status rei publicae*. Nous savons que c'est ce mot *status*, réduit à lui-même, qui donnera plus tard *État*, dans son sens actuel. Comme l'indique l'étymologie du terme (il vient de *sto, stare* = être debout, être stable, durer...), « l'état de la chose publique » est un état permanent. Pour les civilistes médiévaux comme pour les jurisconsultes romains, l'État s'inscrit dans la durée : il doit, dans son principe, « être » toujours. De là découle une distinction très importante entre l'État et le prince, l'institution permanente et l'homme mortel qui en a la charge pour un temps. Le prince n'est alors que l'agent de l'État, même s'il en est l'agent suprême ; il est son premier serviteur. C'est surtout à partir du XIVe siècle que les commentateurs systématisent la distinction fondamentale entre la personne du prince et sa « dignité », c'est-à-dire (nous sommes ici obligés de simplifier) sa fonction : si la personne physique du prince doit normalement mourir, sa dignité ne meurt pas *(Dignitas non moritur)*. Cette distinction semble avoir été faite en premier lieu par les canonistes, qui l'ont appliquée au pape, aux évêques, aux abbés (chefs de monastères). Elle se généralise ensuite : « La personne impériale peut mourir, dit Balde, mais la dignité elle-même, c'est-à-dire l'Empire, est immortel, de la même façon que si le souverain pontife meurt, la papauté en tant que telle ne meurt pas... » (*Consilia*, III, 159). À la fin du Moyen Âge cette idée débouchera sur la métaphore des deux corps du roi (qui apparaît d'abord en Angleterre) : le roi a deux corps, un corps physique et un « corps mystique » ; seul le premier est mortel, le second perdure sous les apparences passagères des princes successifs.

Quels sont les pouvoirs du prince ? Reprenant la formule déjà citée d'Ulpien selon laquelle « ce qui a paru convenable au prince a force de loi » (*Quod principi placuit legis vigorem habet :* v. *supra,* n° 26), les juristes de Bologne affirment que le prince est l'unique créateur du droit. À partir d'une incise du Code, ils affirment que le prince « porte tout le droit dans l'archive de sa poitrine » (*omnia jura in scrinio pectoris sui :* C. 6, 23, 19, 1). Cette même formule est appliquée au pape par les canonistes. Le prince et le pape sont-ils donc dotés d'un pouvoir législatif illimité ? Les glossateurs retrouvent dans le *Corpus* l'affirmation selon laquelle « le prince est délié des lois » (*Princeps legibus solutus* = Ulpien, D. 1, 3, 31) : entendons qu'il n'est pas tenu d'obéir aux lois que ses prédécesseurs ont promulguées. À partir de ces textes, les premiers glossateurs concluent à un véritable « absolutisme législatif » de l'empereur. En 1158, réunis autour de Frédéric Barberousse à la diète (assemblée) de Roncaglia, en Italie du Nord, les « quatre docteurs » de Bologne (les élèves d'Irnerius) lui expliquent toute l'étendue de son pouvoir : « Tu peux, en tant que *loi vivante*, promulguer des lois, y soumettre [les uns], en dispenser [les autres] ; les ducs passent et disparaissent, les rois gouvernent, mais c'est toi qui les juges ; ce que tu veux, tu le fais, *car tu es la loi animée.* » Reprise d'une novelle de Justinien (Nov. 105, 2, 4), l'expression « loi animée » *(lex animata)* est à prendre au sens propre : c'est l'empereur qui *anime* la loi, qui lui donne son « âme », c'est-à-dire la vie. Peu de temps après, les canonistes l'appliqueront au pape, « loi vivante et canon vivant ».

On voit bien quel était le propos des juristes bolonais : sans égard pour la fuite des siècles, considérer que l'empereur du Saint-Empire « romain » était l'héritier direct des anciens empereurs de Rome depuis Auguste, en passant par Constantin et Justinien ; considérer que l'empereur du XIIe siècle pouvait légitimement se dire, comme ceux du Bas-Empire, le « maître du monde », *dominus mundi.* Il va sans dire qu'une pareille prétention était inadmissible pour les autres princes de l'Occident, à commencer par le roi de France. Ce dernier allait-il bouder le droit romain, le considérer comme un droit propre aux Allemands et aux Italiens, le *reléguer* hors de son royaume ? C'eût été évidemment absurde dans la mesure où le droit romain offrait virtuellement à tous les princes, quels qu'ils fussent, des matériaux de premier ordre pour renforcer leurs pouvoirs respectifs, et construire leurs propres États. Loin de reléguer le droit romain, il s'agissait donc de se l'approprier, d'en ôter le monopole à l'empereur. Dès le XIIe siècle, dès l'époque de

Louis VII et de Philippe Auguste, des civilistes paraissent à la cour du roi. La distinction entre la personne du roi et sa fonction, ou entre le roi et la Couronne, idée fondatrice de l'État, apparaît en France à cette époque. Quant à la prétention de l'empereur de se dire « maître du monde », outre qu'elle ne correspondait à aucune réalité politique, la parade était assez simple, et elle fut rapidement trouvée aussi bien par le roi de France que, par exemple, par le roi de Castille : il suffisait de dire que le roi était « prince dans son royaume » *(princeps in regno suo)* pour qu'il pût s'affirmer, à l'intérieur de ses frontières, l'égal de l'empereur « romain ». Un pas de plus, et le roi se dirait « empereur en son royaume » *(imperator in regno suo)* : c'est chose faite, en France, au milieu du XIIIe siècle (*infra,* n° 108). Comme on l'a vu, si le pape interdit en 1219 l'enseignement du droit romain à Paris pour protéger la théologie, le roi l'autorise à Orléans, l'une des villes principales de son domaine direct (*supra,* n° 91) : le droit civil devient, en France comme ailleurs, l'un des moyens de la construction de l'État. Le Capétien revendique sa part de l'héritage romain et, dans son entourage, quelques juristes spécialistes des *lois* (romaines), les légistes, mettent à sa disposition les maximes étatistes du *Corpus.* Cela ne signifie pas, pour autant, que le roi se reconnût le droit de tout faire, ou de tout vouloir.

100 LA LOI ET LA JUSTICE. — Même renforcé par les « lois » romaines, l'État d'Ancien Régime reste un État limité. Deux raisons à cela : d'une part le *Corpus* ne contient pas que des maximes étatistes ; d'autre part le droit romain, et plus généralement les règles juridiques, ne constituent qu'un élément subordonné du système normatif global.

1 / Tout en exaltant le pouvoir du prince, le *Corpus* de Justinien offre aussi, ici et là, de quoi le modérer : des freins, ou des barrières, que les juristes découvrent et commentent. Ainsi, la loi *Digna vox* (*supra,* n° 30) : « C'est un propos digne de la majesté impériale que l'empereur se déclare lui-même *soumis à la loi* ; car notre autorité est elle-même fondée sur le droit... » Ce texte paraissait contredire les maximes précédentes, qui faisaient du prince le maître de la loi. Le prince peut-il être soumis à la loi, tout en étant d'autre part le maître de la loi ? Sur quoi est donc fondé le pouvoir du prince ? Le frag-

ment du Digeste qui contient la maxime « Ce qui a paru convenable au prince a force de loi » fournissait une réponse, pour peu qu'on le lût jusqu'au bout : « ... parce que, par la "loi royale" (*lex regia*, ou *lex de imperio* : v. *supra,* n° 26) qui a été faite au sujet de son pouvoir *(imperium),* le peuple [romain] lui a transféré tout son pouvoir et toute sa puissance » (D. 1, 4, 1). Le prince tient donc son pouvoir du peuple, et certains n'hésiteront pas à en conclure que le peuple pourrait avoir, à l'occasion, son mot à dire. C'est sur ce fondement que des assemblées représentatives, dans plusieurs États européens, parviendront à partager ou du moins à contrôler le pouvoir législatif du roi (ainsi les *Cortes* dans les États de la couronne d'Aragon). En France, malgré quelques tentatives, les États généraux n'y parviendront pas : le roi restera le législateur unique (sous réserve de ce que nous dirons plus loin concernant les Parlements : *infra,* n° 131).

2 / À vrai dire, la principale limite au pouvoir du prince et à un éventuel « absolutisme législatif » est, dans tous les États européens, de nature morale et religieuse. Ce sont les théologiens, les philosophes et les moralistes (trois qualités souvent réunies dans les mêmes personnes) qui marquent fermement les bornes du pouvoir de l'État en rappelant sa raison d'être et son origine première. Tout pouvoir vient de Dieu, avait affirmé saint Paul (*supra,* n° 47) ; saint Thomas, sur le fondement de la *lex regia*, complète le constat paulinien : tout pouvoir vient de Dieu, par l'intermédiaire de la communauté du peuple *(per populum)*. Quant à la fonction des rois, elle est conçue avant tout comme un service : dans la ligne de ce qu'avaient écrit saint Augustin et Isidore de Séville (*supra,* n° 66), on parle d'un « ministère », au sens propre. Si Dieu confie un pouvoir aux puissants, ce n'est pas pour leur propre satisfaction, pour qu'ils « se glorifient eux-mêmes », c'est pour qu'ils rendent un service à la communauté que Dieu leur confie. Ce service, c'est essentiellement la justice – elle-même définie par la loi de Dieu. L'idée selon laquelle le roi est d'abord un *« ministre de justice »* est très ancienne (elle remonte à saint Augustin), mais elle subsiste tout au long de l'Ancien Régime. Ainsi, la nouvelle fonction du roi législateur qui apparaît à partir des XIIe-XIIIe siècles ne fait pas disparaître l'antique et *primordiale* fonction du roi justicier. Le roi ne peut faire la loi que dans le respect de la justice – cette justice qui dérive de la loi divine.

Au XIIIe siècle, la renaissance du droit naturel « classique » (*supra*, n° 36) joue dans le même sens : saint Thomas explique que si le roi est libre *(solutus)* à l'égard de la loi positive, celle que lui-même ou ses ancêtres ont « posée » *(lex posita)*, il est en revanche tenu par la loi naturelle, d'origine divine. Son disciple Gilles de Rome, dans le traité « Sur le gouvernement des princes » *(De regimine Principum)* qu'il compose entre 1277 et 1279 pour le fils du roi de France, le futur Philippe le Bel, déclare que le prince « tient le milieu entre la loi naturelle et la loi positive » (III, II, 29). L'idée fondamentale, empruntée à Aristote, c'est que la société politique (quelle que soit sa forme : « polis » grecque, cité, royaume, empire) est faite pour le « bien vivre » des hommes, leur « bien commun ». Ce bien commun implique au premier chef le respect des grands principes inscrits par le Créateur dans la nature (la loi naturelle) ou de la loi révélée par l'Écriture sainte (la loi divine). Parmi ces grands principes dont le respect assure l'ordre du monde, il y a la justice. Dès lors il est bien clair que les princes ne sont pas libres de faire n'importe quoi – sauf à devenir des tyrans. Le bon prince ne légifère donc qu'avec d'infinies précautions, dans le respect des règles supérieures dont il est le serviteur.

Il serait ainsi tout à fait excessif d'une part de réduire le droit romain à ses maximes « absolutistes » et de faire de tous les civilistes des fourriers du « despotisme » – comme on dira au XVIIIe siècle ; d'autre part de ne considérer que le droit lui-même, indépendamment des autres normes. Dans l'ancienne Europe, le droit n'est qu'un élément subordonné d'un système normatif dont le sommet est constitué par les grands principes de la religion et de la morale. Dans un tel contexte, dire qu'un roi pouvait « tout faire », et que sa volonté – quelle qu'elle fût – suffisait à créer du droit, n'avait à l'évidence aucun sens. Si quelques légistes, par exemple dans l'entourage de Philippe le Bel, se sont parfois laissé emporter par la griserie de la puissance, c'est pour se faire aussitôt rappeler à l'ordre : Gilles de Rome n'hésite pas à les traiter d' *« idiots politiques »* – comprenons : des aveugles qui n'ont rien compris à l'équilibre global de la cité. Et il ajoute : « Ceux qui savent la politique et les sciences morales doivent être honorés davantage que ceux qui savent les lois et le droit..., mais ceux qu'il faut honorer le plus, ce sont les savants en théologie et choses divines » (*De regimine Principum*, II, II, 8 ; ce chapitre s'achève par une liste des sciences qu'il est utile d'enseigner aux fils des rois et des princes, futurs dirigeants : la liste commence par la théologie et finit par la musique ; le droit n'y figure pas). *Idiots politiques :* l'expression convient, à toutes les époques, aux juristes qui se limitent à la contemplation exclusive de la *lex positiva*, la loi « posée » par l'État. Nous reviendrons un peu plus loin sur la pratique législative de l'ancienne France et nous constaterons que, si la législation royale est devenue de plus en plus active au cours des siècles, elle a toujours conservé, jusqu'à la fin, un caractère incontestablement *limité* (*infra,* leçon 15). Nous verrons aussi comment des notions romaines, combinées à d'autres éléments, ont contribué au développement d'une doctrine constitutionnelle (*infra,* leçon 17). Pour illustrer de façon un peu plus précise les considérations qui précèdent voici, à titre d'exemple, comment les civilistes ont jeté les bases d'une théorie du domaine public.

101 LE DOMAINE PUBLIC. — Dès le milieu du XIIe siècle, les glossateurs se demandent quel est le pouvoir de l'empereur sur les choses. Nous sommes en 1158, dans le nord de l'Italie, à la diète de Roncaglia. Au cours d'une promenade dans la campagne, Frédéric Barberousse interroge Martinus et Bulgarus, deux des quatre docteurs de Bologne, sur l'étendue de ses droits. Question : est-ce que *tout* appartient au prince ? Pour répondre, les docteurs recourent à un passage d'une constitution de Justinien (reprise au Code, 7, 37, 3) qui comporte ces mots : « Tout appartient au prince » *(omnia principis esse).* Comment interpréter ce passage ? Dans la constitution de Justinien, le sens de cette formule est très clair : l'empereur compare les biens du domaine public (le fisc) et ceux de son domaine privé (non intégrés au fisc) et constate que ces deux sortes de biens présentent un point commun, le fait que « tous appartiennent au prince ». Il n'est donc pas question un instant, dans ce texte du *Corpus*, des biens des particuliers. Cela n'empêche pas Martinus, « poussé par la crainte ou par l'affection » (comme dira plus tard Accurse), de donner aux mots *omnia principis esse* la portée la plus large possible : selon lui tout appartient au prince, y compris les biens des particuliers, « même quant à la propriété ». On devine l'empereur très satisfait. Mais voici que Bulgarus prend aussitôt le contre-pied de son confrère : certes, dit-il, tout relève de l'empereur « quant à la protection et à la juridiction », c'est-à-dire du point de vue du droit public, mais ce n'est pas vrai « quant à la propriété », c'est-à-dire du point de vue du droit privé. On raconte que pour prix de sa réponse Martinus aurait reçu de l'empereur un cheval, ce qui aurait fait dire à Bulgarus : « J'ai dit ce qui était juste, mais j'ai perdu un cheval ; ce n'est pas juste » (en latin, c'est un jeu de mots : *Amisi equum quia dixi aequum, quod non est aequum*). Au-delà de son objet précis, cette anecdote illustre ce qui a été dit plus haut sur les méthodes d'interprétation des glossateurs, et constitue un bon exemple de ces « dissensions entre maîtres » *(dissensiones dominorum)* qui animaient la doctrine médiévale.

Composant au début du XIIIe siècle la glose définitive du *Corpus* (la *Grande Glose*), Accurse a naturellement rapporté, dans l'ordre, les opinions successives de Martinus et de Bulgarus sur les mots *Omnia Principis*. Après quoi il donne sa propre opinion, qui conclut le débat : « Le prince n'est propriétaire que des biens du fisc et de son patrimoine propre, de telle sorte que mon exemplaire du Code de Justinien (et l'on peut imaginer ici que si ces mots étaient prononcés dans son cours par un professeur, ce dernier brandissait alors son propre exemplaire du *Codex* devant les étudiants) n'appartient pas à l'empereur, mais à moi ; car c'est à moi, [si ce Code m'est ôté] qu'il appartiendra d'intenter [en justice] l'action en revendication. » Ainsi est nettement posée la distinction entre domaine public et propriétés privées. À l'égard de ces dernières, l'État ne dispose que d'une « juridiction » générale (corrélative à son *imperium*) qui lui donne le droit d'en réglementer l'usage pour des raisons d'ordre public, et même éventuellement le droit d'en disposer, mais exclusivement « pour cause d'utilité publique officiellement constatée et [moyennant] une juste – et souvent préalable – indemnité » (G. Leyte) : ce sont les origines lointaines de l'article 17 de la Déclaration des droits de l'homme de 1789 et du droit actuel de l'expropriation. De même c'est ce « droit éminent » que revendique le roi de France sur l'ensemble des propriétés particulières qui lui permettra, à partir du XIVe siècle, en arguant de la « nécessité publique » née de la guerre de Cent Ans (*necessitas publica*, encore une notion romaine), de développer l'impôt. Nous reviendrons sur la question du domaine public français à propos des lois fondamentales du royaume (*infra,* leçon 17).

Section III
Les transformations du droit privé

102 Le droit du mariage. — Nous avons déjà fait allusion au droit canonique du mariage, tel qu'il s'est développé à l'époque franque, en particulier dans le domaine des empêchements : pour favoriser le « brassage » des familles et l'*unité du peuple chrétien*, l'Église interdit (« empêche ») les mariages entre parents, même éloignés (*supra,* n° 69). Au XIIe siècle, c'est à la définition même du lien conjugal que l'Église s'attache. Qu'est-ce qui *fait* le mariage ? Au-delà des cérémonies et des rites, quelle est son essence ? L'apport juridique antérieur fournissait deux réponses. Selon le droit romain, le mariage résultait non de la cohabitation ou de l'union sexuelle, mais seulement du *consentement* des deux époux et de leurs chefs de famille *(paterfamilias)* respectifs. En revanche dans la tradition germanique, comme dans toutes les sociétés primitives, c'est l'union sexuelle qui était essentielle. Dans les deux cas cependant, le rôle des familles était très important. À Rome, comme chez les anciens Germains, le mariage était d'abord une alliance entre deux groupes familiaux : les chefs des deux familles concernées jouaient donc en principe un rôle essentiel dans l'union des époux, élément de stratégies plus vastes. Autre point commun : à Rome comme en Germanie, le lien matrimonial pouvait être facilement rompu, que ce soit de façon unilatérale (par répudiation) ou bilatérale (par divorce). Sur ces deux points – la formation du lien, sa stabilité – le droit canonique classique apporte des précisions essentielles.

1 / Comment se forme le lien conjugal ? Après beaucoup de discussions, le principe qui s'affirme à partir du XIIe siècle est celui du consensualisme pur. Seul le consentement fait le mariage (comme en droit romain) mais (contrairement au modèle romain), le seul consentement qui importe est celui des époux eux-mêmes. Pour l'Église, le mariage est ainsi un engagement purement personnel ; si l'accord des familles respectives est souhaitable, il n'est pas considéré comme nécessaire, il n'est pas *substantiel* – pas plus que ne sont substantiels les différents rites coutumiers qui entourent d'ordinaire

la célébration du mariage. Pour imposer ce principe, à une époque où le poids des familles était très lourd, l'Église a dû lutter longtemps. Mais dans la mesure où le mariage est un sacrement – un engagement sacré pris devant Dieu –, dans la mesure où il met ainsi en cause le salut de l'âme, il doit être parfaitement libre. Le mariage résulte donc du seul consentement personnel des deux époux : voilà ce qu'affirment avec force les théologiens du XIIe siècle ; et c'est le principe qui sera ensuite adopté par les canonistes (non sans quelques discussions sur les modalités : mais il nous faut ici simplifier). En pratique, cette définition purement consensualiste du mariage a suscité beaucoup de difficultés, en particulier dans le domaine de la preuve. C'est le problème des mariages « clandestins », conclus en secret par les seuls époux contre l'avis de leurs familles respectives (c'est un thème littéraire inépuisable : que l'on songe à Roméo et Juliette) ; nous retrouverons cette question au chapitre suivant, à propos du concile de Trente et de la réception de ses décisions en France (*infra,* n° 114).

2 / Une fois formé, le lien est indissoluble. Pour l'Église, le sacrement de mariage est un engagement définitif qui ne cesse que par la mort de l'un ou l'autre conjoint. À la rigueur, dans des cas très graves, le droit canonique admet une séparation de corps (c'est-à-dire une habitation séparée des deux époux), mais cette séparation ne rompt pas le lien conjugal : un second mariage est donc impossible tant que les deux conjoints sont en vie. Telle est la règle canonique. L'Église l'a affirmée avec beaucoup de force dès l'époque carolingienne. Là encore il fallut l'imposer à une société réticente, surtout dans les familles de l'aristocratie accoutumées aux répudiations et aux remariages – qu'ils soient suscités par le caprice, l'intérêt ou le calcul politique. De violents conflits ont surgi entre l'Église et certains princes, y compris des empereurs et des rois (l'empereur Lothaire au IXe siècle, Philippe Ier au XIe, Philippe Auguste autour de l'an 1200...), contraints de reprendre leurs épouses répudiées. Il faut remarquer que si l'indissolubilité découle de l'essence religieuse du mariage, c'est en même temps un principe très favorable à la femme, mise ainsi à l'abri de la répudiation unilatérale par le mari. Au surplus, le droit canonique innove aussi de façon radicale, par rapport aux droits romain et germanique, en ceci qu'il définit l'obligation de fidélité consécutive à l'engagement matrimonial comme une obliga-

tion bilatérale. Pour les Romains comme pour les Germains, seule l'infidélité de la femme (susceptible d'introduire dans la famille des enfants d'un « sang étranger ») était répréhensible : seul l'adultère féminin était donc réprimé. Pour le droit canonique au contraire, l'obligation de fidélité s'impose également aux deux époux ; sa violation est une faute aussi bien pour l'un que pour l'autre ; elle donne lieu à une pénitence identique. Ici encore l'Église relève la condition de la femme en rappelant le respect qui lui est dû.

103 LA PERSONNALITÉ JURIDIQUE. — En droit romain classique, certaines entités collectives distinctes de l'État étaient titulaires de droits : ainsi les « collèges », qui étaient en gros des corporations de métier, ou certaines villes ; après l'édit de Milan (313), les différentes communautés chrétiennes (« églises » locales) obtinrent à leur tour un statut juridique. Bien que composées de plusieurs personnes physiques, plus ou moins nombreuses, ces entités sont néanmoins considérées comme un tout : on parle d'une *universitas* (pl. *universitates*) *personarum*, un « ensemble de personnes ». À chacun de ces ensembles de personnes physiques considéré comme une seule entité, le droit romain reconnaît le droit de posséder des biens (les églises possèdent leurs lieux de culte, des cimetières, etc.), et le droit d'agir en justice, à l'instar des personnes physiques dotées de la capacité juridique. À partir des années 1100, la renaissance des villes et celle du droit romain vont ouvrir une nouvelle carrière à la notion d'*universitas*. Tout naturellement en effet, les juristes appliquent la notion d'université à certaines villes – du moins à celles qui sont dotées de droits collectifs : c'est le cas des villes de commune dans le Nord, des consulats dans le Midi. On applique également la notion d'*université* aux communautés savantes (qu'il s'agisse des seuls étudiants comme à Bologne, ou de l'ensemble formé par les étudiants et leurs maîtres comme à Paris) à qui l'Église ou les autorités laïques accordent des privilèges plus ou moins étendus : c'est dans ce sens particulier que le mot *université* est ensuite passé dans le langage courant. À partir de là, au cours du XIIIe siècle, les juristes analysent ces diverses universités (au sens large) sous l'angle théorique : c'est alors qu'ils les définissent comme des *personnes* – « personnes représentées » pour les civilistes orléanais Jean de Monchy, Jacques de Révigny et Pierre de Belleperche, « personnes fictives » pour le canoniste Sinibaldus Fliscus (futur pape Innocent IV), ces expressions étant ensuite reprises par Cynus et Bartole. Dire qu'une *universitas* est une personne fictive *(persona ficta)* signifie qu'elle est le résultat d'une *fiction* de droit qui assimile la collectivité à une personne unique (on fait *comme si* le groupe tout entier était une seule et unique personne, alors même qu'il en compte plusieurs, voire beaucoup). Les juristes reconnaissent à ces personnes collectives (que l'on appellera plus tard *personnes morales*, et aujourd'hui *personnes juridiques*) à la fois des droits et des obligations. Notons en particulier que dans l'ancien droit les personnes juridiques sont dotées d'une responsabilité qui est à la fois civile (au sens actuel de l'expression) et pénale : une ville, une communauté de métier, une université au sens étroit, peuvent être reconnues responsables d'un délit, voire d'un crime (ainsi une ville qui se révolte contre son souverain peut être déclarée coupable du crime de lèse-majesté), et punies en conséquence. Ces peines sont en général pécuniaires (ce sont des amendes sur le patrimoine propre de l'*universitas*), mais peuvent aller jusqu'à la déchéance des privilèges et à la dissolution – peine de mort des personnes juridiques. Cette responsabilité pénale des personnes morales, qui existait ainsi dans l'ancien droit, a disparu avec la Révolution ; il est piquant de constater que lorsque le Code pénal de 1994 l'a rétablie, les pénalistes l'ont saluée comme une absolue nouveauté !

Mais la doctrine médiévale s'est aussi appliquée au droit du procès. Les juristes médiévaux ont posé quelques grands principes de *procédure*.

Section IV
La procédure romano-canonique

104 L'ORDRE DU PROCÈS. — On appelle la procédure nouvelle que les juristes élaborent à partir du XIIe siècle la *procédure romano-canonique* : c'est dire qu'elle combine des principes empruntés à « l'un et l'autre droits ». La procédure romaine était en principe *accusatoire* : cela signifie qu'au pénal comme au civil le procès ne pouvait s'ouvrir que sur une demande, ou une accusation, d'un particulier (demandeur, ou accusateur). Toutefois, à partir du Principat, une nouvelle procédure est apparue, consécutive au développement de l'État : lorsqu'une infraction est assez grave pour léser la *Res publica* tout entière, lorsque l'intérêt public est donc en jeu, les organes de l'État – c'est-à-dire, désormais, les juges de l'empereur – ont le droit de déclencher eux-mêmes les poursuites, par une procédure d'office, de type *inquisitoire* : entendons que le devoir de leur charge (*officium* signifie à la fois devoir et fonction) est de rechercher *(inquirere)* les délinquants pour les punir, en dehors de toute accusation portée par un particulier. La procédure d'office implique essentiellement une enquête *(inquisitio)* menée par le juge lui-même. Pendant le haut Moyen Âge, les traditions germaniques ont quelque peu perturbé le schéma romain : on en est revenu à une procédure presque exclusivement accusatoire et la recherche de la vérité a mis en jeu des procédés de type religieux, ou plutôt magiques, les ordalies. Dès avant le milieu du XIIe siècle, la renaissance du droit romain remet en honneur la procédure inquisitoire, et des principes d'enquête rigoureux. « Il est de l'intérêt public que les crimes graves ne restent pas impunis » *(Interest rei publicae ne maleficia remaneant impunita)* : c'est ce principe, dû aux civilistes, qui fonde le renouveau de la procédure inquisitoire et la reconstitution d'un véritable droit pénal public, à partir du XIIe siècle. Le droit canonique n'est pas en reste : dans les dernières années de ce même siècle, Innocent III prescrit le recours à la procédure d'inquisition pour rechercher les hérétiques (il s'agit alors des cathares albigeois).

Quoique plus efficace que la procédure accusatoire pour la répression des délits (car il n'est plus nécessaire désormais d'attendre que la partie lésée porte plainte), la nouvelle procédure est en même temps plus stricte et (au moins dans les principes) plus humaine. En effet, l'Église interdit dès le XIIe siècle le recours aux preuves magiques (duel judiciaire et ordalies) au profit du témoignage et de l'aveu. Cette législation a été reprise par certains princes : ainsi Saint Louis essaiera, en 1254 et 1258 de remplacer le duel par la procédure d'enquête, mais dans l'immédiat sans grand succès (*infra,* n° 125). Quoi qu'il en soit des difficultés de sa mise en œuvre dans les juridictions laïques, la nouvelle procédure savante a constitué une référence et un modèle. Le droit laïc, à la longue, finira par en adopter les grands principes.

105 Ces quelques exemples, nous l'espérons, suffisent à montrer la grande importance de la doctrine juridique médiévale et la qualité de son apport intellectuel. Néanmoins, dans l'Europe du XIIe siècle, l'immense majorité des règles qui régissent quotidiennement la vie des hommes sont de nature coutumière – même si ce droit coutumier, nous l'avons vu, n'est pas imperméable au droit savant (en particulier en Italie, mais aussi dans le midi de la France où la romanisation progressive du droit finira par éliminer presque totalement les coutumes dès la fin du Moyen Âge : *infra,* n° 112). Pour trouver du droit savant à l'état pur, il faut aller dans les universités où on l'enseigne ; la seule « société » où il s'applique intégralement, du moins dans sa variante canonique, c'est l'Église. Voilà donc, dès le XIIIe siècle, un paysage juridique complexe. Mais le tableau n'est pas encore complet. Car dès le XIIe siècle – c'est une autre conséquence de la renaissance juridique – les princes commencent à retrouver un pouvoir normatif que les temps féodaux avaient suspendu. Ces législations princières, qui deviennent rapidement applicables à l'ensembles des différents royaumes, constituent la première expression des futurs droits « nationaux ». C'est le cas tout particulièrement en France, où l'évolution vers un droit proprement français commence avec les premières « lois du roi », même si le droit français, comme on va le voir dans les leçons suivantes, ne se réduit pas à la seule législation royale.

Pour aller plus loin

106 Ici encore il faut se limiter à quelques indications fragmentaires. Pour une vue d'ensemble, v. J. Gaudemet, Observations générales sur l'influence du droit romain en France, *Romanitas*, n° 6-7, 1965, p. 102-129. Sur la « forteresse de mots » que constituait le corpus justinien pour ses découvreurs médiévaux : Pierre Legendre, Pour une réinterprétation des commentaires pré-accursiens, *SHDE*, VI, 1967, p. 29-34.

Le rôle joué par le droit romain et le droit canonique dans la construction de l'État et le développement de la souveraineté a suscité naguère un vif débat entre spécialistes italiens : auquel de ces deux droits fallait-il reconnaître le rôle moteur dans ce processus ? Calasso avait souligné l'importance de la pensée civiliste : *I glossatori e la teoria della sovranità*, Milan, Giuffrè, 2e éd., 1950 ; pour S. Mochi Onory, c'est aux canonistes que revenait le mérite d'avoir posé les fondements de l'État moderne : *Fonti canonistiche dell'idea moderna dello Stato*, Milan, 1951. Sur la théorie des « deux corps » du roi, il faut se reporter au grand livre d'E. Kantorowicz, *The King's two Bodies, a Study in Medieval Political theology*, Princeton, 1957, trad. franç. par J.-P. et N. Genet, *Les deux corps du roi, Essai sur la théologie politique au Moyen Âge*, Gallimard, 1989. Pour une synthèse plus récente, v. le chapitre consacré à *La loi* dans l'*Histoire de la pensée politique médiévale* (dir. J. H. Burns), PUF, Léviathan, 1993, p. 400-449, par K. Pennington et J. P. Canning. Sur le rôle politique des légistes et les réactions qu'ils ont sucitées, J. Krynen, *L'empire du roi. Idées et croyances politiques en France, XIII*e*-XV*e *s.*, Gallimard, 1993. – Si le droit romain d'une part, le droit de l'Église *romaine* de l'autre se sont influencés mutuellement pour l'élaboration d'un « système de souveraineté » qui a bénéficié aussi bien à l'État qu'à l'Église, l'évolution de cette dernière vers un modèle de type étatique (l'institutionnalisation de l'Église), a été critiquée à différentes reprises, mais surtout à la fin du Moyen Âge, au même titre que l'accumulation excessive des richesses entre les mains des clercs : ce sont les prodromes de la Réforme protestante.

Les apports du droit savant dans le domaine du droit des personnes sont présentés par A. Lefebvre-Teillard, *Introduction historique au droit des personnes et de la famille*, PUF, Droit fondamental, 1996. – Pour le droit des obligations : J.-L. Gazzaniga, *Introd. hist. au droit des obligations*, PUF, 1992. – Sur la personnalité morale, aj. R. Feenstra, L'histoire des fondations ; à propos de quelques études récentes, *Le droit savant au Moyen Âge et sa vulgarisation*, Londres, 1986.

Leçon 13
L'indépendance du Royaume

107 S'il existe un *droit français* qui se distingue dès le Moyen Âge des grands systèmes juridiques européens, c'est d'abord parce qu'il existe un *royaume de France* distinct et politiquement indépendant des grandes puissances « universelles » du temps, l'Empire et l'Église. L'indépendance politique du royaume (I) est à l'évidence la condition préalable de son indépendance juridique (II).

Section I
L'indépendance politique du Royaume

108 LE ROYAUME ET L'EMPIRE : *REX IMPERATOR IN REGNO SUO.* — Les docteurs de Bologne, on l'a vu (*supra,* n° 99), avaient appliqué à l'empereur de leur temps, celui du Saint Empire, la qualité de « maître du monde » *(dominus mundi)* que les textes du Bas-Empire reconnaissaient à l'empereur romain : à leurs yeux, d'une époque à l'autre, c'était le même empereur. Comme on l'a dit aussi, cette prétention a été énergiquement rejetée par les rois de France. Pour les Capétiens, l'empereur n'a aucune espèce d'autorité sur le royaume, qu'ils tiennent directement de Dieu. Le roi est « premier » chez lui : il est, au sens propre du mot, *princeps.* Au milieu du XIIIe siècle, on dira que le roi, dans son royaume, est empereur : *Rex Franciae imperator est in regno suo.* Bien que cet adage apparaisse assez tard (on le trouve appliqué aux rois espagnols de León ou de Castille bien plus tôt), l'idée était ancienne. Depuis le partage de Verdun (où l'empereur n'avait reçu qu'une prééminence purement honorifique : *supra,* n° 70), le roi qui règne sur les « Francs de l'Ouest » se considère comme politiquement indépendant. À la fin du XIIe siècle et au début du XIIIe, cette affirmation d'indépendance est confirmée par un thème généalogique : celui du « retour du royaume à la famille de Charlemagne » *(reditus regni ad stirpem Karoli).* Certes, les Capétiens ne descendent pas des empereurs carolingiens par les hommes, mais à partir de Philippe Auguste, on affirme qu'ils se rattachent à la tige – ou à la « racine » – de Charlemagne par les femmes. C'est à peu près au même moment, précisément en 1202, qu'intervient la bulle *Per Venerabilem* dans laquelle le pape Innocent III, reconnaît, au détour d'une phrase, que le roi de France « ne reconnaît aucun supérieur au temporel ».

Cette décrétale a fait couler beaucoup d'encre. Les juristes français verront dans la formule que nous venons de citer l'un des premiers fondements de l'indépendance du royaume. En réalité, l'objet de la lettre pontificale n'était pas là ! Elle était adressée au seigneur de Montpellier qui avait sollicité du Saint-Siège, par l'intermédiaire de l'archevêque d'Arles, la légitimation de ses bâtards – en alléguant à titre de précédent la légitimation des bâtards de Philippe Auguste par le pape. Innocent III lui répond que les deux situations ne sont en rien comparables car le roi de France, lui, « ne reconnaît aucun supérieur au temporel », ce qui n'est évidemment pas le cas du petit seigneur de Montpellier...

À partir du milieu du XIIIe siècle, le Saint Empire entre en déclin. Après la mort de Frédéric II, dernier empereur Staufen, s'ouvre le Grand Interrègne : pendant plus de vingt ans, il n'y a plus d'empereur. Vient ensuite la période dite de la « royauté tournante » : la couronne impériale, élective, alterne entre plusieurs familles. Électif, donc affaibli, l'Empire n'a plus les moyens de ses ambitions. Très significative à cet égard est la réaction de Philippe le Bel devant les ambitions hégémoniques imprudemment manifestées par l'empereur Henri VII, en juin 1312, à l'occasion de son couronnement. À l'issue de la cérémonie, l'empereur avait fait part de cette heureuse nouvelle aux différents rois européens, en des termes qui ne laissaient aucun doute sur ses prétentions politiques : « Le Seigneur qui, siégeant dans le trône suprême de sa divinité, règne avec douceur et clémence sur l'Univers, a élevé l'homme parmi toutes les autres créatures... pour lui attribuer le principat sur toute la création ; et pour qu'une aussi belle créature bénéficie de la même organisation hiérarchique que les habitants des Cieux, Dieu a voulu que, comme tous les ordres des armées célestes militent au-dessous de Lui, de même a-t-il voulu que tous les hommes, bien que séparés et distingués en royaumes et en provinces, soient néanmoins soumis à un prince unique » – entendons : soumis à l'empereur !... Et Henri VII d'expliquer que l'Empire romain avait été suscité par Dieu lui-même pour assurer l'unité entre les hommes, afin d'encadrer leur marche commune vers le Salut.

Cette lettre a suscité une très vive réaction du roi de France, qui répondit très fermement, sans doute par retour du courrier (sa lettre est de juillet-août 1312) : « Nous avons reçu les lettres de votre Sérénité nous annonçant votre couronnement... Nous les avons examinées attentivement... et nous tenons à vous faire savoir qu'elles nous ont jeté, Nous-même et les grands de notre royaume auxquels vous les avez aussi envoyées, dans un étonnement extrême... D'après vous, de même que les hiérarchies célestes et toutes les armées du ciel militent sous un seul Dieu, de même sur la terre tous les hommes de tous les royaumes quels qu'ils soient devraient être soumis au seul empereur romain et militer sous son autorité temporelle !... Pourtant, si vous aviez un peu mieux considéré l'état de notre royaume, vous auriez dû le reconnaître comme exempté de cette sujétion générale que vous évoquez. Car il est notoire et bien connu de tous et partout que, depuis l'époque du Christ, le royaume de France n'a jamais eu d'autre roi que le sien propre, placé directement au-dessous de Jésus-Christ, roi des rois..., *et qu'il n'a jamais reconnu aucun supérieur*, quel que fût l'empereur régnant... » Et le roi de conclure, après cette allusion transparente à la décrétale *Per Venerabilem*, par cet avertissement vigoureux : « Nous ne pensons pas que vous ayez écrit votre lettre dans l'intention d'affirmer votre supériorité [sur la France] ; mais si par hasard [tel était le cas], nous ne pourrions l'accepter. Car, avec l'aide de Celui pour lequel nos ancêtres sont bien connus pour avoir versé leur sang [= Jésus-Christ], nous sommes décidés à maintenir et à défendre de toutes nos forces *l'excellence de notre liberté.* »

À vrai dire, dès la mort de Saint Louis, le roi de France est sans conteste le prince le plus puissant de la Chrétienté. Sa couronne est héréditaire (d'abord *de facto*, puis *de jure*) depuis près de trois siècles (*infra,* leçon 17) et son royaume – le « royaume des lys » –, est à la fois uni et puissant : c'est « le premier royaume sous le Ciel ». On le compare à une nouvelle Terre promise, on ira même jusqu'à dire que son peuple est un nouveau « Peuple élu » (ce qu'avait été, avant l'Incarnation, le peuple d'Israël : le Peuple choisi par Dieu). Dès lors l'Empire n'est plus, et ne sera plus avant longtemps, une réelle menace pour l'indépendance française.

La décrétale *Per Venerabilem*, on vient de le dire, constatait que le roi de France ne reconnaissait aucun supérieur *au temporel*. Mais cette formule pouvait aussi laisser entendre que le pouvoir *spirituel*, c'est-à-dire l'Église et son chef romain, se réservait le droit d'intervenir dans le royaume, considéré comme un simple « membre » de la Chrétienté. Ici aussi, l'indépendance française était menacée ; là aussi, elle fut défendue.

109 LA FRANCE ET ROME : LE GALLICANISME. — Dans la seconde moitié du XIe siècle, l'Église avait opéré sur elle-même une profonde réforme : c'est la réforme dite « grégorienne ». En même temps qu'ils œuvraient au redressement religieux, les réformateurs grégoriens développaient une vision politique de la Chrétienté : c'est une vision que l'on qualifie parfois de *théocratique*, mais qu'il vaut mieux appeler *hiérocratique*, dans la mesure où elle attribuait le gouvernement de l'ensemble du monde chrétien à la hiérarchie ecclésiastique et plus particulièrement à la papauté. Cette idée est exprimée avec une grande force par les *dictats* de Grégoire VII, en 1075 : le pape, en tant que vicaire (représentant) du Christ sur la terre, est supérieur à tous les princes ; il doit donc les diriger, non seulement comme chrétiens (dans l'ordre spirituel), mais aussi comme princes (dans le domaine temporel). L'une des justifications de ce que l'on appelle aussi le *pontificalisme* est la théorie des deux glaives. Interprétant dans un sens politique un passage de l'Évangile de Luc qui mentionnait « deux glaives » (*Luc*, 22, 38), les papes du XIIe siècle affirment que ces glaives représentent les deux pouvoirs que le Christ leur a confiés : le pouvoir spirituel, que l'Église exerce elle-même ; et le pouvoir temporel, qu'elle délègue aux princes. Dès lors l'Église est fondée à dominer les princes, qui ne sont que ses délégués. Cette conception du rapport entre les deux pouvoirs, qui tendait à compromettre la distinction des deux « royaumes » (celui de Dieu et celui de César : *supra,* n° 47), a suscité de vives réactions de la part des puissances séculières, et d'abord de l'empereur. Ce n'est pas ici le lieu de raconter dans le détail la longue « querelle du Sacerdoce et de l'Empire » : elle met aux prises le pape et l'empereur, avec des moments aigus et des phases d'accalmie, de la fin du XIe siècle (Henri IV et Grégoire VII) au milieu du XIIIe. Toute la première moitié du XIIIe siècle a été occupée par la lutte entre Frédéric II et les papes successifs (Honorius III, Grégoire IX, Innocent IV) : en 1250, la mort de l'empereur laisse la victoire à l'Église. Le pape apparaît alors comme le chef suprême de l'Occident, comme le « vrai empereur » *(verus imperator).*

C'est alors que le roi de France va en quelque sorte prendre le relais pour exprimer, au nom des pouvoirs séculiers, son refus de la hiérocratie pontificale. Il est très remarquable qu'au milieu du XIIIe siècle, alors que le conflit entre Frédéric II et le Saint-Siège est à son paroxysme, le futur Saint Louis a nettement refusé de prendre le parti du pape : il s'oppose même à la déposition de Frédéric et à sa mise en jugement – seul Dieu lui-même, affirme le roi, peut juger l'empereur. S'agissant de la France, tout en se déclarant le « fils fidèle » du pape dans l'ordre de la foi, le roi lui fait comprendre qu'il n'a pas à s'immiscer dans le gouvernement du royaume ; mais il n'y a pas eu de conflit ouvert. C'est sous Philippe le Bel, petit-fils de Saint Louis, que les relations entre la France et Rome se sont gravement dégradées, et c'est alors qu'ont été posées les bases de la doctrine gallicane. Ici encore, la relation détaillée du conflit entre Philippe le Bel et le pape Boniface VIII est inutile. Les arguments échangés restent les mêmes qu'à l'époque précédente. Du côté du pape, pour l'essentiel, les deux glaives (et aussi la métaphore du soleil, image du pouvoir pontifical, et de la lune, astre secondaire, image du pouvoir royal) ; du côté du roi, les paroles non équivoques du Christ, rapportées par les Évangiles : *rendez à César ce qui est à César* et *mon Royaume n'est pas de ce monde.* Les légistes de l'entourage du roi ajoutent des arguments historiques, à vrai dire étonnants : le fait, par exemple, que la royauté soit apparue avant l'Église (« avant même qu'il y eût des clercs, il y avait des rois... »), cette antériorité permettant d'exclure, en bonne logique, que la première soit la déléguée de la seconde !

La conclusion, c'est que le roi tient son royaume directement de Dieu, et non de l'Église ; qu'il doit donc des comptes à Dieu, et non à l'Église. En revanche les évêques du royaume, en tant qu'ils exercent des fonctions *temporelles*, sont les sujets du roi et lui doivent obéissance. Voilà posés les fondements du *gallicanisme*, doctrine de l'indépendance politique du royaume de France et de l'Église de France (l'Église gallicane, *ecclesia gallicana*) par rapport à la papauté. Ce sera la doctrine officielle de la royauté française jusqu'à la fin. Pour autant, le gallicanisme n'emporte aucune rupture religieuse entre l'Église de France et l'Église universelle (il n'y a pas de *schisme*, de séparation) : elles communient dans la même foi, et la primauté *spirituelle* de la seconde est reconnue. Une dernière remarque pour éviter toute confusion : au XVIe siècle, en Angleterre, Henry VIII et sa fille Élizabeth Ire fonderont l'anglicanisme, en proclamant leur royaume indépendant de Rome à la fois dans l'ordre politique et dans l'ordre religieux, le roi devenant le chef unique de l'Église d'Angleterre *(ecclesia anglicana)* : l'anglicanisme est donc schismatique, le gallicanisme non.

Ainsi le royaume de France a-t-il affirmé son indépendance politique par rapport aux deux puissances « universelles » qu'étaient l'Empire et l'Église. Il fallait poser le cadre politique ; nous pouvons maintenant revenir au droit.

Section II
L'indépendance juridique

110 Elle se définit à la fois par rapport au droit de l'Empire et par rapport à celui de l'Église. Si le droit romain est enseigné dans le royaume, c'est par la permission du roi. S'il est appliqué, c'est à des conditions précises : « coutume générale » dans le Midi, « raison écrite » en pays de coutumes. Quant au droit canonique, sa réception est subordonnée à un contrôle politique très strict.

111 L'ENSEIGNEMENT DU DROIT ROMAIN. — On se rappelle que cet enseignement a commencé à Bologne vers l'année 1100. À partir de là, d'autres centres d'enseignement sont apparus au XIIe siècle en Italie, puis dans le Midi de la France, mais de façon d'abord très informelle. C'est seulement au siècle suivant que des Universités proprement dites sont reconnues dans le royaume. Si l'enseignement du droit « civil » (= romain) est interdit à Paris par le pape (*supra,* n° 91), il s'organise à Orléans dans les années 1230, puis à Toulouse vers 1250, à Montpellier à la fin du siècle, etc. À la fin du Moyen Âge cet enseignement connaîtra un grand succès dans des villes comme Valence et Bourges (où Cujas professe au XVIe siècle). Les facultés de droit civil enseignaient à quelques dizaines de jeunes gens qui vont plus ou moins loin dans leurs études. Le cursus complet durait de longues années, mais chaque étudiant pouvait aller à son rythme. Les études s'achevaient par la licence (*licencia docendi* : permission d'enseigner), le doctorat n'étant à la fin du Moyen Âge qu'une formalité coûteuse et le prétexte à de bruyantes réjouissances. Chose importante, les professeurs avaient toujours une activité multiple car ils étaient aussi praticiens (juges, avocats, magistrats municipaux) et consultants. Nombre de « professeurs de lois » *(professores legum)* sont conseillers du roi, parfois à un haut niveau : ainsi Guillaume de Nogaret, qui devient garde des sceaux de France après avoir enseigné le droit romain à Montpellier. C'est cette insertion dans la pratique qui donne à l'enseignement et aux commentaires des civilistes un caractère original par rapport aux sources romaines, c'est ce qui leur permet d'actualiser le droit romain et d'en faire un droit vivant.

Il fut longtemps de bon ton d'accabler les légistes et d'en faire des fauteurs d'absolutisme, de centralisation et de nivellement, en un mot des proto-jacobins (on reparlera de l'idéologie jacobine plus loin, à la leçon 19). Ce procès qu'au siècle dernier Michelet et Tocqueville ont commencé à instruire, est largement injuste. Que le droit romain ait fourni des moyens à la construction de l'État, que les membres du conseil du roi, que ses administrateurs locaux (baillis et sénéchaux en particulier) l'aient utilisé pour réduire les pouvoirs des seigneurs et des villes, nul doute. Mais il faut répéter que le *Corpus*, énorme réserve de textes, ne se résume pas aux adages *Quod principi placuit* et *Princeps legibus solutus*. Il fournit aussi le principe du gouvernement par conseil, la notion d'utilité publique, celle de bien commun, l'idée que la règle de droit doit être conforme à la raison, des modèles de procédures régulières, un droit privé très précis. Dans la vie courante, ici et là, il a donc pu servir aussi contre la couronne – car les seigneurs et les villes avaient eux-mêmes des légistes à leur service – et surtout, contre toutes les autorités, des garanties contre l'arbitraire. Déjà, en face des juges et des agents de l'autorité, il y a des avocats. En face des avocats du roi (membres d'un ministère public qui se constitue dès le début du XIVe siècle), il y a ceux des seigneurs, des villes, des simples particuliers : à tous, le droit romain fournit des armes, au même titre que le droit coutumier.

Aussi bien, parmi les étudiants en droit, tous ne devenaient pas légistes ou agents publics. Certains, interrompant plus tôt leurs études, devenaient auxiliaires de la justice (avocats, procureurs) ; d'autres, assez nombreux, s'établissaient notaires. Apparu en Italie au XIIe siècle, le notariat public se développe aussi en France, d'abord dans le Midi. Les notaires sont au départ des écrivains publics : des gens qui écrivent pour les autres. Et ils écrivent en particulier les actes dont il paraissait important de conserver trace, c'est-à-dire les actes juridiques : contrats (d'échange, de vente, de location, d'apprentissage, de mariage, etc.), donations, testaments, etc. Or, dans la rédaction de ces actes (dont ils gardent l'original dans leurs registres et en délivrent une copie aux parties), les notaires utilisent les formules qu'ils ont apprises, sans toujours bien les comprendre, dans les facultés de droit civil. Et c'est ainsi, à partir de la plus humble pratique, que le droit romain a commencé à se répandre dans les provinces du Midi, pour en faire des « pays de droit écrit ».

112 LE DROIT ÉCRIT, COUTUME GÉNÉRALE DU MIDI. — Les coutumes rédigées dans les provinces méridionales à partir du milieu du XIIe siècle ont été déjà influencées par le droit romain, qu'elles ont adopté à certains égards, rejeté à d'autres – et ceci de façon variable d'un texte à l'autre (*supra,* n° 78). Avec le temps, dès le XIIIe siècle, plus encore aux XIVe et XVe, le droit romain a continué à progresser : les cohortes de juristes qui sortaient régulièrement des grandes facultés de Toulouse, Montpellier, Valence, Aix... mettaient naturellement en pratique, dans leurs diverses fonctions publiques ou privées, des éléments de plus en plus substantiels du *Corpus juris*. Dans les jugements comme dans les contrats ou les testaments on observe une tendance de plus en plus nette à remplacer les dispositions coutumières, lorsque celles-ci s'écartaient du droit romain, par des solutions tirées du droit civil ou du moins inspirées par lui, mais toujours considérées comme romaines. Là-dessus le roi crée un Parlement à Toulouse, en 1444, avec compétence sur tout le Languedoc ; quelques années après sont érigés les Parlements de Grenoble (1453), Bordeaux (1462) et Aix-en-Provence (1501) : peuplées de juges formés au droit romain, ces cours souveraines appliquent dans leurs ressorts respectifs le droit de Justinien. Même si ce droit subit des adaptations locales parfois importantes, personne ne conteste à la fin du Moyen Âge que les provinces du Midi ne soient régies par le droit écrit : ce sont les *pays de droit écrit*, par opposition aux *pays de coutumes*. La frontière entre ces deux grandes régions juridiques, assez longtemps imprécise, s'est finalement stabilisée sur une ligne sinueuse qui prend son départ au nord de la Saintonge, passe au sud de l'Angoumois, au nord du Limousin, coupe la Haute-Auvergne en deux (avec des hésitations : d'où des enclaves) et finalement remonte vers le Nord pour laisser en pays de droit écrit le Lyonnais, la Bresse et le Bugey. Nous avons déjà remarqué que les pays de droit écrit correspondent à peu près (sauf dans le Sud-Est) aux provinces de langue d'Oc. Cette corrélation est établie dès le XVe siècle par le juriste auvergnat Masuer : « Le pays du droit écrit, c'est celui de la langue d'Oc » *(Patria juris scripti, id est linguae occitanae)*.

Quelle a été, à l'égard de ce droit écrit méridional, l'attitude de la royauté ? Dès le milieu du XIIIe siècle, elle constate son existence : ainsi dans une ordonnance de 1251, où Blanche de Castille, régente du royaume en l'absence du roi, distingue la zone coutumière (où est en vigueur la *consuetudo gallicana*) de celle du droit écrit *(jus scriptum)*. De même, une ordonnance de juillet 1254 constate l'utilisation des « droits écrits » dans la sénéchaussée de Beaucaire « de toute ancienneté » *(ab antiquo)*. À la fin du XIIIe siècle apparaît même au sein du Parlement un « auditoire de droit écrit » spécialement chargé de traiter les affaires concernant le Midi. Même si cet auditoire a été éphémère, il n'en est pas moins significatif de la reconnaissance par la Couronne de la spécificité juridique des provinces méridionales.

Mais à quel titre ce droit écrit est-il reconnu par le roi ? La réponse est très simple : le droit écrit n'est considéré dans les provinces du Midi que comme une coutume, la *coutume générale* du pays. De son utilisation constatée, le roi déduit le consentement des populations concernées : et c'est ce consentement qui rend le droit écrit respectable, comme sont respectables les diverses coutumes des autres provinces françaises. Cette approche emporte une autre conséquence : si le droit écrit est considéré comme une coutume générale, il est naturel qu'il laisse longtemps subsister nombre de coutumes particulières. De fait, contrairement à ce que l'on dit parfois, l'unification juridique du Midi a été assez tardive, et au surplus elle n'a jamais été complète : des bribes coutumières ont résisté jusqu'à la fin de l'Ancien Régime (ceci s'ajoutant au fait que chacun des Parlements méridionaux a soigneusement cultivé sa différence dans l'interprétation et les modalités d'application du droit écrit lui-même). Pour le roi, le droit romain ne s'applique donc pas dans les « pays » du Sud en vertu de sa propre autorité, par sa seule force : car en lui-même, en tant qu'ancien droit de l'Empire romain, il n'a en France aucune valeur *législative* ; s'il s'applique là, comme telle ou telle coutume s'applique ailleurs, c'est parce que les populations locales (et les juristes locaux) en font usage depuis longtemps. Dans les fameuses lettres de juillet 1312 pour l'Université d'Orléans (*supra,* n° 91), Philippe le Bel affirme que ses ancêtres et lui-même ont *permis* l'utilisation du droit romain par les méridionaux. Cela signifie tout simplement que les rois de France ont accepté que les lois romaines, par nature substantiellement différentes d'un droit coutumier, soient néanmoins considérées comme « coutumières » dans le Midi : ainsi le roi n'est-il pas lié, du fait de cette pratique régionale, « par le droit écrit lui-même, mais seulement *par la coutume qu'ont introduite les usages à partir du texte du droit romain* ». Mais ces lettres de 1312 ne parlaient pas seulement du Midi : elles précisaient aussi le statut du droit romain en pays de coutumes.

113 LA « RAISON ÉCRITE » DES PAYS DE COUTUMES. — Dès le XIIIe siècle, alors qu'il ne s'applique pas dans la vie quotidienne, entièrement régie par la coutume, le droit romain est néanmoins enseigné à l'Université. Non certes à Paris (*supra,* n° 91), mais en tout cas à Orléans, puis dans d'autres villes. À quoi sert donc cet enseignement ? La réponse, ici aussi, est simple : le droit écrit sert à la formation des juristes, à commencer par les juristes royaux. Dans les lettres de 1312 précitées, Philippe le Bel justifie l'enseignement du droit romain par sa qualité intellectuelle : c'est le meilleur moyen de former de bons juristes, même s'ils exercent en pays coutumiers. « Le droit écrit, dit en substance le roi, perfectionne le raisonnement, fournit une doctrine à ceux qui rendent la justice et prépare à la compréhension des coutumes. » On dira au XVIe siècle que le droit romain est une raison écrite, *ratio scripta* : une clé pour raisonner juste sur le droit. Ce jugement est toujours valable aujourd'hui ; et jusqu'à une date récente, dans de nombreux pays d'Europe, le droit romain a été considéré comme la discipline la plus importante pour la formation des juristes.

Pourtant, en pays de coutumes, le droit romain n'a pas été seulement considéré comme un outil intellectuel. C'est aussi, dès la fin du Moyen Âge, une réserve de solutions juridiques pour tous les cas où les coutumes sont muettes. On dit que c'est un droit *supplétoire* : il est susceptible de suppléer la coutume locale chaque fois que celle-ci ne contient aucune disposition applicable à l'espèce. Le droit romain va-t-il donc s'immiscer dans les interstices des coutumes pour devenir le « droit en second » des pays coutumiers ? On verra un peu plus loin qu'il n'en a rien été, du fait du développement d'une autre notion, essentielle pour l'émergence du droit français : celle de droit commun coutumier (*infra,* leçon 16). Il faut auparavant dire un mot du second des droits à prétention universelle, le droit canonique.

114 LA RÉCEPTION CONTRÔLÉE DU DROIT CANONIQUE. — Nous savons ce qu'est le gallicanisme, et en quoi consiste l'indépendance politique du royaume par rapport au Saint-Siège. Restait à en tirer la conséquence juridique : le droit propre de l'Église universelle ne s'applique pas de plein droit à l'intérieur du royaume, il faut qu'il y soit « reçu », c'est-à-dire accepté par le roi. Ce principe a été affirmé au XVIe siècle, à l'occasion du concile de Trente (en Italie du Nord). Ce concile, réuni entre 1545 et 1563, a opéré ce qu'il est convenu d'appeler la « réforme catholique » – entendons : la réforme de l'Église catholique par elle-même, en réponse aux réformés proprement dits, luthériens et calvinistes. D'après l'ancienne doctrine catholique, les décrets conciliaires étaient applicables de plein droit à tous les catholiques. Mais en France, depuis François Ier, le gallicanisme avait pris une vigueur nouvelle, à la faveur de la réforme protestante. Les réformés poussaient le roi à rompre avec Rome et à se proclamer chef d'une Église gallicane indépendante (exactement comme Henry VIII, au même moment, se proclamait chef de l'Église anglicane). François Ier n'a voulu ni se faire protestant ni se mettre à la tête d'une Église schismatique, mais il a profité de la situation pour accentuer son autonomie politique et juridique par rapport au Saint-Siège : il a donc décidé que les décisions de Trente ne seraient pas reçues en France. Son fils, Henri II, en est resté à une position identique et il a fallu attendre Henri III pour que certains décrets conciliaires soient finalement reçus dans le royaume. C'est ainsi que le décret *Tametsi*, adopté en 1563 par le concile pour réglementer la formation du lien matrimonial et empêcher les mariages clandestins, a été repris en 1579 par l'ordonnance de Blois, promulguée à la demande des États généraux ; encore a-t-il été sensiblement modifié (*infra,* n° 128).

Le principe selon lequel les règles canoniques nouvelles (canons ou décrétales) ne sont applicables dans le royaume qu'avec la permission du roi – expression particulièrement nette du « gallicanisme juridique » – a eu cours jusqu'à la fin de l'Ancien Régime. Le Parlement de Paris a veillé de façon très attentive à son application, à laquelle il tenait plus que le roi lui-même ; bien plus, tout au long du XVIIIe siècle, le Parlement a reproché au gouvernement sa faiblesse à l'égard de Rome : ce fut l'un des principaux prétextes de l'opposition des Parlements à la couronne, et de l'affaiblissement du gouvernement royal.

Le gallicanisme (politique et juridique) a atteint son point culminant au début de la Révolution, avec le vote de la constitution civile du clergé, le 12 juillet 1790. Mais ce texte, en exagérant la singularité de l'Église gallicane, a rapidement débouché sur un schisme et engendré l'opposition entre une Église nationale (ou « constitutionnelle ») schismatique, et une Église fidèle à Rome, clandestine et bientôt persécutée. C'est Bonaparte qui mettra fin au schisme en signant avec Pie VII le concordat de 1801, qui constituera la charte des relations entre l'Église et l'État jusqu'en 1905.

Pour aller plus loin

115 La bibliographie sur l'indépendance politique et juridique de la France est très vaste ; on se bornera à quelques repères. Sur le thème du *Rex imperator*, indispensable : J. Krynen, *L'empire du roi..., op. cit.* Les textes relatifs au couronnement d'Henri VII dont nous avons cité quelques passages ci-dessus, se trouvent aux *MGH, Constitutiones et Acta publica Imperatorum*, IV, 2, p. 802 et s. À la réponse de Philippe le Bel à Henri VII se rattachent les lettres de la même date (juillet 1312) relatives à l'enseignement du droit romain à Orléans, dont il a été question à la leçon 11, n° 91 et qui constituent à l'évidence une autre réponse aux prétentions hégémoniques de l'empereur : si le droit romain est enseigné en France et s'il s'applique dans quelques provinces, c'est uniquement avec la permission du roi et non en vertu de sa qualité propre de droit « impérial »... La réponse du roi à l'empereur, comme les lettres pour l'Université d'Orléans, illustrent admirablement ce beau souci de *l'indépendance française* qui a animé tous les régimes depuis les Capétiens directs, jusqu'au début de la Ve République. – Les origines et le développement du gallicanisme sont toujours évoqués dans les manuels classiques d'histoire du droit : J.-L. Harouel et autres, *Histoire des Institutions..., op. cit.*, n° 318, 333, 377 et s. Sur le pontificalisme, aj. M. Pacaut, *La théocratie. L'Église et le pouvoir au Moyen Âge*, Paris, 1957.

Le droit écrit n'est longtemps dans le Midi qu'un « droit coutumier à fond romain » (P. Tisset, Mythes et réalités du droit écrit, *Études d'histoire du droit privé offertes à P. Petot*, Paris, 1959, p. 553-560) : les notaires méridionaux n'hésitent pas à inclure dans les contrats des *renonciations* expresses au droit romain qui permettent de remplacer la règle romaine par un usage local. Si ces renonciations ne sont pas toujours, comme on le croyait jadis, la marque d'une « réaction populaire » contre l'introduction du droit romain par les juristes « savants », elles montrent du moins que le *corpus* de Justinien n'a pas été reçu d'un seul bloc dans le Midi, mais par étapes et selon les besoins. Cette romanisation progressive est le fait de la pratique : sur le rôle essentiel joué dans ce processus par les notaires, qui tantôt adoptent le droit romain, tantôt l'écartent ou le déforment pour répondre aux demandes de leurs clients, v. les travaux très suggestifs de J. Hilaire, récemment repris dans *La vie du droit*, PUF, 1994 et l'excellente synthèse de P. Ourliac et J.-L. Gazzaniga, *Histoire du droit privé français...*, A. Michel, 1985 (p. 135 et s).

Leçon 14

Le roi et la coutume

116 Il faut d'abord revenir sur ce principe fondamental que nous avons déjà rencontré dans la précédente section : le roi est en principe le « gardien » des coutumes, mais il peut aussi à l'occasion en être le censeur (I). Ceci posé, dès la fin du XVe siècle, la royauté intervient sur le « corps » du droit coutumier en décidant d'abord sa rédaction, puis sa « réformation » ; il s'agit d'interventions *a priori* limitées à la forme, mais qui n'en ont pas moins touché aussi au fond du droit (II).

Section I
Le roi, gardien et censeur des coutumes

Il y a le principe : le roi est normalement *gardien des coutumes* ; c'est la règle qui prévaut à l'égard des *bonnes* coutumes, du moins dans le domaine du droit privé. En revanche, s'agissant d'une coutume reconnue *mauvaise*, le roi a le devoir de l'abolir ou de l'amender.

117 LE ROI, GARDIEN DES BONNES COUTUMES. — Dans la grande ordonnance de réformation de 1254, Saint Louis faisait obligation à ses baillis de juger *selon les droits, usages et coutumes approuvés dans chaque lieu*. Beaumanoir ne dit pas autre chose : les autorités publiques ont le devoir de faire respecter les droits locaux. Cette obligation incombe d'abord au comte de Clermont ; mais si le comte viole (ou laisse violer) la coutume, alors c'est le roi qui doit intervenir comme responsable suprême du bon ordre juridique, « car il est tenu de garder et faire garder les coutumes de son royaume » (§ 683). Ce principe emporte des conséquences à un double niveau : judiciaire et législatif. Conséquences judiciaires d'abord : les divers tribunaux (ceux des seigneurs ou du roi) ont l'obligation de trancher les litiges en faisant application de la coutume. S'ils y manquent, les justiciables peuvent en appeler au roi. Porté à partir de la seconde moitié du XIIIe siècle devant le Parlement, cet appel permet alors à la juridiction suprême non seulement d'annuler un jugement rendu en violation d'une coutume, mais aussi de préciser la coutume, de dire en quoi elle consiste exactement. Par là même la justice royale concourt à la formulation de la règle coutumière. Beaumanoir, au même paragraphe, indique bien qu'une autre façon de prouver la coutume (après la preuve classique par témoins), c'est son « approbation » en justice. Certains juristes vont même jusqu'à considérer qu'une coutume n'existe vraiment qu'à partir du moment où elle a été appliquée par les juges et donc « approuvée » par eux. C'est en tout cas la forme que prend, au Moyen Âge, le contrôle du pouvoir royal sur la coutume : « garde » et contrôle vont ainsi de pair.

Au niveau législatif, la « garde » des coutumes pose une limite à l'action du roi. Pratiquement, celui-ci ne s'autorise à légiférer en droit privé que dans les domaines non régis par la coutume – dans ses interstices, à sa marge – ou pour abolir une coutume « mauvaise » (v. le numéro suivant). En revanche il s'interdit de modifier *a priori* une coutume existante – du moins lorsqu'il s'agit d'une « bonne coutume ». De fait, à quelques exceptions près, les ordonnances médiévales ne portent que sur le droit public. À l'époque suivante, alors que le pouvoir royal est de plus en plus actif, alors que l' « absolutisme » semble devoir le débarrasser de toutes ses barrières, on en reste, du moins jusqu'au seuil du XVIIIe siècle, à la *pratique* ancienne : le roi ne légifère pas en droit privé, il respecte – il « garde » – les coutumes. On considère qu'elles font partie du patrimoine des provinces : le roi doit les respecter comme un « bien » de ses sujets. Cette obligation découlait implicitement de la promesse du sacre, qui faisait essentiellement référence au devoir de justice du prince ; mais son expression était encore plus nette dans le serment que le roi prononçait à son retour de Reims, en faisant sa « joyeuse entrée » dans sa capitale : à Notre-Dame, devant le peuple de Paris, le roi jurait à nouveau de respecter les franchises de l'Église et de défendre la foi, mais aussi « d'entretenir les nobles, aussi les laboureurs [et] les marchands en leurs bonnes lois et *coutumes anciennes...* ». Les « coutumes anciennes » sont le bien des sujets ; un bon roi n'y touche pas, pas plus qu'il ne touche – les deux choses ne sont pas sans lien – à la valeur de la monnaie. Certes, sous Philippe le Bel, les légistes ont bien affirmé la maîtrise du roi sur la coutume ; mais l'idée que le roi pût à sa guise bouleverser de fond en comble le droit coutumier était trop révolutionnaire – ou trop *tyrannique* – pour être acceptée par le corps social. En pratique on en est donc resté à ce partage simple : si le roi, garant du commun profit, de l'intérêt général, de l'ordre public, peut légiférer à peu près librement dans la sphère du droit public, il laisse aux bonnes coutumes tout le domaine du droit privé. Mais ce respect des *bonnes* coutumes va de pair avec la censure des *mauvaises*.

118 LE ROI, CENSEUR DES MAUVAISES COUTUMES. — La notion de « mauvaise coutume » *(mala consuetudo)* est ancienne. Elle apparaît aux alentours de l'an Mille, dans un sens précis : c'est un prélèvement financier indu, une taxe inique, une exaction. L'idée du temps (elle sera très vivace), c'est que seuls sont justes les prélèvements (les impôts, pour simplifier) consacrés par une longue ancienneté ; seuls sont justes les impôts « accoutumés », fondés en coutume, coutumiers ; toute nouveauté *(novelleté)* est mauvaise. Cette idée, fondamentalement conservatrice, ne se limite pas au domaine fiscal : la notion de mauvaise coutume peut s'appliquer à tout usage nouveau, simplement par le fait qu'il est nouveau. En droit canonique, dès le XIIe siècle, la notion de mauvaise coutume s'élargit pour désigner *tout usage injuste*, c'est-à-dire contraire au bon sens, aux bonnes mœurs, à la « loi de Dieu et de nature », et finalement à la *raison* : ce sont les mêmes critères de qualité que Beaumanoir appliquera plus tard à la loi du roi (*infra,* n° 126) : elle n'est bonne que si elle est conforme à la raison et au « commun profit ». Dès lors ce n'est plus la nouveauté qui caractérise la *mala* *consuetudo* : une coutume très ancienne peut être déclarée mauvaise si elle apparaît comme contraire à la justice, à la raison, au bien commun. C'est au roi, on le devine, qu'il appartient de lutter contre les mauvaises coutumes et de les extirper, pour les remplacer par des règles raisonnables. L'obligation qui lui incombe de *chasser le mauvais droit* est une conséquence directe de son devoir plus général de justice : car une bonne justice implique de bonnes règles. Le roi, justicier suprême, a donc pour premier devoir de veiller à la qualité de ces règles : s'il doit « garder » les bonnes règles (les bonnes coutumes), il doit tout autant abolir les mauvaises.

Même s'il y en a des exemples plus anciens, c'est surtout à partir du règne de Saint Louis – qui s'en étonnerait ? – que l'abolition des mauvaises coutumes par le roi est devenue fréquente. L'interdiction du duel judiciaire dans le domaine, en 1258 (*supra,* n° 104), bien qu'elle ne se réfère pas explicitement à la notion, s'y rattache quant à l'esprit : le duel est un mauvais usage, directement contraire à une bonne justice. C'est surtout dans le domaine pénal, si essentiel pour l'ordre public et par ailleurs si propice aux excès de toute sorte, que l'intervention royale a été nécessaire. En 1280 Philippe III abolit le serment purgatoire en Gascogne : « usage corrompu », dit le roi, qui permettait à des criminels d'échapper à la justice en jurant leur innocence sur le tombeau d'un saint. Il abolit de même la vieille pratique des compositions pécuniaires, trop peu dissuasives à ses yeux en cas d'homicide – la peine de principe étant désormais la peine de mort, sauf la grâce du roi. De même sont abolis des vestiges de responsabilité pénale familiale dans certaines coutumes du Nord, ou encore des pénalités considérées comme trop cruelles (par ex. l'amputation de la main pour un premier vol, interdite par Saint Louis), ou indécentes (ainsi la « course » des adultères, abolie par Louis XI au moment de la révision des privilèges de Perpignan en 1463).

Une bonne justice n'implique pas seulement que le droit coutumier soit raisonnable, il faut aussi qu'il soit « certain », c'est-à-dire connu avec précision et sans ambiguïté. Un grand nombre de procès portaient justement sur la question de savoir, en tel lieu et sur tel sujet, quelle était exactement la règle applicable – les deux parties alléguant des coutumes divergentes. Le jugement qui finissait par intervenir avait évidemment pour conséquence de fixer le droit, mais il ne le fixait que sur le point controversé. Pour éviter un grand nombre de procès, et abréger les autres, il fallait faire en sorte que la totalité des règles coutumières soit connue de manière *précise* et *incontestable*. Le seul moyen d'y parvenir, sans remettre en cause le principe même du pluralisme coutumier, était de procéder à une rédaction officielle de l'ensemble des coutumes du royaume. C'est cette entreprise qui est engagée au XVe siècle et menée à bien au XVIe.

Section II
Rédaction et « réformation » des coutumes

119 On se rappelle où en était le droit coutumier à la fin du Moyen Âge. Dans le Midi, entre le XIIe et le XIVe siècle, sur le modèle du droit romain, plusieurs centaines de coutumes, de ressort généralement étroit, ont été mises par écrit à l'initiative ou du moins sous le contrôle des autorités municipales, seigneuriales ou royales. Marqués dès le moment de leur rédaction par l'influence partielle du droit romain, ces textes sont ensuite presque totalement tombés en désuétude pour être remplacés par un droit de plus en plus inspiré par le droit romain tel qu'on l'enseignait alors dans les Universités, et donc de plus en plus homogène (du moins dans les grandes lignes) : le droit écrit. Dans le nord du royaume, en revanche, point de rédactions officielles mais des commentaires privés, les « coutumiers », dont celui de Beaumanoir est le modèle le plus achevé. Outre que ces commentaires n'existaient pas pour toutes les coutumes, ils n'étaient que des œuvres privées (de valeur à vrai dire fort inégale), et ne pouvaient donc faire preuve en justice. D'où les incertitudes, les chicanes, les procès interminables que nous venons d'évoquer. Bien qu'ordonné en principe pour tout le royaume, le mouvement de rédaction dont nous allons parler n'a effectivement concerné que les pays de coutumes et le Sud-Ouest atlantique, pays de droit écrit mais où les coutumes locales conservaient encore une relative vitalité. La rédaction des coutumes s'est effectuée en deux phases : d'abord une première rédaction, au début du XVIe siècle ;

puis une révision des textes, appelée « réformation », à la fin de ce siècle. Après en avoir décrit les modalités, nous en examinerons les conséquences sur le fond du droit.

120 LA PREMIÈRE RÉDACTION. — On l'a dit, c'est l'article 125 de l'ordonnance prise par Charles VII à Montils-lès-Tours en avril 1454 – « ordonnance sur le fait de la justice » – qui prescrivait la rédaction générale des coutumes (*supra,* n° 79). Il s'agit de sortir de l'incertitude et des « contradictions et contrariétés » du droit coutumier pour rendre la justice plus sûre, plus rapide, et donc moins coûteuse. Dans l'immédiat, seule la coutume de Bourgogne est rédigée en 1458-1459. Il faudra qu'à la fin du siècle Charles VIII renouvelle l'ordre de son grand-père pour que le travail de rédaction reprenne : quelques coutumes sont alors rédigées dans les dernières années du XVe siècle (Chaumont, Troyes, Sens, Amiens, Melun, le Ponthieu), mais c'est surtout à la fin du règne de Louis XII et sous François Ier que la plupart des grandes coutumes sont « arrêtées ». Cette rédaction s'est faite selon une procédure assez complexe, qui associe les hommes du roi et les représentants des « pays » concernés, et que l'on peut résumer ainsi. Première étape : dans chaque ressort coutumier, une commission composée d'agents royaux et de juristes locaux, praticiens de la coutume, établit un avant-projet. Ce texte est ensuite soumis – c'est la deuxième étape – à l'assemblée représentative de la province, les États provinciaux (chaque province avait alors ses « États »), qui en discutent avec un commissaire royal. Chaque fois que les États acceptent unanimement un article, on dit qu'il est « accordé » ; si en revanche un accord ne peut se faire, on dit que l'article est « discordé ». C'est alors qu'intervient la troisième étape, mais uniquement sur les articles discordés : ils sont envoyés au Parlement du ressort (le Parlement dont relève le « pays » coutumier concerné) qui arrête le texte définitif de la coutume et la promulgue au nom du roi. Ont ainsi été promulguées les coutumes d'Anjou et du Maine en 1508, d'Orléans en 1509, de Paris en 1510, du Poitou en 1514, de Bordeaux en 1521, de Nivernais en 1534, de Bretagne en 1539...

Il faut remarquer que si le roi et ses agents jouent un rôle du début à la fin de la procédure de rédaction, ce n'est en principe qu'un rôle d'incitation d'abord, de mise en forme et de confirmation du texte ensuite – un rôle extérieur, en quelque sorte. Quant au travail sur le fond même du droit, il appartient aux États provinciaux, qui délibèrent à partir du document préparatoire établi par les praticiens locaux. Cependant la tâche des députés aux États était complexe, s'agissant surtout d'une assemblée assez composite (les trois ordres de la province étaient représentés) : ils ne devaient pas seulement rappeler les coutumes en vigueur pour les fixer telles quelles, le roi leur demandait aussi de les améliorer en supprimant « ce qui s'y trouverait dur, rude, rigoureux, *déraisonnable* » (encore le souci du raisonnable !). Et l'on constate que dans ce travail d'amélioration des vieilles règles, les commissaires du roi au sein des États ont joué un rôle très actif, voire un rôle de premier plan. C'étaient de grands juristes, « fort expérimentés au droit français, nous dit Coquille, et aux belles décisions... de la cour ». Ils n'ont donc pas hésité à peser de toute leur autorité sur les débats des États et à intervenir dans la mise au point des articles. Ce rôle des commissaires royaux, on va le voir, s'est encore accentué dans la phase de la réformation.

121 LA RÉFORMATION DES COUTUMES. — Les premières rédactions coutumières paraissent très vite imparfaites et insuffisantes. Dans ce siècle intellectuellement bouillonnant, la doctrine juridique n'est pas en reste. Et les critiques qu'elle adresse aux premiers textes promulgués conduisent à un vaste mouvement de réformation. Ces critiques ont été d'autant plus faciles à articuler que la rédaction des coutumes, et la diffusion de leur texte grâce à l'imprimerie, en ont rendu possible l'étude systématique, et surtout la comparaison : les juristes procèdent à la *conférence des coutumes* (*supra,* n° 77). Cette comparaison fait apparaître de graves discordances, voire de choquantes contradictions : ainsi dans la région parisienne où plusieurs coutumes locales coexistaient dans le ressort d'un même Parlement, la solution apportée par les mêmes juges d'appel à des litiges de même type pouvait être totalement différente d'un village à l'autre. Il y avait aussi beaucoup de « conflits de coutumes » : lorsqu'un litige opposait des parties relevant de deux coutumes différentes, laquelle appliquer ? De tels conflits sont devenus sans doute plus nombreux au XVIe siècle, époque de mobilité accrue. La solution n'était pas toujours claire : les juristes de droit savant s'étaient bien penchés sur les conflits de statuts, dans le contexte italien, et avaient posé les bases de ce qui est devenu par la suite le droit international privé, mais c'était encore une discipline lacunaire et pas toujours applicable en pratique.

Devant ces difficultés, de grands juristes comme le premier président du Parlement de Paris Christofle de Thou ou Charles Dumoulin, commentateur de la coutume de Paris, ont proposé de remettre la rédaction sur le métier pour améliorer le fond même des coutumes de deux manières : d'abord en supprimant les règles les plus archaïques, et surtout en gommant les discordances les plus criantes entre coutumes, afin de réduire le nombre et la gravité des conflits. Cette seconde rédaction qui tendait non plus seulement à rendre le droit coutumier « certain », comme au début du siècle, mais cette fois à en perfectionner les règles, est appelée *réformation* – c'est une idée chère à la monarchie depuis longtemps. La réformation des coutumes s'est déroulée dans la seconde moitié du siècle, selon une procédure comparable à celle de la rédaction, puisqu'elle associait États provinciaux et commissaires du roi. La grande nouveauté tient au fait que le roi a nommé le même commissaire pour réformer plusieurs coutumes appartenant à un même ressort : c'est ainsi que Christofle de Thou fut chargé de coordonner la réformation de toutes les coutumes du ressort parisien. Naturellement ces commissaires ont œuvré dans le sens de l'harmonisation du droit, en proposant sur certains points sensibles des articles identiques, ou du moins très proches, pour toutes les coutumes de leur ressort : sur ces points-là, les conflits de coutumes étaient ainsi éliminés. En principe les États provinciaux restaient libres d'« accorder » ou de refuser les modifications proposées par les commissaires ; en pratique, les nouveaux textes étant objectivement meilleurs que les anciens, ils furent presque toujours acceptés.

Une fois arrêtées, les coutumes réformées ont été promulguées par les Parlements au nom du roi, en lieu et place des textes antérieurs : ce sont les « nouvelles coutumes » (NC). Par rapport aux rédactions du début du siècle, elles sont à coup sûr meilleures, du moins s'agissant du droit civil au sens strict ; on a dit que certaines constituaient de véritables petits « codes civils » provinciaux : la nouvelle coutume de Paris, promulguée en 1580, contient 362 articles. La NC de Bretagne (1580), en comporte 685. Pour le droit pénal, en revanche, les textes déjà pauvres du début du siècle sont encore allégés, la plupart des nouvelles coutumes ne comportant plus aucune disposition pénale (sauf celle de Bretagne) : il y a un véritable « naufrage du droit pénal coutumier » (B. Schnapper), qui s'explique par le développement de l'arbitraire des juges en matière pénale. Parmi tous ces textes, c'est à coup sûr la NC de Paris, marquée en particulier par les travaux de Dumoulin, qui était le plus remarquable : ce sont ces qualités intrinsèques, outre le fait que Paris était la capitale du royaume et le « séjour ordinaire » des rois, qui expliquent sa destinée ultérieure (*infra*, n° 135).

122 CONSÉQUENCES DE LA RÉDACTION DES COUTUMES. — La principale conséquence de la rédaction et surtout de la réformation des coutumes, c'est la consolidation du droit coutumier et sa pérennisation jusqu'à la Révolution. En effet, la rédaction officielle des coutumes et par là même leur reconnaissance formelle par le roi en faisait un droit beaucoup plus solide. Certes, les coutumes restent un droit « populaire » (il est tout à fait inexact de prétendre que leur promulgation par le roi suffit à en faire un « droit royal »), mais ce droit à fondement populaire est désormais *officialisé* par la puissance publique. Le roi, selon Guy Coquille, « inspire vigueur de loi » aux coutumes rédigées. Au XVIe siècle, alors que le *Corpus juris civilis* achevait de s'imposer dans les provinces françaises du Midi, mais aussi dans une grande partie de l'Europe, en particulier les pays d'Empire, les coutumes françaises de la moitié nord du royaume ont résisté victorieusement à l'évolution générale. Si les pays de coutumes ont ainsi conservé leur singularité, au milieu d'une Europe juridique de plus en plus « romaine », c'est grâce à leur rédaction au début du siècle, à leur amélioration quelques décennies après, lors de la réformation, et à la sanction royale.

Mais la rédaction des coutumes, puis leur réformation, n'ont pas seulement permis de sauver l'héritage juridique des provinces et de lui donner une seconde vie. Elles ont aussi suscité une intense réflexion doctrinale sur la singularité de cet héritage et permis de dégager une notion nouvelle, fondamentale : celle de *droit français*. C'est l'aboutissement d'un long processus commencé au Moyen Âge, et qui a permis de distinguer le droit français des « droits universels » de l'époque : processus essentiel du point de vue « national », et auquel nous consacrerons notre 16e leçon. Toutefois, pour prendre toute la mesure de ce qu'est effectivement le « droit français » à la fin de l'Ancien Régime, il faut d'abord évoquer le rôle du roi législateur : ce sera l'objet de la leçon suivante.

Pour aller plus loin

123 L'accès au texte des coutumes rédigées est relativement facile puisqu'elles ont été publiées au XVIIIe siècle par Bourdot de Richebourg, *Nouveau coutumier général*, 4 vol. in-f°, 1724 ; pour les autres éd., v. A. Gouron et O. Terrin, *Bibliographie des coutumes de France*, Genève, Droz, 1975. Pour les coutumes du Midi, v. J.-M. Carbasse, Bibliographie des coutumes méridionales (XIIe-XVe s.), *SHDE*, Montpellier, X, 1979, p. 7-89. – Pour les travaux sur le fond du droit coutumier, v. les références données *supra,* n° 80. Aj. R. Filhol, La rédaction des coutumes en France aux XVe et XVIe siècles, *La rédaction des coutumes dans le passé et dans le présent*, dir. J. Gilissen, Bruxelles, 1962, p. 63-85. Sur la réformation, l'étude de base est due aussi à R. Filhol, *Le premier président Christofle de Thou et la réformation des coutumes*, Paris, 1937 ; bon résumé par J.-L. Gazzaniga, Rédaction des coutumes et codification, *Droits*, 1997, n° 26, p. 71-80. – Loisel a donné en 1607 la première éd. posthume de l'*Institution au droit français* de Coquille et publié ses propres *Institutes coutumières* en annexe (éd. critique par M. Reulos, Paris, 1935). – Sur la question des mauvaises coutumes, v. en dernier lieu C. Lauranson-Rosaz, Des « mauvaises coutumes » aux « bonnes coutumes », *La coutume au village dans l'Europe médiévale et moderne*, éd. M. Mousnier et J. Poumarède, Toulouse, 2001, p. 19-51.

Leçon 15

Le roi législateur (XIIe-XVIIIe siècles)

124 On parle classiquement du « pouvoir législatif » du roi. L'expression a été parfois critiquée comme trop moderne, ou de nature à susciter des confusions : il est vrai que pendant tout le Moyen Âge le mot « loi » désigne d'abord la loi romaine *(lex)*. On a donc proposé de parler du pouvoir « normatif » du roi – pouvoir d'édicter des *normes* propres, distinctes des lois romaines et des règles coutumières – ou même de son pouvoir « édictal ». On emploiera ici indifféremment les expressions « pouvoir législatif » ou « pouvoir normatif » dans le même sens : pouvoir d'édicter *(lato sensu)* des normes juridiques de portée générale et d'application durable, par opposition à la mesure purement individuelle ou d'application ponctuelle – étant bien entendu qu'une telle définition n'a été dégagée que tardivement par les juristes et que, dans la pratique de l'Ancien Régime, la distinction entre la loi par définition « générale » et le privilège par définition « particulier » (*privata lex : supra,* n° 75) n'était pas toujours aussi tranchée. Ici encore, il faut partir du concret. On décrira d'abord l'essor médiéval du pouvoir normatif du roi (I), puis ses manifestations les plus notables dans les trois derniers siècles de l'Ancien Régime (II).

Section I
L'essor du pouvoir normatif du roi (XIIe-XVe siècles)

125 UNE LENTE RENAISSANCE (XIIe-XIIIe SIÈCLES). — Dans le royaume des Francs de l'Ouest, le dernier capitulaire a été édicté en 884. Après cette date, le pouvoir normatif du roi franc tombe en désuétude pour près de deux siècles et demi. Pourtant, avant même que le roi capétien ne retrouve un certain pouvoir d'édiction générale, cette prérogative a déjà été relevée par quelques princes territoriaux. Depuis le démembrement de l'Empire carolingien et la « féodalisation » du territoire, le roi des Francs n'est plus dans son royaume la seule autorité politique : celle-ci est passée en grande partie aux princes territoriaux, quelques dizaines de ducs, comtes ou évêques, dont certains dominent des régions entières (en gros, les futures provinces), aussi étendues que plusieurs départements actuels (ainsi les ducs de Normandie ou de Bourgogne, les comtes de Toulouse, de Barcelone, de Champagne, etc.). Bien que théoriquement vassaux du roi, quelques ducs et comtes (le duc de Normandie, le comte de Toulouse ou de Barcelone, pour ne citer que les plus importants) se trouvent en pratique plus avancés que leur suzerain lui-même dans la reconstitution d'un pouvoir de type étatique. Ces princes prennent donc, dans le cadre de leur principauté, des mesures « législatives », c'est-à-dire générales et permanentes, appelées *établissements* ou *ordonnances*. L'établissement, c'est la chose établie, et donc destinée à durer ; le terme latin *stabilimentum* marque encore mieux cette prétention de poser pour un avenir durable une règle *stable*. Tel est – ou du moins tel devrait être – le premier caractère de la loi. Quant au terme d'*ordonnance*, promis à un long avenir, il signifie à la fois que le prince législateur donne un ordre auquel il faut obéir, un commandement fondé sur le vieux pouvoir régalien de ban, mais aussi qu'il « ordonne », *stricto sensu*, c'est-à-dire qu'il met de l'ordre là où auparavant régnait le désordre. Et voilà encore deux caractères de la loi : elle est obligatoire, en ce qu'elle commande, et elle est en principe organisatrice, *ordonnatrice*.

Pour autant, les princes ne légifèrent que dans le contexte politique qui est celui de l'époque, c'est-à-dire le système féodo-vassalique. De même que le roi n'exerce plus une autorité directe sur l'ensemble du royaume, puisque son pouvoir est « médiatisé » par celui des princes territoriaux, de même ces derniers, dans la plupart des cas (car il y a d'importantes nuances régionales), ne peuvent pas exercer une autorité directe sur l'ensemble de leur principauté ; celle-ci est parsemée de seigneuries secondaires, plus ou moins étendues, que contrôlent des vassaux du prince « régional ». Ce dernier ne peut donc être obéi dans l'ensemble de la principauté que si ses vassaux acceptent de faire exécuter ses ordres chez eux, dans leurs seigneuries particulières. C'est pourquoi les princes gouvernent avec le *conseil* de leurs « hommes », dans le cadre de la cour féodale : on délibère ensemble, et la « délibération » (c'est-à-dire la décision) commune s'impose à tous. Ce qui est vrai des princes territoriaux l'est aussi, *a fortiori*, des seigneurs de rang plus modeste qui doivent également tenir compte de l'avis de leurs vassaux et « gouverner » leur seigneurie avec eux. Quant au roi, il ne fait pas exception à la règle : lui aussi doit gouverner avec ses vassaux directs (que l'on appellera plus tard les « grands vassaux de la couronne »), dans le cadre de sa cour (la *curia regis*, cour du roi). C'est l'origine du *gouvernement à grand conseil* qui restera jusqu'à la fin de l'Ancien Régime une caractéristique fondamentale de l'État monarchique. Lorsque le roi va enfin retrouver un début de pouvoir normatif, vers le milieu du XIIe siècle, ce sera dans des conditions identiques à celles des princes : pour faire appliquer ses ordres hors de son propre domaine, c'est-à-dire dans les principautés de ses grands vassaux, leur accord exprès sera nécessaire.

Le premier exemple de mesure générale prise par le roi est constitué par l'ordonnance de 1155 établissant une paix décennale dans l'ensemble du royaume. Mais pour que l'ordonnance instituant la « paix du roi » s'applique effectivement dans les domaines des grands seigneurs, il a fallu que ceux-ci, présents à la cour du roi, approuvent la mesure proposée et s'engagent à la mettre en œuvre : la paix est décrétée « à la demande des évêques et *avec l'accord des barons* ». Ceux-ci, après avoir juré de respecter la décision commune, matérialisent leur assentiment par leur souscription au bas de l'acte (la *souscription* étant, au sens propre, le fait d'écrire son nom au-dessous du texte approuvé). Ainsi le « pouvoir législatif » du roi est-il encore bien loin de sa plénitude : c'est seulement dans la mesure où les grands le veulent bien que la loi nouvelle sera appliquée sur leurs terres. À l'époque de Saint Louis, au milieu du XIIIe siècle, le coutumier de Touraine-Anjou en reste à ce principe : « Si un baron (= un seigneur) a pleine justice sur sa terre, le roi ne peut mettre ban (= donner des ordres) sur la terre [de ce seigneur] sans son assentiment. » À l'époque où il est écrit, ce texte est pourtant déjà dépassé : car depuis quelque temps, le consentement des vassaux n'est plus aussi nécessaire.

C'est à la fin du règne de Philippe Auguste (1180-1223) que le roi a commencé à s'émanciper du contrôle de ses grands vassaux. Sous Louis VIII (1223-1226), Louis IX (= Saint Louis, 1226-1270) et Philippe III le Hardi (1270-1285), on constate que si la couronne continue à requérir l'assentiment des grands vassaux pour les ordonnances générales (applicables à tout le royaume), la majorité d'entre eux suffit désormais. En d'autres termes : si les vassaux les plus importants sont d'accord avec le roi, leur décision commune s'impose aux autres. Une ordonnance de 1223 l'indique de façon expresse : elle s'appliquera « tant à ceux qui ont juré (= qui ont consenti) qu'à ceux qui n'ont pas juré ». Reste qu'en pratique le pouvoir normatif du roi est encore bien loin d'être autonome. À plusieurs reprises, sur des sujets pourtant essentiels à ses yeux, Saint Louis s'est contenté de légiférer pour le seul domaine royal (c'est-à-dire l'ensemble des principautés et seigneuries qui dépendaient immédiatement de lui), sans même chercher à imposer sa décision dans les domaines des princes ou, *a fortiori*, chez les vassaux de ces derniers. C'est ainsi que la fameuse ordonnance de 1258 par laquelle le roi abolissait la « preuve par bataille », c'est-à-dire le duel judiciaire, ne valait que pour le domaine royal (« Nous défendons à tous les batailles par tout notre domaine » : *supra,* no 118). Touchant à l'une des prérogatives les plus précieuses de la noblesse, celle de prouver son bon droit à la pointe de l'épée, le roi savait qu'il fallait procéder prudemment ; aussi bien les réactions violentes qui ont accueilli la décision royale, et qui se sont amplifiées après la mort de Saint Louis, ont-elles conduit son petit-fils à revenir largement sur l'interdiction du duel. Cet exemple montre bien les limites du pouvoir législatif du roi à la fin du XIIIe siècle. Il faut s'arrêter un instant sur l'analyse qu'en propose, à ce moment-là, Philippe de Beaumanoir.

126 LE ROI LÉGISLATEUR SELON DE BEAUMANOIR. — C'est aux § 1510 et 1515 de son coutumier que Beaumanoir analyse le pouvoir normatif du roi. Dans quels cas et à quelles conditions le roi de France peut-il légiférer pour l'ensemble du royaume ? Il faut d'abord distinguer selon les circonstances, selon les « temps ». En temps de paix d'abord, le droit normalement applicable est celui qu'indiquent la coutume ou les usages : le roi étant d'abord « gardien des coutumes » (*supra,* n° 117), son activité législative doit rester exceptionnelle. En temps de guerre en revanche, ou lorsqu'on redoute la guerre (« pour doute de guerre à venir »), il peut prendre les dispositions qu'impose la nécessité et qui ne seraient pas acceptables en temps de paix (§ 1510). Mais Beaumanoir subordonne l'édiction de ces normes nouvelles à des conditions strictes qui touchent à la fois à la procédure et au fond. D'abord, la procédure : loin de décider seul, le prince doit impérativement délibérer avec son conseil – voire « à très grand conseil », c'est-à-dire en s'entourant du plus grand nombre possible d'avis (§ 1515). Ce recours indispensable au conseil s'explique à la fois par les structures féodales, déjà évoquées, mais aussi, en cette fin du XIIIe siècle, par le droit romain : sous l'Empire, le conseil du prince était étroitement associé à l'élaboration des constitutions impériales. Quant au fond, le nouvel établissement ne se justifie que s'il vise au « commun profit » du royaume, c'est-à-dire l'intérêt général. Cette notion vient aussi du droit romain et, au-delà, de la philosophie politique d'Aristote que saint Thomas d'Aquin (contemporain de Beaumanoir : il a enseigné à Paris jusqu'en 1274, date de sa mort) venait de remettre magistralement au goût du jour. Saint Thomas, d'après Aristote, a fait du bien commun *(bonum commune)* la « cause finale » de la cité, et donc le seul objectif légitime du gouvernement. Pour Beaumanoir, c'est la seule justification possible d'un « établissement » nouveau. Condition supplémentaire, ou plutôt complémentaire, car elle prolonge la précédente et s'inspire du même esprit : la norme nouvelle doit être *raisonnable*, c'est-à-dire conforme à une raison humaine qui est le simple reflet, selon Thomas d'Aquin, de la raison divine. Aussi bien Beaumanoir précise-t-il à la fin de son § 1515 que la loi du roi ne saurait aller « contre Dieu et les bonnes mœurs ». Car le roi, comme tous les hommes, est soumis à la loi de Dieu ; si le nouvel établissement se trouvait contraire à la loi divine, les sujets ne seraient pas tenus de le respecter, « car chacun doit aimer et redouter Dieu avant son seigneur terrestre »...

127 Bilan à la fin du Moyen Âge. — Philippe le Bel (1285-1314), petit-fils de Saint Louis, avait reçu l'enseignement de Gilles de Rome, lui-même disciple de saint Thomas, et en a appris l'importance de la loi « ordonnatrice ». De fait, il a beaucoup légiféré, dans le cadre de son conseil. Sous son règne, la composition de ce conseil s'est profondément modifiée : l'élément féodal – les grands seigneurs vassaux du roi – est relégué à l'arrière-plan, tandis que les spécialistes du droit, les « légistes » (ceux qui connaissent les *lois* romaines), en deviennent l'élément essentiel. Ils appliquent au roi, « empereur en son royaume », les maximes romaines : « Ce qui a paru convenable au prince a force de loi » *(Quod principi placuit...)* et : « Le prince n'est pas lié par les lois » *(Princeps legibus solutus)*. À première vue, c'était reconnaître au roi de France, émule de l'empereur romain du Bas-Empire, une omnipotence législative complète, c'est-à-dire non seulement le droit de modifier la législation à son gré, mais aussi, *a fortiori*, celui de modifier la coutume. En réalité le droit romain posait lui-même des bornes à cette omnipotence, en particulier avec la loi *Digna vox* (*supra,* n° 30). D'une façon plus générale la conception religieuse de la royauté, la nécessaire soumission du roi à la justice, constituaient de puissantes limites à un « pouvoir législatif » qui, en pratique, a toujours reconnu – et respecté – certaines limites, malgré la présence de légistes au sein du conseil royal. Rapidement, les juristes eux-mêmes distinguent deux niveaux dans l'exercice du pouvoir législatif du roi : en temps normal il s'agit d'une « puissance réglée », respectueuse des droits acquis ; et c'est seulement dans des circonstances exceptionnelles que le pouvoir du roi devient « puissance absolue », le roi pouvant s'autoriser alors, en vertu de sa « certaine science » (c'est-à-dire en pleine connaissance de cause), à modifier le droit existant.

Si l'on considère la législation royale dans son exercice effectif, et pas seulement dans la théorie des légistes, elle se caractérise par deux traits majeurs : elle est essentiellement *publiciste* (1) ; elle est dominée par l'idée de *réformation* (2).

1 / D'abord, la législation royale du Moyen Âge (mais cela restera vrai longtemps après) ne concerne en principe que *le droit public*. Cette notion fait référence à l'ordre public dans ses différents aspects, à la fois administratifs et judiciaires (étant entendu que le droit pénal, dans la mesure où il tend à la répression des désordres majeurs, constitue bien sûr une branche du droit public), ainsi qu'aux différents organes chargés de le mettre en œuvre. Ces organes, en un temps où la séparation des fonctions administrative et judiciaire ne constitue pas encore un principe fondamental du droit public, sont généralement chargés à la fois de tâches administratives au sens actuel, alors désignées par le mot *police*, et de tâches judiciaires : jusqu'à la fin de l'Ancien Régime, tandis que tout administrateur est investi dans le domaine qui est le sien d'une compétence juridictionnelle, en sens inverse les juges prennent part à l'administration de leur ressort, considérée comme un prolongement normal de la justice. Relèvent donc au premier chef du droit public la justice et son fonctionnement, c'est-à-dire la procédure, qu'elle soit civile (au sens actuel du mot) ou pénale. Tout ceci constitue le champ naturel de l'activité normative du roi. Pour le reste, comme l'indique très clairement Beaumanoir, la vie ordinaire des sujets – *la vie privée* – est réglée par les usages et les coutumes ; loin de pouvoir les changer, le roi a l'obligation de les *garder* (§ 683). Et donc le domaine du droit privé *stricto sensu*, normalement régi par la coutume, ne peut faire l'objet d'interventions législatives.

Il y a toutefois quelques exemples d'une législation royale de type privatiste, en particulier sous Philippe Auguste. En 1214, par exemple, le roi légifère sur une question qui relèverait aujourd'hui des régimes matrimoniaux (matière privatiste s'il en est) : le douaire. Il décide que la veuve pourra prélever sur la succession de son mari décédé, afin d'assurer sa subsistance pendant son veuvage, « la moitié de ce qu'avait le mari le jour où il l'a épousée ». On peut encore citer quelques autres textes de ce type (par ex. une ordonnance du même roi sur les « parages » : il s'agit toujours de droit successoral), et rapprocher ces dispositions d'autres établissements pris sur des matières voisines par quelques seigneurs (le comte de Bretagne, le vicomte de Forcalquier...), mais la récolte est maigre. Autour de 1200, l'intervention des autorités publiques dans le domaine du droit privé ne peut s'expliquer que par l'état encore lacunaire des coutumes ; dès lors que le système coutumier se complétera, ni le roi ni les autres seigneurs n'auront plus de raison d'intervenir dans le champ du droit privé. De façon très significative, Beaumanoir qualifie l'ordonnance de 1214 sur les douaires de « coutume générale », ce qui revient à replacer cette disposition de droit privé dans le domaine qui est normalement le sien : celui de la coutume (§ 445).

2 / Essentiellement publiciste, la législation royale vise à organiser la vie du royaume en vue du *commun profit*. C'est dire que les établissements (ou ordonnances) peuvent concerner des objets très divers, et d'importance variable : à côté de mesures ponctuelles, des textes plus longs s'attachent à organiser, ou réorganiser, tout ou partie de l'administration du royaume. Dans ce second cas, l'idée centrale est celle de *réformation*, au sens strict de re-formation : il s'agit de remettre dans la forme ancienne, ou dans l'ordre ancien, l'administration ou la justice du royaume, afin d'éliminer les injustices et les abus qui se sont introduits avec le temps. La première grande ordonnance de réformation est celle qui a été promulguée par Saint Louis en 1254, au retour de la croisade. Le roi avait interprété l'échec de son expédition « outre-mer » (il avait été battu et capturé par les musulmans d'Égypte et avait dû regagner la France en laissant le tombeau du Christ aux mains des « infidèles ») comme une sanction divine : Dieu n'avait pas voulu lui faire la grâce de la victoire en raison des péchés du royaume, à commencer par les trop nombreux abus des agents royaux. L'extirpation de ces abus, la lutte contre les injustices, en un mot une *réformation* énergique constituait donc le préalable indispensable à une nouvelle croisade. L'ordonnance imposait aux baillis et aux sénéchaux (les agents chargés d'administrer des circonscriptions appelées bailliages dans la moitié nord du royaume, et sénéchaussées au sud) un serment solennel très détaillé, véritable code déontologique des administrateurs royaux.

Les abus renaissant toujours, les ordonnances de réformation se sont succédé tout au long du Moyen Âge, et encore aux XVIe et XVIIe siècles. Elles font assez souvent suite à une demande des États généraux. Ce sont des assemblées composées de représentants des trois ordres du royaume que le roi appelle en cas de besoin auprès de lui pour solliciter leur conseil. Les États généraux, il faut le souligner, ne sont donc qu'un simple élargissement occasionnel du conseil du roi : ils n'ont jamais été une assemblée « représentative » au sens actuel du mot.

Il est très remarquable que les ordonnances successives reprennent bien souvent les mêmes dispositions, inlassablement, parfois sur plusieurs siècles. C'est là un trait particulièrement frappant de la législation de l'Ancien Régime : sa très grande *ineffectivité*. Même à la fin de la période, alors que s'épanouit la monarchie dite « absolue », les rois reconnaissent eux-mêmes l'impuissance de leurs lois... et s'en accommodent.

À vrai dire, sous prétexte de faire retour à un passé mythique ou du moins embelli (« le bon temps de Monseigneur Saint Louis », dit-on sous Philippe le Bel...), l'idée de réformation permet bien souvent d'introduire dans les institutions du royaume des innovations parfois radicales. Un bon exemple en est fourni par l'ordonnance de Montils-lès-Tours, en 1454. La guerre de Cent Ans vient de s'achever avec la reconquête de la Guyenne, et Charles VII entend profiter de la paix pour réformer un système judiciaire complètement désorganisé par le conflit : la justice est devenue incertaine, confuse, et surtout désespérément lente – ce grief est récurrent à travers les siècles. « Considérant que les royaumes, sans ordre de justice, ne peuvent avoir durée ni fermeté aucune », le roi édicte une longue série d'articles destinés à réorganiser les juridictions, à clarifier la procédure et à « abréger » les procès. Et comme les procès naissent souvent de l'incertitude des coutumes, voici tout à coup qu'à l'article 125 Charles VII ordonne la mise par écrit de tout le droit coutumier du royaume : c'était une nouveauté considérable, surtout dans la moitié nord du pays, et qui a eu, comme on l'a vu, de grandes conséquences (*supra,* n° 120).

Section II
Le pouvoir législatif à la fin de l'Ancien Régime (XVIe-XVIIIe s.)

128 Les ordonnances du XVIe siècle. — C'est surtout à partir du XVIe siècle que les ordonnances royales touchent à des domaines vraiment nouveaux, jusque-là réservés à la coutume ou à la législation canonique. Cette évolution a suscité l'intérêt de la doctrine, qui s'est demandé en particulier si la législation royale pouvait abolir ou modifier des coutumes existantes. En 1576, Jean Bodin publie *Les six livres de la République*, dans lesquels il développe une conception « absolutiste » de l'État : la souveraineté est par nature *indivisible* (elle doit donc appartenir tout entière à un seul organe : le roi, dans l'État monarchique) et elle est *absolue*, c'est-à-dire qu'elle n'a pas de limites (du moins pas de limites de nature politique, car le législateur reste soumis à l'ordre supérieur de la justice et du droit divin). Dans le droit-fil des légistes de Philippe le Bel, Bodin affirme que « le roi peut casser les coutumes », c'est-à-dire les modifier ou même les abroger par voie législative ; en revanche les coutumes ne peuvent déroger à la loi. Pourtant, à la fin du XVIe siècle, cette opinion ne fait pas l'unanimité. Pour les juristes coutumiers (les commentateurs des coutumes provinciales), ces coutumes sont elles-mêmes des sortes de « lois » dont le respect s'impose au roi, ou du moins dont le roi doit s'imposer le respect. Dans ces conditions, c'est le droit public qui reste le domaine normal de l'activité législative : pour Guy Coquille, commentateur des coutumes du Nivernais, « le roi peut faire des lois et ordonnances générales pour la *police universelle* du royaume ». La police, au sens très large que ce mot revêtait à l'époque, englobait l'ensemble de l'ordre public ; même si cette notion est susceptible d'extensions nombreuses, elle appartient fondamentalement au domaine du droit public.

En pratique, on constate que la royauté a pour l'essentiel respecté cette limite : jusqu'au seuil du XVIIIe siècle, les ordonnances qui touchent *directement* à une question de droit privé *stricto sensu* sont rares ; et celles qui sont intervenues n'ont été appliquées que dans la mesure où elles ne heurtaient pas le droit coutumier, faute de quoi elles sont restées largement ineffectives. Cependant, par le biais de la notion d'ordre public, certaines lois ont modifié *indirectement* des points de droit privé, tout particulièrement dans le domaine du droit des personnes et de la famille. De fait, ce droit comporte une évidente dimension « politique » : l'ordre des familles n'est-il pas le premier fondement de l'ordre de l'État ? On se limitera à deux exemples : l'ordonnance de Villers-Cotterêts (1539) et celle de Blois (1579).

1 / *L'ordonnance de Villers-Cotterêts.* — Prise par François Ier en août 1539, elle se présente comme une ordonnance de réformation de la justice. De fait, elle contient des dispositions relatives à la compétence des tribunaux, à la procédure pénale, à la procédure civile, aux formalités judiciaires. Par ce dernier point, elle touche indirectement au droit des personnes. C'est ainsi que l'ordonnance pose, comme incidemment, les fondements du futur service public de l'état civil : elle prescrit aux curés de tenir des registres de baptême (afin de prouver l'âge des personnes et savoir si elles sont majeures ou mineures : art. 51), et des registres de sépulture (« pour servir au jugement des procès où il serait question de prouver le temps de la mort » : art. 50). Ces dispositions sont d'abord inspirées par un souci d'ordre public : constituer la preuve certaine de quelques éléments de l'état des personnes afin d'éviter des procès, ou du moins de les « abréger ». Elles n'interfèrent pas directement dans les rapports de droit privé : en particulier l'âge de la majorité n'est pas uniformisé ; il continuera à être fixé, de façon assez variable, par les droits particuliers des différentes provinces (coutumes et droit romain). Reste que l'institution de l'état civil ne touche pas seulement à la « police générale du royaume » ; elle a forcément aussi des incidences sur les relations juridiques entre particuliers, donc dans la sphère du droit privé.

Toujours dans le but d'éviter des procès en clarifiant les rapports juridiques, l'ordonnance contient une disposition très importante sur la langue du droit. Dans ses articles 110 et 111, elle interdit l'usage du latin comme langue judiciaire et juridique et prescrit que tous les arrêts et jugements, pièces de procédure, contrats, testaments et autres actes juridiques soient désormais rédigés « en langage maternel françois et non autrement ». Par une interprétation tout à fait excessive de ces dispositions, on affirme parfois que François Ier aurait voulu imposer la langue française à l'ensemble du royaume, en extirpant les langues régionales. Cette « lecture » totalement anachronique anticipe de deux siècles et demi la politique linguistique qui sera celle de la Révolution (*infra,* no 172) : car l'ordonnance de 1539 ne concerne que la langue du droit et de l'État, sans s'occuper le moins du monde des langues vernaculaires – celles que les habitants des différentes provinces parlaient entre eux dans leurs rapports privés. Ces langues étaient fort diverses (au nord les dialectes de langue d'Oïl, dont le « français » de l'Île-de-

France n'est qu'une variante ; au sud les dialectes de langue d'Oc – provençal, languedocien, gascon, limousin, auvergnat... ; à la périphérie le breton, le basque, le flamand, etc.), et elles sont restées bien vivantes jusqu'à la fin de l'Ancien Régime. Si la langue française a effectivement gagné du terrain dans tout le royaume à partir du XVIe siècle, en se superposant aux langues régionales bien plutôt qu'en les remplaçant, c'est pour des raisons purement sociologiques et culturelles (le prestige de la langue du roi, langue du droit et de la grande littérature), et non en vertu d'une interdiction légale que même les théoriciens les plus absolutistes ne pouvaient imaginer.

2 / *L'ordonnance de Blois.* — Prise par Henri III en 1579, elle est très importante en matière de mariage car elle introduit en France les règles nouvelles posées par le concile de Trente dans ce domaine (*supra,* n° 114). Entre autres sujets, le concile avait légiféré sur une question qui touchait à la fois à la discipline sacramentelle et à l'ordre public, celle des mariages clandestins. On se souvient que depuis le début du XIIIe siècle, l'Église considérait que le lien matrimonial résultait du seul consentement des époux, en dehors de toute formalité substantielle (*supra,* n° 102), en sorte qu'un mariage conclu secrètement entre les seuls époux (un mariage « clandestin ») était canoniquement valable. Les inconvénients juridiques d'un consensualisme aussi radical sautent aux yeux : comment établir avec certitude l'état des gens mariés ? Comment distinguer les époux réguliers de simples concubins ? Et, du même coup, comment distinguer les enfants légitimes des enfants naturels ? La clandestinité des mariages était donc génératrice de désordres, et les puissances séculières avaient demandé à l'Église d'y remédier. C'est l'objet d'un décret du concile (*Tametsi*, déjà cité) qui a fait du mariage *un acte solennel* : pour être valable, le consentement des époux doit désormais être échangé devant le curé et des témoins. Bien que de nature à satisfaire la royauté française, puisqu'elle répondait à son attente, cette nouvelle règle n'était cependant pas applicable de plein droit dans le royaume ; car le roi, en vertu de la doctrine gallicane (*supra,* n° 114), est seul maître chez lui. Il faut donc que le décret conciliaire soit formellement « reçu » dans la législation française, et c'est justement l'un des objets de l'ordonnance de Blois (art. 40 et s.). Ici encore le roi touche à l'état des personnes, mais sur un point qui intéresse évi-

demment l'ordre public. Aussi bien l'ordonnance renforce-t-elle encore le dispositif de contrôle matrimonial en subordonnant la validité des mariages à une condition supplémentaire, non prévue par le concile : le consentement des parents des époux. Reste que les aspects proprement privatistes de la relation matrimoniale (en particulier les rapports pécuniaires entre les époux : contrat de mariage, dot, douaire, etc.) ne sont pas touchés par l'ordonnance et continuent de relever des droits locaux. Ici encore, la loi du roi s'arrête au seuil du droit privé proprement dit. Qu'en est-il au XVIIe siècle ?

129 LES GRANDES ORDONNANCES DE LOUIS XIV. — Plus que d'ordonnances de réformation, il s'agit désormais d'ordonnances de codification. À vrai dire, si l'esprit de la législation change quelque peu, les grandes ordonnances du XVIIe siècle ne sont pas substantiellement différentes de celles de l'époque précédente. Sous Louis XIII le chancelier Michel de Marillac a préparé une grande ordonnance de réformation, dans la lignée des précédentes, mais de portée plus ample. Cette ordonnance est restée à peu près lettre morte du fait de l'opposition du Parlement de Paris ; on l'appelle par dérision le « code Michaut », d'après le prénom du chancelier. C'est sous Louis XIV qu'a été accompli l'effort législatif le plus remarquable : le roi « donne » successivement l'ordonnance civile (1667), l'ordonnance des eaux et forêts (1669), l'ordonnance criminelle (1670), l'ordonnance du commerce (1673), l'ordonnance de la marine (1681), enfin l'ordonnance relative à la « police des îles de l'Amérique », dite *Code noir* (1685).

Dès 1661, décidant d'assumer personnellement le gouvernement du royaume après la mort de Mazarin, le roi projette de réformer la procédure civile et criminelle. Cinq ans plus tard, Colbert (contrôleur général des finances), lui propose de mettre en chantier une ordonnance sur le commerce et une autre sur la marine. Tôt conçus, ces projets sont rapidement menés à bien, selon une méthode rigoureuse. Le roi et son ministre confient d'abord la préparation d'un avant-projet à des commissions de spécialistes – les commissaires étant, selon le préambule de l'ordonnance civile, des « personnes de grande expérience ». Ce premier texte est ensuite examiné et amendé par un second organisme, le conseil de justice, composé surtout de conseillers d'État. Le conseil de justice siège à jour fixe, en principe chaque semaine, souvent sous la présidence effective du roi (Napoléon s'en souviendra lors de la discussion du Code civil : *infra,* n° 177). Le texte définitif est enfin mis au point au cours de conférences plus larges, où sont invités quelques « députés » du Parlement de Paris : il est intéressant de noter que ces représentants de la haute magistrature n'interviennent qu'à la fin du processus.

Quel est le domaine de ces ordonnances ? Colbert, héritier des légistes les plus étatistes, souhaitait une codification aussi complète que possible du droit français. « L'unité de la législation, écrivait-il au roi, serait assurément un dessein digne de la grandeur de Votre Majesté, et lui attirerait un abîme de bénédictions et de gloire. » Un tel projet, à vrai dire, était démesuré. Plus modéré que son ministre, ou plus conscient que lui des limites de son propre pouvoir, Louis XIV ne l'a jamais fait sien. C'est pourquoi l'entreprise législative est restée dans des limites beaucoup plus modestes : celles d'une simple codification (même pas exhaustive) de la procédure. Ainsi, l'ordonnance civile de 1667 n'est en aucun cas un *Code civil,* pas plus que l'ordonnance criminelle de 1670 n'est un *code pénal.* L'une et l'autre, dans la ligne des ordonnances de réformation de l'époque antérieure, ne sont que des *codes de procédure.* Leur utilité est néanmoins patente : car la procédure, réglée dans les deux domaines civil et pénal par une longue suite d'ordonnances accumulées, présentait de ce fait un certain nombre d'obscurités et de contradictions. Une telle situation laissait libre cours à la « malice des plaideurs », à la « cautèle des avocats » et à l'improvisation des tribunaux ; d'où une excessive « variété de jugements » – des jurisprudences incohérentes d'un ressort à l'autre –, des incertitudes, des complications, des lenteurs, des « frais de poursuites » disproportionnés, et « la ruine des familles par la multiplicité des procédures »... Au pénal, on pouvait déplorer des disparités dans le traitement des accusés, par exemple en matière de nullités. Comme le dit le roi dans le préambule de l'ordonnance civile, il s'agissait donc de remédier à tous ces défauts « par l'établissement d'un style (= une procédure) *uniforme* dans toutes nos cours et sièges ». De fait les deux ordonnances civile et criminelle ont à la fois simplifié, régularisé et unifié la procédure dans l'ensemble des tribunaux du royaume. Encore faut-il remarquer que cette *unification* des procédures civile et criminelle n'est pas allée jusqu'à une totale *uniformisation* : les Parlements ont en effet donné sur certains points des interprétations différentes des termes de la loi, dans la ligne de leurs pratiques antérieures, laissant ainsi subsister un pluralisme mineur.

Si les deux premières ordonnances, celles de 1667 et de 1670, concernent exclusivement la procédure, il en va différemment des deux suivantes, elles aussi préparées sous la direction de Colbert : les ordonnances du commerce et de la marine. L'une et l'autre se rattachent à la politique économique de la monarchie. Car l'État d'Ancien Régime a une politique économique, qui est une partie de la « police générale » et se rattache par là à la justice, au sens large du mot : le roi a le devoir d'assurer la subsistance matérielle de ses sujets et d'améliorer leurs conditions de vie. Mais l'objectif est aussi la puissance du royaume, qui implique évidemment sa prospérité. Colbert a fait sienne la doctrine mercantiliste : il s'agit de développer les productions et le commerce français, afin d'exporter le plus possible et d'importer le moins possible. Comment développer le commerce ? Colbert s'enquiert des usages du droit commercial et du droit maritime. On les trouve, là encore, disparates et incertains ; et aussi, quant au droit maritime, très largement tributaires de l'étranger (en l'espèce l'Angleterre, le concurrent direct, bientôt l'ennemi, à partir de 1688). Il s'agit donc d'unifier les grands principes du droit commercial et de « franciser » autant que possible le droit maritime. C'est dire que les deux ordonnances de 1673 et de 1681, loin de se limiter à la procédure, touchent au fond même du droit. Mais il faut bien voir que le droit commercial, comme le droit maritime étaient restés largement ignorés du droit coutumier proprement dit. Les grandes rédactions coutumières du XVIe siècle n'ont pas concerné ces matières, régies plutôt par des usages disparates que par des coutumes proprement dites. Ainsi la promulgation des ordonnances du commerce et de la marine, bien que comportant du droit substantiel (des règles de fond, et pas seulement de procédure), ne constitue pas une atteinte au système coutumier : si le roi légifère, ce n'est pas *contre* la coutume, mais *en l'absence* de coutume, ou pour écarter des coutumes étrangères. Ainsi, même sous Louis XIV, roi réputé absolu, la monarchie n'a pas légiféré directement contre les coutumes. Pour trouver les premières véritables exceptions à cette règle, il faut attendre le second tiers du XVIIIe siècle, et les ordonnances du chancelier d'Aguesseau.

130 Les ordonnances du chancelier d'Aguesseau. — Ces ordonnances constituent un début, à vrai dire encore timide, d'unification du droit privé par voie législative. Issu d'une lignée de juristes régaliens (partisans d'un pouvoir royal fort, et donc de l'extension des prérogatives de la couronne), Henri d'Aguesseau a préparé trois ordonnances dont les deux plus importantes concernent les donations (1731) et les testaments (1735). Il s'agit de deux points très précis, sur lesquels la diversité coutumière paraissait particulièrement gênante. Toutefois, comme la démarche était nouvelle, car cette fois on touchait vraiment au fond du droit privé, le chancelier a préparé sa réforme avec beaucoup de précautions. Il a commencé par consulter les hautes juridictions du royaume, Parlements et conseils souverains, en leur envoyant des questionnaires précis. Les réponses faisant apparaître des divergences entre les Parlements des pays de coutumes et ceux des pays de droit écrit, des négociations se sont engagées pour tenter de rapprocher les points de vue. Négociations difficiles ! Ainsi, tout le monde était d'accord pour adopter « une forme de testament qui fût commune et uniforme dans tout le royaume », mais personne ne voulait renoncer à sa « forme » particulière. Sur ce point précis la discussion a duré près de cinq ans. Finalement le chancelier a accepté que subsistent deux formes différentes de testaments, l'une pour le nord, l'autre pour le Midi. Si l'on n'est pas parvenu à une unification complète, il y a eu du moins une réelle simplification : les variantes propres aux différentes coutumes des pays coutumiers étant éliminées, seul subsiste désormais le dualisme entre pays de coutumes et pays de droit écrit – il subsistera jusqu'au Code civil. La troisième ordonnance préparée par le chancelier n'a été publiée qu'en 1747 : elle concerne les substitutions, une institution du droit successoral sur laquelle nous reviendrons plus loin (*infra,* n° 171-2).

131 Le rôle « législatif » des Parlements. — On voit bien, au terme de cette leçon, dans quels domaines s'est développée la législation royale. Elle s'est donné libre cours dans toutes les matières touchant à l'ordre public, dans sa définition la plus large : non seulement la « police générale » (c'est-à-dire l'administration), mais aussi la police au sens actuel ; l'organisation des grands services publics, avec une attention particulière portée au premier d'entre eux, la justice ; enfin le fonctionnement des services de l'État, ce qui inclut, s'agissant de la justice, toutes les règles de procédure. Cet ensemble, qui constitue le vaste champ du droit public, a été dès la fin du Moyen Âge le domaine d'une intense activité législative. En revanche la royauté est restée d'une grande timidité dans le domaine du droit privé, sauf par exception, lorsque l'ordre public était concerné, ou en l'absence de règles précises ; et c'est seulement à l'extrême fin de l'Ancien Régime que quelques ordonnances ont franchement touché – mais seulement sur des points précis – au fond même de ce droit.

Comment expliquer cette timidité législative de la monarchie en matière de droit privé ? Elle tient d'abord à la nature même du droit coutumier (ou du droit romain, considéré comme « coutume générale » du Midi) : le droit propre des provinces s'analysait en termes de privilèges, et même en termes de propriété – c'était un aspect du patrimoine collectif des divers « pays » – et c'est pour cette raison que le roi s'est longtemps considéré comme tenu de le respecter. Contrairement à ce qu'affirmaient les légistes imbus de droit romain, *le roi ne pouvait pas tout faire*, ou du moins *il ne se reconnaissait pas le droit de tout faire*. Or, et cela constitue sans aucun doute une autre explication de la prudence royale à légiférer en matière de droit privé, l'analyse du pluralisme juridique comme résultant des « libertés » légitimes des provinces était très généralement admise par les Parlements. Depuis la fin du Moyen Âge, ceux-ci étaient associés à la procédure législative par le biais de l'*enregistrement* des lettres patentes. Il faut expliquer cette expression. On appelle *lettres patentes* (du latin *pateo, patere* : être ouvert) les actes royaux présentant un caractère public et de ce fait adressés « à tous, présents et à venir » : lettres *ouvertes*, donc, par opposition aux lettres *closes*, strictement privées, qui étaient envoyées fermées à leur seul destinataire particulier. Pour que les magistrats puissent en tenir compte et les appliquer, les lettres patentes étaient adressées par le chancelier, au nom du roi, à toutes les juridictions du royaume – et d'abord aux plus importantes, les cours souveraines (Parlements, conseils souverains, etc.). À la réception des lettres, les magistrats devaient les transcrire dans leurs registres – les *enregistrer* – ce qui permettait, en les faisant connaître, de les rendre applicables dans le ressort. Cette procédure obligatoire de l'enregistrement concernait tout particulièrement les ordonnances, qui étaient expédiées « en forme de lettres patentes ».

C'est par ce biais de *l'enregistrement des ordonnances* que les cours souveraines, et d'abord le Parlement de Paris, ont été associées à l'œuvre législative. En effet, avant d'enregistrer les actes royaux, les cours souveraines avaient traditionnellement le devoir de faire si nécessaire des observations au roi, sous forme de *remontrances*. Il s'agissait au départ d'observations purement techniques, que le roi recevait volontiers dans la mesure où elles avaient pour seul objectif l'amélioration juridique du texte. Mais à partir du XVIe siècle, le Parlement de Paris ne s'est pas contenté d'un simple *contrôle technique* de la régularité juridique des actes royaux, il s'est arrogé un véritable *contrôle d'opportunité*, critiquant à l'occasion le fond même de la mesure. Certes, le roi pouvait passer outre, par la procédure assez lourde des « lettres de jussion » et des « lits de justice » ; les Parlements considéraient néanmoins qu'ils étaient *associés* à l'édiction de la loi, et certains parlementaires allèrent jusqu'à dire, par exemple au moment de la Fronde (1648-1652), que le roi *faisait la loi avec eux*. Louis XIV mit un terme provisoire à ces prétentions en décidant que les remontrances ne seraient reçues qu'une fois l'enregistrement effectué (art. 2 du titre Ier de l'ord. civile). Il n'empêche que les Parlements restaient des puissances à ménager, surtout dans leur rôle de défenseurs des privilèges des provinces et du pluralisme juridique traditionnel. On a vu de quelle manière ils ont résisté au chancelier d'Aguesseau à propos de la forme des testaments : tous étaient d'accord pour adopter une forme unique, à condition que ce fût la leur ! Et même sous Louis XIV, les Parlements ont opposé la plus ferme résistance à des mesures qu'ils considéraient comme attentatoires aux droits particuliers de leurs ressorts, surtout dans le Midi.

132 Au terme de cette leçon consacrée au développement du pouvoir normatif du roi de France s'impose l'idée d'une *autolimitation de la royauté*. Bien que le roi fût reconnu dès la fin du Moyen Âge par les légistes comme maître « absolu » de la loi, ce prétendu *absolutisme législatif* est resté en pratique *limité* par le respect des sources traditionnelles du droit – du moins des sources

« nationales » : le corps massif du droit coutumier. Pour autant, comme on l'a vu, la royauté n'a pas ignoré les coutumes. Au dernier siècle de l'Ancien Régime, celles-ci se combinent avec la législation royale pour constituer ce que l'on appelle désormais le « droit français ». Ce sera l'objet de la prochaine leçon.

Pour aller plus loin

133 Des recueils d'ordonnances royales ont été publiés dès le XVIe siècle. Les plus célèbres sont ceux de Pierre Rebuffe (1573), Barnabé Brisson (*Code du roi Henri III*, compilé en 1585, peu fiable), Antoine Fontanon (1611), Pierre Guénois (1660), Néron et Girard (1720), etc. La publication de loin la plus célèbre a été commencée au début du XVIIIe siècle sous l'impulsion du chancelier de Pontchartrain et a duré jusqu'au XIXe s. : E. de Laurière et autres, *Ordonnances des rois de France de la troisième race*, 21 vol. in-f°, 1723-1849 (dites *Ordonnances du Louvre*). Au XIXe siècle un recueil plus sommaire a été publié par Isambert et autres, *Recueil général des anciennes lois françaises*, 28 vol. in-8°, Paris, 1821-1833. Les ord. de Louis XIV ont été publiées aussitôt après leur promulgation par Bornier, *Conférence des ordonnances de Louis XIV*, 1678. – Pour une vue complète des recueils d'ordonnances publiés, v. J.-C. Garetta, Les sources de la législation de l'Ancien Régime ; guide bibliographique, *MSHB*, 1968-1969 (*Études G. Chevrier*, I), p. 275-364.

Sur le fond, les études abondent. La question des rapports entre législation royale et droit privé mériterait encore de longs développements. Il est certain que le principe dit « de non-immixtion » du pouvoir royal dans la sphère du droit privé (qui est bien plutôt une *pratique* qu'un *principe* au sens strict) a connu des exceptions précoces, en particulier sous Philippe Auguste. À ce sujet, on peut faire deux remarques : 1 / Ces dispositions interviennent à un moment où la coutume elle-même, stimulée par la renaissance des droits savants, est en pleine phase de formulation : on peut estimer que ces dispositions « législatives » interviennent en l'absence de coutume certaine, ou du moins bien fixée ; aussi bien celles qui sont acceptées par le corps social sont bien vite considérées comme des coutumes ; les autres, heurtant une coutume déjà installée, sont rejetées ; 2 / Ces dispositions qui relèvent selon nos critères actuels du « droit privé » concernent très précisément le *droit successoral* ; or ce droit, s'agissant en l'espèce des successions aux fiefs, présente un évident intérêt *politique* : on n'est pas loin du droit public... Encore faut-il s'entendre, justement, sur le périmètre respectif du droit public et du droit privé : dans son Étude exploratoire sur l'effectivité des lois et la souveraineté du roi en droit privé..., *Cuadernos de Historia del derecho*, Madrid, 1994, p. 139-192, A. Desrayaud conteste la thèse classique de la « timidité législative » du roi de France en matière de droit privé ; mais c'est en considérant que relèvent du droit privé « la procédure, le droit civil, le droit criminel et le droit commercial » (p. 141-142), c'est-à-dire toutes les disciplines inscrites *aujourd'hui* au programme de l'agrégation de droit privé et qui sont enseignées par les professeurs de droit *privé* : une telle définition est évidemment anachronique, la procédure et le droit criminel étant unanimement considérés, dans l'Ancien Régime, comme des branches du droit *public*.

Sur les ord. de Villers-Cotterêts et de Blois, v. A. Lefebvre-Teillard, *Introduction au droit des personnes…, op. cit.,* avec une bibliographie complète. Pour les articles 110 et 111, cf. notre étude citée *infra,* n° 174. – La « codification » louis-quatorzienne a suscité beaucoup d'études. Pour une vue générale, v. les entrées « Code Louis » et « Ordonnances » du *Dictionnaire du Grand Siècle,* dir. F. Bluche, Paris, Fayard, 1990. – Sur d'Aguesseau, il faut toujours se reporter à H. Regnault, *Les ordonnances civiles du chancelier d'Aguesseau,* Paris, 1929, à cpl. avec I. Storez, *Le chancelier Henri François d'Aguesseau (1668-1751), monarchiste et libéral,* Paris, Publisud, 1996, qui donne la bibliographie récente.

Leçon 16

Le droit français à la fin de l'Ancien Régime

134 En pratique, un droit proprement français existe depuis le Moyen Âge : ce sont les différentes coutumes, locales ou régionales, et ce sont surtout, à l'échelle du royaume tout entier, les lois du roi. Cependant la *notion* de droit français n'a vraiment été dégagée qu'au XVIe siècle, avant de constituer, sous Louis XIV, une discipline universitaire à part entière (I). Mais le droit français n'est pas seulement une notion doctrinale : car les normes qui le constituent – ordonnances royales, coutumes rédigées en pays de coutumes, droit écrit dans le Midi – sont mises en œuvre par une *jurisprudence* très active, en particulier au niveau des Parlements, et elles sont complétées par une *réglementation* foisonnante à l'édiction de laquelle les Parlements ont aussi leur part (II).

Section I
La notion de « droit français »

135 QUEL EST LE DROIT COMMUN DU ROYAUME ? — L'idée qu'il y a des principes communs aux différentes coutumes, ce que l'on appellera plus tard une « coutume générale du royaume », est ancienne. On trouve une allusion très précoce à la coutume du royaume *(consuetudo regni* et *usus regni)* dans une lettre écrite en 1164 par le roi Louis VII à la vicomtesse Ermengarde de Narbonne, qu'un rival prétendait évincer de son héritage en raison de sa féminité : la « coutume du royaume, lui écrit le roi, est plus douce que les lois des empereurs » (c'est-à-dire le droit romain) à l'égard des femmes. À la fin du XIIIe siècle, Beaumanoir cite parmi les sources auxquelles il a puisé pour composer son ouvrage « le droit qui est commun à tous au royaume de France » (§ 6) ; il le cite à la fin de son énumération, pour bien marquer son caractère supplétoire. Même si le sens de l'expression *droit commun* a été discuté (certains ont cru y voir une allusion au droit romain), il ressort d'autres passages du coutumier que Beaumanoir désigne bien par là les règles fondamentales observées dans tout le royaume (par ex. aux §§ 348 et 520). Cette idée, d'abord exceptionnelle, se rencontre ensuite au Parlement, où le procureur du roi invoque de plus en plus souvent la « coutume générale du royaume ». Au XVIe siècle, la notion se banalise. La rédaction des coutumes, la multiplication de leurs textes grâce à l'imprimerie, permettent d'en faire la « conférence ». Comme on l'a dit, cette comparaison fait apparaître des divergences (que la réformation, dans la seconde moitié du siècle, tendra à réduire) ; mais elle montre aussi des convergences, voire des similitudes. Ainsi y a-t-il des principes généraux, parfois des dispositions particulières, que l'on retrouve dans des coutumes différentes, voisines ou non. À partir de ce constat, certains juristes se sont mis à rêver : pourquoi ne pas envisager un rapprochement complet de toutes les coutumes, leur fusion en un corps unique ? Ce projet, si l'on en croit Commynes, aurait déjà été dans la seconde moitié du XVe siècle celui du roi Louis XI ; il est repris au XVIe siècle par le juriste parisien Charles Dumoulin (1500-1566), qui propose même une méthode pour parvenir à la « concorde et union » de toutes les coutumes de France *(Oratio de concordia et unione consuetudinum Francie).* C'était évidemment prématuré.

Plus pratique en revanche était la question du *droit supplétoire :* lorsqu'une coutume est muette sur tel ou tel point, quelle règle appliquer ? Dans le Midi de la France, tout comme en Italie, la réponse allait de soi : le droit supplétoire, celui qui s'applique en l'absence de coutume ou de statut local, c'est le droit romain. Le droit romain est en effet *droit commun*, les droits locaux n'étant que des *droits propres* (*supra,* n° 94). Le droit commun étant de principe, et les droits propres (ou particuliers) de simples exceptions, il faut interpréter ces derniers *strictement* (= de façon restrictive : c'est l'adage *Statuta sunt stricte interpretanda*). En va-t-il de même en pays de coutumes ? Au Moyen Âge, les juristes coutumiers l'avaient volontiers admis. Pourquoi le droit romain, considéré comme « raison écrite », n'aurait-il pas aussi fourni des solutions en cas de silence de la coutume locale ? Mais faire du droit romain le droit commun des pays de coutumes n'allait pas sans risque pour l'avenir du droit coutumier lui-même : à terme, ce choix pouvait conduire à l'élimination progressive des droits locaux, ou du moins à leur marginalisation, et donc à une romanisation insidieuse mais inéluctable des provinces du Nord – selon un processus comparable à celui qui s'était produit à partir du XIIIe siècle dans le Midi.

C'est contre cette perspective que Dumoulin s'est violemment élevé, en qualifiant tout simplement de « stupide » l'idée que le droit de Justinien puisse être reconnu comme droit commun des pays de coutumes. Le droit romain, affirme-t-il dès 1539 dans ses *Commentaires sur les coutumes de Paris*, est en France un droit étranger, et les coutumes françaises ne sont pas de simples statuts ; *elles constituent en elles-mêmes un droit commun :* « Les Francs et les Gaulois ont toujours eu des coutumes générales et communes – en particulier dans les successions, les héritages, les régimes matrimoniaux, les fiefs, les cens, les retraits – sensiblement différentes du droit commun des Romains, auxquels les Francs n'ont jamais été soumis. Et ces coutumes générales et communes étaient vraiment *le droit commun* des Francs et des Gaulois. Au début les coutumes locales étaient très rares, dans la mesure où il n'y avait qu'une seule juridiction suprême pour tout le royaume, une sorte de Parlement ambulatoire. Mais ensuite, le temps passant, les coutumes se sont localement diversifiées et multipliées, et chaque province eut la sienne... Ainsi, lorsque la coutume provinciale est douteuse ou lorsqu'elle fait défaut..., il ne faut pas recourir au droit des Romains, mais *aux coutumes voisines ou aux coutumes générales de la Gaule*. Car le droit des Romains n'est ici d'aucune utilité et ne peut pas être considéré comme droit commun, excepté dans les provinces... qui sont régies par le droit écrit. » C'est donc dans les coutumes elles-mêmes qu'il faut chercher des solutions à leurs lacunes éventuelles, c'est à partir des coutumes qu'il faut dégager les règles d'un « droit commun coutumier ».

Si ce concept est à vrai dire encore à l'état latent chez Dumoulin, il se précise à la fin du siècle chez des auteurs comme Guy Coquille ou Antoine Loisel. « *Nos coutumes*, écrit le premier, *sont notre droit civil*, de même force et vigueur qu'était à Rome le droit civil des Romains. Et à mon avis c'est une erreur de comparer nos coutumes aux statuts [municipaux] dont parlent les docteurs italiens, car en Italie le droit commun est le droit civil romain, et si dans certaines villes et territoires il y a quelques lois particulières qui soient contraires ou différentes du droit civil romain, ce sont des statuts qu'il faut interpréter strictement, comme contraires au droit commun. Mais dans la France coutumière le droit civil romain n'est pas le droit commun, il n'a pas force de loi, il sert seulement pour la raison, et *nos coutumes sont notre vrai droit civil*, de sorte qu'il n'est pas besoin de les interpréter de façon stricte... » (*Institution au droit français*, 1607). Quant à Loisel, ses *Institutes coutumières* (publiées à la suite des *Institutions* de Coquille) se veulent ouvertement un ouvrage préparatoire à l'unification du droit coutumier : c'est un recueil de maximes ou adages juridiques puisés dans l'ensemble des coutumes, avec une prédilection pour celles de Paris, de Reims et du Vermandois. Au XVIIe siècle, le premier président du Parlement de Paris, Guillaume de Lamoignon, tente dans ses *Arrêtés* (publiés seulement en 1702) une synthèse coutumière dont la coutume de Paris constitue la référence majeure. Mais c'est surtout Bourjon, obscur juriste parisien, qui va faire de cette coutume l'axe central du droit commun coutumier en publiant en 1747 *Le droit commun de la France et la coutume de Paris réduits en principes*. Dès lors le droit commun coutumier réside d'abord dans la coutume de Paris, dont le texte réformé de 1580, nous l'avons dit, était d'une grande qualité juridique. Chose remarquable, l'opinion faisant du droit parisien le droit commun du royaume, et donc le cœur du droit français tout entier, a fini par gagner le Midi, où le juriste Claude Serres la soutient peu après 1750 dans la préface de ses *Institutes au droit français*. Il s'agissait d'un manuel à l'usage des étudiants en droit, auxquels était enseignée depuis peu une discipline nouvelle : le *droit français*.

136 L'ENSEIGNEMENT DU DROIT FRANÇAIS. — Depuis le Moyen Âge, seuls le droit romain et le droit canonique faisaient l'objet d'un enseignement universitaire. Le droit coutumier s'apprenait simplement par la pratique. C'est ce que constate Guy Coquille, à la fin du XVIe siècle, pour le déplorer : si les jeunes juristes peuvent être très savants en droit romain, ils sont toujours « apprentis et novices » en matière coutumière, comme d'ailleurs aussi en procédure – domaines propres du droit français. D'où une suggestion : que soient instituées dans toutes les facultés de droit des chaires de droit français. Ce souhait n'a été exaucé que près d'un siècle plus tard, par Louis XIV. C'est l'objet de l'article 14 de l'édit promulgué à Saint-Germain-en-Laye en avril 1679 sur l'enseignement du droit : « Afin de ne rien omettre de ce qui peut servir à la parfaite instruction de ceux qui entreront dans les charges de judicature, nous voulons que *le droit français contenu dans nos ordonnances et dans les coutumes* soit publiquement enseigné ; et à cet effet nous nommerons des professeurs qui expliqueront les principes de la *jurisprudence* française et qui en feront des leçons publiques... » Désormais le droit français devenait une discipline universitaire à part entière, à côté des droits romain et canonique. Et cet enseignement, en stimulant la réflexion des maîtres et les publications de cours (le plus souvent sous forme d'*Institutes* ou de *Principes* à vocation générale, ou de traités sur des sujets plus étroits), favorisa un nouveau développement de la doctrine. À cet égard le maître le plus remarquable fut Pothier (1699-1772), professeur de droit français à Orléans, dont les travaux ont été abondamment utilisés par les rédacteurs du Code civil.

Section II
L'application du droit français

137 LA PART DE LA JURISPRUDENCE. — L'article 14 de l'Édit de Saint-Germain, on vient de le voir, mentionnait « la jurisprudence française », après les ordonnances et les coutumes, comme constitutive du droit français. Le mot *jurisprudence* doit être ici entendu dans son sens romain, c'est-à-dire au sens de *doctrine* : celle-ci constitue, depuis Rome, le domaine propre des professeurs. Pour autant, la jurisprudence au sens actuel – c'est-à-dire l'ensemble formé par les décisions de justice et les principes interprétatifs qui les sous-tendent – a joué aussi un rôle important. En effet, depuis le

Moyen Âge, les juges royaux, du moins ceux du Parlement, étaient devenus les juges et les interprètes du droit coutumier : parlant au nom du roi, ils avaient à écarter les mauvaises coutumes, mais aussi à préciser et à formuler clairement les bonnes. Quant aux ordonnances, elles présentaient parfois des obscurités qu'il appartenait aux juges de lever. Au surplus, dans certains cas, la loi laissait expressément aux juges un pouvoir d'appréciation plus ou moins large (en particulier en matière pénale).

Du point de vue théorique, l'autorité des juges n'était pas différente de celle du roi, dont ils n'étaient que des délégués directs ou indirects (à la fin du Moyen Âge, même les juges seigneuriaux ou municipaux n'étaient censés juger que par délégation du roi). Lorsqu'ils avaient à interpréter la coutume ou la loi, leur premier critère devait être la *raison* – cette même raison que nous avons déjà trouvée à l'œuvre dans la législation royale. C'est donc par un *raisonnement* fondé sur le critère du *raisonnable* que les juges du roi interprètent lois et coutumes. Dès le XIVe siècle, les avocats qui plaident devant le Parlement s'efforcent de garder le souvenir des arrêts les plus remarquables (ceux que l'on appellera plus tard « arrêts notables ») afin de pouvoir les alléguer au besoin. Certains en constituent même des recueils : le plus célèbre, au Moyen Âge, est celui de Jean Le Coq. À partir du XVIe siècle, grâce à l'imprimerie, ces recueils se multiplient ; on appelle leurs auteurs des *arrêtistes*. Pour autant, il ne faudrait pas croire que l'ancienne France ait connu un système de *précédent* comparable à celui du droit anglais : le Parlement, délégataire de la souveraineté du roi, n'est pas lié par ses décisions antérieures. Il est libre de décider comme il l'entend, à l'instar du roi lui-même, et sans donner ses « raisons » – c'est pourquoi ses arrêts ne comportent pas de *motifs*. Néanmoins, même si les juges restent toujours maîtres de leur jurisprudence, on considère qu'en pratique ils ne peuvent pas la changer *sans raison :* d'où l'utilité des recueils d'arrêts.

S'est ainsi développée une jurisprudence de plus en plus abondante et hardie. Non seulement les Parlements interprètent les coutumes et le droit romain avec une grande liberté, ajoutant et retranchant, mais encore ils n'hésitent pas à en user de même avec les lois du roi. On l'a dit : à partir du XVIe siècle, les parlementaires sont de plus en plus enclins à se considérer comme les *co-auteurs* des lois. C'est pour couper court à leurs prétentions que Louis XIV leur interdit de faire des remontrances préalables à l'enregistrement, les remettant ainsi à leur place initiale de simples juges délégués (*supra,* n° 131). Mais en même temps, pour marquer nettement la subordination des juges à la volonté royale exprimée dans un texte législatif, *le roi leur interdit expressément d'interpréter la loi* : « Si dans les jugements des procès qui seront pendants en nos cours de Parlement et autres... il survient aucun doute ou difficulté sur l'exécution de quelques articles de nos ordonnances, édits, déclarations et lettres patentes, nous leur défendons de les interpréter, mais voulons qu'en ce cas elles aient à se retirer par-devers nous pour apprendre ce qui sera de notre intention » (art. 7 du titre Ier de l'ord. civile). Cette disposition, renouvelée de Justinien (spéc. le § 21 de la seconde préface du Digeste : *supra,* n° 30) et qui annonce le « référé législatif » de la Révolution (*infra,* n° 166), était destinée à mettre les parlementaires au pas. Si elle avait été exécutée, elle leur aurait enlevé toute latitude dans l'application du droit et aurait tué la jurisprudence. Tel ne fut pas le cas : comme souvent dans l'Ancien Régime, une fois passé « l'effet d'annonce », la royauté laissa faire ; grâce à quoi l'interprétation judiciaire, et donc la jurisprudence, eurent encore de beaux jours. Il n'empêche que la tentative louis-quatorzienne annonçait l'époque suivante : celle, révolutionnaire, du légalisme triomphant.

138 Le foisonnement normatif. — Le tableau de l'ancien droit français ne serait pas complet s'il ne faisait sa place à cette activité normative de second rang que nous appelons aujourd'hui « réglementaire ». À l'époque féodale, du fait de l'émiettement du pouvoir de commandement (pouvoir de ban), de très nombreuses autorités (et pas seulement le roi ou les princes territoriaux) disposaient du droit de donner des ordres à leurs sujets, y compris sous forme de dispositions générales et durables : on parle là aussi d'établissements, d'ordonnances ou de statuts. Lorsque les villes accédèrent à l'autonomie, à partir du XIIe siècle, les autorités municipales disposèrent elles aussi d'un pouvoir normatif plus ou moins étendu. En Italie et dans le Midi de la France (en particulier à Montpellier), ce pouvoir fut défini comme *potestas statuendi*, pouvoir de faire des « statuts ». Par la suite, lorsque les seigneuries et les villes furent intégrées dans le corps du royaume, et devinrent des éléments de sa structure institutionnelle, cette intégration laissa néanmoins subsister de larges pans d'autonomie : c'est ainsi que de nombreux seigneurs et magistrats urbains conservèrent leur droit de rendre la justice et celui de faire des règlements – le tout, naturellement, sous réserve d'un contrôle royal. En théorie, le droit de prendre des dispositions « réglementaires » est directement lié à la compétence judiciaire : le « justicier » est plus largement responsable du bon ordre et de la bonne administration de la communauté dont il a la charge, il lui incombe donc de prendre des dispositions durables et permanentes en vue de l'assurer. On retrouve ici – et ce n'est pas étonnant – le même fondement d'intérêt général (« commun profit ») qui était déjà celui, au plus haut niveau, du pouvoir normatif du roi. La compétence réglementaire des seigneurs et des villes s'est donc exercée dans les divers domaines de la « police », au sens large du mot : cultures (par ex. la proclamation du « ban » des vendanges, c'est-à-dire de la permission de vendanger), santé publique (par ex. lutte contre les épidémies), approvisionnements, voirie, urbanisme, sécurité (ordre public au sens étroit)...

Si jusqu'à la fin de l'Ancien Régime une part de la justice et de la police a ainsi été laissée aux seigneurs et aux villes, il n'en demeure pas moins que ces tâches ont surtout incombé – et de plus en plus – aux agents du roi. Ceux-ci, selon la logique générale de l'Ancien Régime qui liait toujours justice et police, étaient en même temps des administrateurs et des juges. Ainsi, au fur et à mesure que le domaine du roi s'est étendu, que sa justice s'est développée et que son administration s'est étoffée, les agents ou organismes royaux dotés de pouvoirs réglementaires se sont multipliés. Parmi ceux-ci, à côté des agents de caractère principalement administratif (par ex., à la fin de l'Ancien Régime, les intendants de provinces – dont on dit parfois trop rapidement qu'ils ont été les « ancêtres » des actuels préfets), on trouve les Parlements.

C'est là un point très important : les Parlements n'ont pas seulement exercé leurs compétences juridictionnelles normales (en rendant des arrêts sur des affaires particulières), ils n'ont pas seulement concouru à la formulation de la loi par la procédure de l'enregistrement des ordonnances, ils ont aussi pris des mesures de portée générale valables pour l'ensemble de leur ressort : ce sont les *arrêts de règlement*, destinés à combler les lacunes de la loi ou à l'interpréter. Touchant tous les domaines, y compris certains points de droit privé, ces arrêts ont été nombreux jusqu'à la fin de l'Ancien Régime ; néanmoins les arrêts de règlement portant sur des matières de droit privé sont devenus beaucoup plus rares au XVIIIe siècle, l'interprétation du *corpus* coutumier étant désormais achevée. Cette activité réglementaire constitue un aspect, et non le moindre, de la puissance des anciens Parlements qui n'ont pas hésité à la comparer au *jus edicendi* du préteur romain (*supra*, n° 21). En réalité l'arrêt était rendu « par provision » (en attendant une intervention législative sur le point concerné), et « sous le bon plaisir du roi ». De plus, comme toutes les autres décisions des Parlements, il pouvait le cas échéant être cassé par le conseil du roi (« le roi en son conseil »).

139 DROIT FRANÇAIS ET LANGUE FRANÇAISE. — Pour conclure, on esquissera un parallèle entre l'histoire du droit et l'histoire de la langue. On peut remarquer d'abord que le droit français est le droit commun du royaume, comme la langue française en est la langue commune : nous disons bien *communs*, et non pas *uniques*. Aussi bien le travail des juristes français en faveur des coutumes n'est-il pas sans rapports avec l'extraordinaire promotion de la langue française par les grands écrivains du siècle, de Rabelais à Montaigne en passant par les poètes de la Pléiade – on songe tout particulièrement à la *Défense et illustration de la langue française* de Joachim du Bellay (1548). L'idée commune, c'est que la France peut dépasser l'héritage de Rome (et, pour les belles-lettres, de l'Italie) en suivant sa propre voie – en somme, sa voie « nationale ». De même que la langue française, dûment augmentée et épurée, ne le cède en rien à la langue latine (ou à sa « fille » italienne) pour exprimer des idées nobles ou profondes, de même les coutumes françaises, dûment rédigées et amendées, peuvent-elles suffire à régler les rapports juridiques de droit privé, du moins dans les « pays » où elles ont conservé toute leur force. Et ce n'est évidemment pas un hasard si ces pays coutumiers sont en même temps, à peu de choses près, ceux où l'on parle la langue d'oïl – dont le français proprement dit (la langue de l'Île-de-France, et donc du roi et de sa cour) constitue la forme centrale. C'est dans le même contexte qu'il faut replacer les articles 110 et 111 de l'ordonnance de Villers-Cotterêts faisant du français la langue officielle de la justice et du droit (*supra*, n° 128). Les juristes de droit français participeront eux-mêmes à l'effort d'épuration de la langue française dans leur propre domaine : ainsi lorsque Loisel rédigera à l'extrême fin du siècle ses *Institutes coutumières*, il s'efforcera de donner à ses adages une forme classique, voire, dans leur extrême concision, « attique » (S. Rials). Une remarque encore : cette recherche d'une *voie française* dans le double domaine de la langue et du droit ne signifie évidemment pas que l'on renie les fondements latins de la culture « nationale ». Il s'agit simplement de faire en sorte, à partir de racines reconnues et acceptées, que l'arbre continue à pousser : la *tradition*, certes, mais *vivante*, et donc ouverte aux temps nouveaux.

Pour aller plus loin

140 Sur les origines médiévales de la notion de droit commun coutumier, v. P. Petot, Le droit commun de la France selon les coutumiers, *RHD*, 1960, p. 412-429. La lettre de Louis VII à la vicomtesse de Narbonne, citée au n° 135, est publiée au *Recueil des Historiens... de France*, t. XVI, n° CCLXXX ; une enquête complète serait à mener sur ce sujet. – Sur Loisel, v. *supra*, n° 123 ; sur Bourjon, outre A.-J. Arnaud, *Les origines doctrinales du Code civil français*, Paris, 1969, v. aussi R. Martinage-Baranger, *Bourjon et le Code civil*, Paris, 1971. – L'enseignement du droit français en application de l'édit de 1679 a été étudié en dernier lieu par J. Poumarède, La chaire et l'enseignement du droit français à la Faculté des droits... de Toulouse, *Rec. de l'Acad. de Législation de Toulouse*, 1967, p. 41-131, et Ch. Chêne, *L'enseignement du droit français en pays de droit écrit*, Genève, 1982 (avec bonne bibliographie). – Sur le développement de la jurisprudence : J. Hilaire et C. Bloch, Connaissance des décisions de justice et origine de la jurisprudence, *Judicial Records, Law Reports and the growth of Case Law*, Berlin, 1989, p. 47-68. Sur les arrêtistes, v. E. Meynial, Les recueils d'arrêts et les arrêtistes, *Livre du centenaire du Code civil*, Paris, 1904, p. 173-204. – Pour se faire une idée du foisonnement des autorités réglementaires à la fin de l'Ancien Régime, il faut se reporter au *Dictionnaire de la Police* du commissaire de police parisien Nicolas Delamare (4 vol. in-f°, 1704-1738). L'importante question des arrêts de règlement a été récemment reprise par Ph. Payen, *Les arrêts de réglement du Parlement de Paris au XVIIIe siècle*, Paris, 1997, qui met en exergue le rôle du Procureur général dans l'initiative et la préparation de ces arrêts et développe une réflexion d'ensemble sur le « pouvoir réglementaire » avant 1789. L'activité réglementaire de l'administration royale et la liaison administration/justice pose la question de savoir s'il a existé une « justice administrative » dans l'ancienne France. Certains publicistes contemporains répondent par l'affirmative et font remonter cette « juridiction administrative » à l'édit de Saint-Germain de 1641, mais c'est un évident anachronisme : car il ne peut y avoir de juridiction administrative *stricto sensu* qu'à partir du moment où sont nettement distingués deux ordres de juridictions, l'administratif et le judiciaire, cette distinction étant elle-même induite par le principe constitutionnel de séparation des pouvoirs, posé seulement en 1789 : F. Burdeau, *Histoire du droit administratif*, Paris, 1995, et G. Bigot, *Introduction historique au droit administratif depuis 1789*, PUF, 2002 (v. spéc. les n°s 10 à 13).

Leçon 17

La « constitution » du Royaume

141 Dès le Moyen Âge, les juristes français ont distingué entre les *lois du roi* et les *lois du royaume*. Les premières sont les lois ordinaires, celles que le prince peut modifier à sa guise, dans les conditions et sous les réserves indiquées à la leçon précédente. Les lois du royaume, elles, sont des règles permanentes qui s'imposent aux rois successifs, qui leur sont supérieures, qu'il n'est pas en leur pouvoir de transgresser. Ces lois qui s'imposent au roi, et que l'on appellera à partir de la seconde moitié du XVIe siècle les *lois fondamentales du royaume*, sont à l'évidence des normes de nature constitutionnelle : elles définissent, au moins sur certains points, la forme du gouvernement et les conditions de son exercice ; elles s'imposent à lui. Même si le mot « constitution » n'est pas employé dans son sens juridique actuel avant le milieu du XVIIIe siècle, il y avait longtemps que les juristes de l'Ancien Régime s'accordaient à reconnaître, au-dessus des princes successifs, une norme supérieure et permanente. *« Le roi a pour supérieur Dieu et la loi par laquelle il a été fait roi »* : ainsi s'exprime, au milieu du XIIIe siècle, le grand juriste anglais Bracton. La formule s'applique au roi d'Angleterre, mais elle vaut tout autant pour d'autres rois. Il faut ici réagir contre une idée trop répandue : seul le royaume d'Angleterre aurait eu, avant la Révolution française, une constitution. Et cette « constitution anglaise » ne serait elle-même que la conséquence de la « Glorieuse Révolution » de 1688 et de la Déclaration des Droits *(Bill of Rights)* de 1689. C'est confondre la constitution anglaise avec un régime particulier, le régime parlementaire, ou du moins avec ses prémices. En réalité l'Angleterre a eu des « lois fondamentales » bien avant que n'émerge l'idée moderne de constitution (Jacques II, en 1688, est justement accusé d'avoir « violé les lois fondamentales ») : certains auteurs y incluent aussi bien la Grande Charte de 1215 (une charte de libertés à l'échelle du royaume tout entier) que le *Common Law* (*infra,* n° 197). Quel que soit le contenu précis des lois fondamentales – et il est clair qu'il ne faut pas y chercher, avant le XVIIIe siècle, quelque allusion que ce soit au principe de la distinction des pouvoirs, ou *a fortiori* une description complète de leur organisation –, l'essentiel est que soit reconnu, au-dessus des princes qui passent, une norme supérieure qui reste, et que les titulaires successifs de la souveraineté ne peuvent pas modifier. En France comme en Angleterre, il y a une loi au-dessus du roi : on peut y voir une première ébauche de constitution normative, « loi supérieure à toutes les autres lois ».

La notion de loi fondamentale, développée à partir des deux derniers siècles du Moyen Âge, n'a jamais été précisément définie (III) ; son « noyau dur » concerne à la fois le statut de la couronne (I) et celui du domaine (II). C'est seulement dans la seconde moitié du XVIIIe siècle qu'apparaîtra une conception à la fois plus nette et plus extensive de la norme supérieure – conception qui se concrétisera dans l'été 1789 avec la mise en chantier de la première constitution *écrite* de la France (*infra,* n° 163).

Section I
Le statut de la Couronne

142 Le statut de la Couronne, c'est « la loi par laquelle le roi est devenu roi » : la loi de dévolution de la Couronne, donc. Centrée sur les principes d'aînesse et de masculinité, cette loi est ensuite analysée par les juristes comme « statut du royaume ». Complété au XVIe siècle avec la « loi » de catholicité, ce statut durera jusqu'à la fin de l'Ancien Régime, comme une borne mise à la puissance du roi.

143 Aînesse. — Depuis la fin du XIIe siècle, il était unanimement admis que la Couronne de France, c'est-à-dire le pouvoir royal (le terme *corona*, dans son sens abstrait, apparaît à cette époque), est héréditaire ; il est également admis, après une pratique de deux siècles, que cet héritage passe à l'aîné : c'est le *droit d'aînesse*. Il faut faire ici un bref retour en arrière. Au Xe siècle, dans la « France » ou « Francie » de l'Ouest, la Couronne avait alterné, selon le choix des grands, entre deux familles : d'une part les carolingiens, descendants de Charlemagne ; d'autre part les robertiens, descendants de Robert le Fort, comte de Paris et duc de France (le terme « France » désignant ici la seule Île-de-France, cœur du royaume des Francs de l'Ouest). Cette alternance a cessé *de facto* à partir de 987, date de l'élection au trône du robertien Hugues Capet. Car quelques mois à peine après sa propre élection, le nouveau roi fait élire son fils aîné Robert comme son successeur : ainsi, en 996, à la mort de son père, Robert est devenu roi sans nouvelle discussion. Pendant deux siècles, jusqu'à Louis VII, les successeurs de Hugues Capet ont pris la même précaution : faire élire leur fils aîné par les grands, puis le faire sacrer, de leur vivant. C'est cette prudente pratique qui a permis d'enraciner le principe héréditaire. Elle a duré jusqu'en 1179, date à laquelle Louis VII a fait élire et sacrer son fils Philippe, futur Philippe Auguste. Mais à cette date l'élection du roi par les grands du royaume n'est plus qu'une formalité : il est désormais admis par tous que la Couronne est héréditaire. De fait, le sacre anticipé de 1179 est le dernier. Lorsque Philippe Auguste disparaît en 1223, son fils lui succède sans la moindre difficulté bien qu'il n'ait pas été sacré du vivant de son père (Louis VIII, 1223-1226). L'hérédité de la Couronne en faveur du fils aîné du roi est désormais passée en coutume : c'est le noyau des futures « lois fondamentales du royaume ».

144 Masculinité. — Le hasard a voulu que pendant trois siècles les Capétiens aient toujours eu un fils pour leur succéder, de telle sorte que la question de la succession féminine ne s'est pas posée. Elle ne surgit qu'au début du XIVe siècle, à la mort de Louis X, fils aîné de Philippe le Bel. C'est alors qu'est dégagée la « loi de masculinité », qui comporte deux branches : l'exclusion des femmes (1) ; l'exclusion des descendants par les femmes (2).

1 / *L'exclusion des femmes.* — C'est en 1316 que la question de la succession féminine s'est posée pour la première fois. Philippe le Bel était mort en 1314 et son fils le suivit dans la tombe deux ans après, laissant une fille de 4 ans, Jeanne, et la reine enceinte. En attendant l'accouchement, il fallait assurer la garde du royaume. Philippe, comte de Poitiers, frère du roi défunt, réunit une assemblée « de prélats et de barons » et en obtint deux choses : dans l'immédiat, la régence du royaume qui durerait jusqu'à la majorité du roi à naître, si bien sûr la reine donnait le jour à un fils ; si en revanche la reine accouchait d'une seconde fille, Philippe de Poitiers serait déclaré roi, les deux filles de Louis X étant ainsi écartées du trône. C'est un garçon qui naquit, prénommé Jean, mais pour mourir au bout de quelques semaines. Philippe de Poitiers fut donc proclamé roi et sacré peu après, au début de 1317. Ce fut à nouveau un règne bref : Philippe V mourut en 1322, ne laissant à son tour que des filles. Et l'exclusion prononcée six ans plus tôt contre la fille de Louis X se retourna alors contre ses propres filles : c'est donc son frère Charles, comte de la Marche (le troisième des fils de Philippe le Bel), qui lui succéda. Et le même scénario se répéta une nouvelle fois : Charles IV (surnommé « le Bel », comme son père) mourut en 1328 sans héritier mâle, et ses filles furent exclues à leur tour. Dès lors la règle est acquise : les filles ne succèdent pas à la Couronne de France ; et si le roi défunt a un frère « puîné » (né après lui), c'est celui-ci qui monte sur le trône.

2 / *L'exclusion des parents par les femmes.* — La question se pose en 1328, à la mort de Charles IV. Lui aussi ne laissait que des filles, et la reine enceinte ; mais plus de frère puîné pour assumer la régence. Qui désigner ? En réalité, il ne s'agissait pas seulement de choisir un régent, mais aussi un roi éventuel : car si la reine accouchait d'une fille, le régent deviendrait roi du même coup. Deux prétendants étaient en lice : d'une part Philippe, comte de Valois, fils d'un frère de Philippe le Bel et donc petit-fils de Philippe III, mais par son père ; d'autre part le jeune roi d'Angleterre Édouard III, fils d'Édouard II et d'Isabelle de France, fille de Philippe le Bel (et donc sœur du dernier roi défunt). Philippe de Valois était ainsi cousin germain du dernier roi *par son père* ; Édouard III était le neveu du roi défunt, donc un parent plus proche, mais *par sa mère*. Une assemblée de dignitaires fut réunie, et les juristes se divisèrent. En

faveur d'Édouard III, on fit valoir que si les femmes ne pouvaient pas porter elles-mêmes la Couronne, en revanche elles pourraient transmettre à leurs fils le droit de la porter : en somme, assurer la continuité dynastique entre deux mâles, « faire le pont et la planche ». En sens inverse les juristes favorables à Philippe de Valois affirmèrent, en s'appuyant sur les principes du droit romain, que personne ne peut transmettre un droit dont il n'est pas lui-même titulaire : « On ne peut pas donner ce que l'on n'a pas. » Après une longue discussion, Philippe de Valois étant présent et Édouard absent, l'assemblée trancha en faveur du premier. Le motif essentiel était d'ordre purement dynastique : Philippe était capétien par son père et ainsi « tout français » – alors qu'Édouard, bien que petit-fils de Philippe le Bel, était étranger par son père. À vrai dire il n'y a pas ici, comme on le dit parfois, l'origine d'une prétendue « loi de nationalité » qui de toute manière ne pouvait pas exister à cette époque : si Édouard a été écarté, ce fut comme « étranger au sang de France » ; eût-il été capétien par les mâles, sa qualité de roi d'Angleterre n'aurait pas constitué un obstacle. Philippe de Valois devint donc régent de France puis, la veuve de Charles IV ayant donné naissance à une fille, il fut déclaré roi et sacré. Édouard III lui-même le reconnut d'abord, avant de se raviser dix ans plus tard pour revendiquer la Couronne de France contre le Valois « usurpateur » : c'est l'origine de la guerre de Cent Ans.

Le principe de masculinité, ainsi appliqué trois fois de suite en douze ans, est désormais une règle expresse, passée en coutume certaine. Il s'applique non seulement en ligne directe, mais aussi en ligne collatérale : faute de fils, c'est le plus proche parent *par les mâles* qui est appelé à la Couronne. Aux arguments conjoncturels, plus ou moins élaborés, qui ont été échangés sur le moment, s'en sont rapidement ajoutés d'autres, qui ont fini par constituer un corps de doctrine.

145 LA « LOI SALIQUE ». — Le premier argument de fond opposé à la succession féminine tient à la nature religieuse de la royauté : la fonction royale est un sacerdoce, comme la prêtrise. Le roi est sacré, comme les évêques, selon un rite dont l'élément essentiel, l'onction, est évidemment religieux. Dans la mesure où les femmes sont exclues de la prêtrise, selon le précédent biblique, elles ne peuvent être admises au sacre royal. Cette argumentation (développée dès 1322 par le franciscain François de Meyronnes) est évidemment spécieuse : car le roi a beau être sacré, il n'est pas pour autant assimilé aux clercs, il n'appartient pas à l'*ordo clericorum*. Il fallait trouver autre chose.

Ce fut la loi salique. Il semble qu'elle ait été alléguée à l'appui du principe de masculinité pour la première fois en 1358, par Richard Lescot. Si aucune fille n'a jamais accédé au trône depuis les origines de la monarchie, c'est parce que l'ancien droit des Francs, consigné dans la loi salique, s'y opposait formellement. Et de citer l'article 5 du titre 59 de la vieille *lex salica*, aux termes duquel la terre des ancêtres *(terra salica)* ne pouvait être dévolue qu'aux fils. Inutile de dire que cette référence, elle aussi, était bien contestable : la loi salique (qui était pour l'essentiel un tarif de compositions pécuniaires : *supra,* n° 63) ne traitait, accessoirement, que des successions *privées* ; elle n'excluait les filles de la terre « salique » qu'en présence d'héritiers mâles, et non d'une manière absolue ; enfin, et surtout, il y avait beau temps au XIVe siècle que la loi des Francs saliens n'était plus appliquée ! (*supra,* n° 71). Dans le droit commun de cette époque, rien ne s'opposait à ce que les filles héritent des terres (y compris de grandes seigneuries), du moins à défaut de garçons. Si l'on exhume ainsi, après plusieurs siècles, l'antique *lex salica*, c'est au prix d'une double déformation : d'une part on en fait un principe de *droit public*, dérogatoire au droit commun des héritages privés ; d'autre part cette « loi salique » nouvelle manière n'établit plus seulement une préférence en faveur des héritiers mâles, mais elle exclut radicalement les filles et leurs descendants de la succession au trône. Quoi qu'il en soit, c'est désormais sous le nom de « Loi salique » que la loi de succession sera désignée. Elle s'énonce sous forme d'adages populaires : *« Le royaume de France ne peut pas tomber en quenouille »* – entendons : dans les mains des femmes, dont l'emploi ordinaire est de filer la laine, en tenant une quenouille. On dit aussi, de façon plus elliptique : *« Les lys ne filent point. »* C'est une phrase de l'Évangile (*Matthieu*, 6, 28) que l'on interprète ici de manière allégorique : le « royaume des lys » (le lys est l'attribut héraldique de la royauté française, le roi « portant » sur son écu trois fleurs de lys d'or sur champ d'azur) ne peut être confié à des mains féminines.

Au XVe siècle, à une époque où l'on s'interroge sur les origines historiques du peuple franc (et français), la loi salique devient un élément du *mythe troyen* : les Francs, comme les Romains, sont originaires de l'ancienne Troie ; si Rome a été fondée par Énée, petit-fils du roi Priam, c'est Francion, un autre petit-fils du même Priam, qui est à l'origine du peuple franc, de sa lignée royale... et de la loi salique. Destiné à renforcer l'indépendance du royaume par rapport à l'empereur « romain », le mythe des origines troyennes du peuple franc contribue ainsi à faire de la loi salique une loi *fondatrice* du royaume – c'est-à-dire, *stricto sensu*, une loi « fondamentale ». Nous sommes ici dans l'ordre de la mythologie politique. Mais en même temps, de leur côté, les juristes élaborent une véritable théorie constitutionnelle.

146 LA THÉORIE STATUTAIRE. — Elle est formulée pour la première fois par un juriste méridional, Jean de Terrevermeille, avocat du roi à Nîmes. Nous sommes à un moment difficile de la guerre de Cent Ans. Charles VI, qui règne depuis 1380, est sujet à de graves faiblesses mentales. Deux « partis » – Armagnacs et Bourguignons – sont aux prises. En 1415, l'armée française a subi une cuisante défaite à Azincourt ; une grande partie du royaume est occupée par les Anglais. Pour mettre un terme à la guerre, l'entourage du roi le persuade d'écarter du trône son propre fils, le dauphin Charles, pour donner la Couronne au roi anglais, Henry V (qui deviendrait son gendre). Ce sont effectivement ces dispositions qui seront adoptées, en 1420, par le traité de Troyes : Henry V épouse la princesse Catherine, fille de Charles VI, et à la mort de ce dernier, c'est Henry qui doit devenir roi de France. Pourtant, avant même que le traité de Troyes ne soit signé, cette solution avait suscité l'énergique réprobation de quelques juristes, à commencer par Jean de Terrevermeille. Il publie dès 1419 un remarquable ouvrage intitulé *Traité des droits du successeur légitime aux héritages royaux*. Résumons-en les conclusions.

Il convient de distinguer, dit notre juriste, deux sortes de successions : les successions ordinaires de droit privé, ou successions patrimoniales, d'une part ; et la succession au trône, d'autre part. Les successions ordinaires se caractérisent par deux traits, du moins en pays de droit écrit : chacun peut faire un testament pour organiser sa succession à l'avance, instituer un héritier, désigner des légataires, bref répartir ses biens à peu près à sa guise ; mais en l'absence de testament, la masse successorale se distribue en parts égales entre les enfants. Or, explique Terrevermeille, la succession royale ne présente aucun de ces deux traits. Elle n'est réglée ni par le droit romain ni par une coutume ordinaire, mais par une coutume spéciale, depuis longtemps fixée, et que le roi n'a pas le pouvoir de changer. C'est un *statut*, c'est-à-dire une règle permanente, immuable, inhérente à l'ordre même du royaume et comme telle hors de toute atteinte. D'après ce statut coutumier immuable, d'une part le royaume ne se partage pas ; d'autre part il est dévolu, selon les dispositions de la loi salique, au parent mâle le plus proche. Ainsi le roi ne peut-il en aucun cas disposer de son héritage, en « instituant » un héritier de son choix. La Couronne n'est qu'un dépôt *indisponible* ; elle se pose automatiquement, à la mort de chaque prince, sur la tête de l'héritier désigné par la coutume (ou par la Providence, à l'œuvre à travers la coutume), « héritier *nécessaire* ». Une fois signé le traité de Troyes, la conclusion s'impose d'elle-même : dépouillant l'héritier nécessaire au profit d'un étranger (fût-il le gendre du roi), ce traité est nul de plein droit ; seul le dauphin Charles était le destinataire *légitime* de la Couronne. Pour que cette légitimité se traduise dans les faits, Charles VII devra cependant surmonter de longues épreuves ; il n'a pu y parvenir – mais c'est une autre histoire – qu'avec l'aide décisive de Jeanne d'Arc († 1431).

Voilà le cœur de la théorie statutaire, telle qu'elle fut rapidement adoptée par tous les juristes. Le principe de l'indisponibilité de la Couronne était riche de conséquences. En particulier celle-ci : si la volonté humaine ne fait pas le roi, elle ne peut pas davantage le défaire, fût-elle la volonté du roi lui-même ; en sorte qu'il n'est pas possible au roi d'échapper à sa condition en abdiquant. « Saisi » par la coutume, son *devoir* est de porter la Couronne quoi qu'il arrive. En 1525, fait prisonnier après la défaite de Pavie, François Ier aurait voulu échapper à l'humiliant traité que lui imposait l'empereur Charles Quint en renonçant à la Couronne en faveur du dauphin. Mais le Parlement de Paris lui fit savoir qu'une telle solution était impossible : la Couronne de France « ne se résigne pas » (il faut prendre le mot « résigner » dans le sens du verbe latin *resigno* : rendre ce que l'on a reçu).

147 LA CONTINUITÉ DE LA FONCTION ROYALE. — À quel moment le roi devient-il roi ? Dans la conception traditionnelle de la royauté, le roi n'était vraiment roi que par le sacre. C'est le sacre qui *fait* le roi, qui le *constitue.* Au XVe siècle, Jeanne d'Arc se fait encore l'écho de cette conception en désignant Charles VII comme « gentil dauphin » jusqu'au moment de son sacre, alors même qu'il a déjà succédé à son père depuis plusieurs années. L'inconvénient de cette conception, c'est que le pouvoir royal subit une véritable solution de continuité (c'est-à-dire une interruption) entre la mort d'un roi et le sacre de son successeur – c'est du moins le cas au XIIIe siècle, après qu'a disparu la pratique du sacre anticipé. Mais la discontinuité était encore plus grave lorsque le nouveau roi était mineur. Il fallait alors mettre en place une régence. Or, dans le schéma traditionnel, un roi mineur, même sacré, ne gouverne pas : le régent (ou la régente : par exemple Blanche de Castille, pendant la minorité de Louis IX) gouverne en son nom propre, sans que le roi apparaisse. L'État, dans son principe, risquait de s'en trouver affaibli.

On commença par fixer à un âge aussi précoce que possible la majorité royale. C'est l'objet d'une ordonnance d'août 1374 (intitulée « édit »), due à Charles V, qui fixe la majorité du roi à treize ans révolus (soit au premier jour de sa quatorzième année). Mais ce sont deux édits de Charles VI, pris en 1403 et 1407, qui formulent le principe essentiel : celui de l'*instantanéité de la succession.* On exprime cette idée par un adage emprunté au droit privé des successions : *« Le mort saisit le vif. »* L'image est assez claire : le roi vivant est investi de l'intégralité du pouvoir royal à l'instant précis où son prédécesseur disparaît, comme si c'était le mort lui-même qui mettait le vivant (le *vif*) en possession de ses prérogatives. À cet instant, il est donc pleinement roi, sans que l'autorité suprême subisse la moindre interruption.

Avant d'être sacré, avant même d'être majeur, le nouveau roi jouit ainsi de la totalité de ses prérogatives. S'il est mineur, le régent ne les exerce qu'en son nom ; quoi qu'il décide, c'est toujours le roi qui est censé décider. D'où l'adage : *« Le roi de France est toujours majeur. »* Deux autres adages expriment plus généralement l'idée de succession instantanée : on dit *« Le roi ne meurt pas en France »,* ou *« Le roi de France est toujours vivant. »* Cette idée s'est aussi traduite par un rite célèbre qui devait durer jusqu'à la Révolution : à chaque décès royal, un héraut d'armes apparaissait au balcon du palais et prononçait les formules suivantes : « Le roi est mort ! » et, après un bref silence : « Vive le roi ! » Le corps physique du roi peut disparaître, la royauté se « réincarne » immédiatement en un nouveau prince. Et, de prince en prince, c'est l'État qui continue.

Que le roi soit désormais pleinement roi avant même d'être sacré n'était évidemment pas sans conséquence sur la valeur du sacre : désormais ce n'est plus le sacre qui fait le roi, qui le « constitue » : il le *confirme* seulement, tout en manifestant aux yeux de tous la dimension sacrale de sa fonction et en rendant explicites, en particulier par le rite du serment, les obligations inhérentes au ministère royal. Mais quant à ses droits, le roi ne les tient plus du sacre, il en dispose dès l'instant précis où son prédécesseur a disparu.

148 LA LOI DE CATHOLICITÉ. — Ce complément à la loi de succession n'est apparu qu'à la fin du XVIe siècle, dans le contexte des Guerres de religion. De fait, tant qu'a duré l'unité de l'Église, la question de la religion du roi ne pouvait pas se poser. Ni l'affirmation de l'indépendance politique du royaume par rapport au Saint-Siège, ni la revendication corrélative d'une autonomie purement temporelle de l'Église gallicane par rapport à l'Église universelle, ne remettaient en question le catholicisme des Français, c'est-à-dire leur adhésion à l'Église universelle. Tout change avec la Réforme : rompant avec l'Église « romaine », considérée comme impossible à réformer de l'intérieur, les protestants créent leurs propres Églises, désormais indépendantes. Que ce soit par conviction ou par intérêt (celui, en particulier, de mettre la main sur les biens des moines), certains princes embrassent la Réforme. De religieux, le conflit devient alors politique et dégénère en guerre générale – guerres civiles et extérieures. En 1555, la paix d'Augsbourg conclue entre l'Empereur Charles Quint et les princes protestants de l'Empire, pose un principe général qui dominera tout le droit public de l'Europe jusqu'à la Révolution : les sujets doivent pratiquer la religion de leur prince. On exprime ce principe par la formule *Cujus regio, ejus religio* (« à chaque pays, sa religion » : c'est-à-dire celle de son prince). Il y a des princes protestants et des princes catholiques : chacun, sur son territoire, a le droit d'imposer sa confession à ses sujets. Qu'en est-il en France ? Dès le milieu du XVIe siècle, les calvinistes y constituent des communautés parfois importantes, en particulier dans le Midi ; des villes entières (Nîmes, Montauban, La Rochelle, etc.) passent à la réforme et s'érigent en petites « républiques » protestantes sur le modèle de Genève, la ville de Calvin. La guerre civile éclate en 1560 : ce n'est pas ici le lieu d'en retracer les pénibles péripéties. Notons cependant qu'à plusieurs reprises des « paix » furent conclues, suivies par des « édits de tolérance » : le roi reconnaissait à ses sujets réformés le droit d'exister en tant que tels. Quant au roi lui-même, il allait de soi qu'il était catholique, le catholicisme restant de très loin la religion *majoritaire* de ses sujets.

La question de la religion du roi allait cependant se poser à la fin du règne d'Henri III, le troisième des fils d'Henri II et de Catherine de Médicis. Comme ses deux frères prédécédés, le roi n'avait pas d'enfants. Son plus proche parent par les mâles, et donc son successeur désigné par les « lois fondamentales du royaume » (l'expression apparaît justement sous son règne) se trouvait être le roi de Navarre Henri de Bourbon, son cousin au vingt et unième degré (les Bourbons descendaient de Robert de Clermont, sixième fils de Saint Louis) ; mais Henri de Navarre était protestant. Pour écarter la menace d'un roi réformé, les catholiques les plus déterminés s'organisent alors en parti armé, la Ligue. Très actifs aux États généraux de Blois, en 1588, ils obtiennent d'Henri III un édit solennel (promulgué avec l'assentiment des États) qui ajoute aux lois fondamentales du royaume le principe de l'indispensable catholicité du roi. À la mort d'Henri III, en 1589, les ligueurs écartent la loi salique, refusent de reconnaître Henri de Navarre comme roi de France et se mettent en quête d'un autre prince : ils trouvent une princesse, l'infante d'Espagne Isabelle, fille du « roi catholique » Philippe II.

C'est alors que le Parlement de Paris, se considérant comme le gardien naturel des lois fondamentales, crut devoir rappeler le droit. À l'instigation du président Lemaistre, il rendit le 28 juin 1593 un arrêt de règlement (dit « arrêt Lemaistre », ou « arrêt de la loi salique ») qui condamnait sévèrement le recours à l'infante Isabelle. Écarter le roi légitime au profit d'une femme, étrangère au sang capétien, et en outre étrangère à la France : la violation de la loi salique était par trop patente. Mais en même temps l'arrêt reprenait le principe posé à Blois de la nécessaire catholicité du roi, et indiquait la solution : qu'Henri de Navarre – devenu Henri IV par la mort d'Henri III – abjure la religion réformée. Un mois après, le 25 juillet 1593, le roi franchit le pas ; devenu catholique, il peut être sacré en février 1594 (dans la cathédrale de Chartres) et apparaître ainsi à l'immense majorité du pays comme le roi *légitime*. Dès lors le principe est acquis : le roi de France, régnant sur une nation catholique, ne peut être lui-même que catholique. Ce n'est pas, comme dans l'Empire, la religion du prince qui s'impose à ses sujets, mais bien plutôt l'inverse : la religion majoritaire des sujets doit être celle du prince. Restait le cas de la minorité protestante (il y avait alors en France environ 1 200 000 protestants sur un total de 16 à 18 millions d'habitants) : le roi y pourvoit, dans la ligne des « édits de tolérance » antérieurs, par l'édit de Nantes (1598). Aux protestants étaient reconnues la liberté de conscience et, en certains lieux, la liberté de culte ; une organisation particulière, des places de sûreté, divers privilèges. Cet édit faisait du royaume une exception remarquable par rapport à tous les autres États européens, où s'appliquait l'adage *Cujus regio, ejus religio*. En 1685, Louis XIV croira devoir faire rentrer le royaume dans le droit commun de l'Europe en révoquant l'Édit de Nantes. Cette renonciation à un aspect remarquable de l' « exception française » fut une déplorable erreur. Les persécutions que subissaient depuis longtemps les catholiques dans les pays réformés, en vertu de l'adage *Cujus regio...*, ne sauraient évidemment justifier celles qui furent infligées aux protestants français sous Louis XIV. Elles s'atténuèrent cependant vers le milieu du XVIIIe siècle, jusqu'à l'édit de tolérance rendu par Louis XVI en 1787.

149 LE STATUT DE LA COURONNE À LA FIN DE L'ANCIEN RÉGIME. — Les grands principes fixés à la fin du Moyen Âge et au XVIe siècle seront considérés comme « lois fondamentales de la monarchie » jusqu'à la fin de l'Ancien Régime. Tous les auteurs s'accordent à voir dans *l'intangibilité de la loi de succession* une garantie indispensable pour la stabilité de l'État monarchique : on rappelle qu'une telle règle avait manqué à l'Empire romain, et que cette carence avait été l'une des causes de sa décadence. Les Parlements, et tout particulièrement celui de Paris, considèrent qu'ils ont le « dépôt » des lois fondamentales, et qu'à ce titre ils doivent veiller à leur respect rigoureux. Nous avons dit comment le Parlement de Paris s'était opposé, au nom des lois du royaume, à l'abdication de François Ier prisonnier à Madrid. Il est intervenu de même après la mort de Louis XIII et de Louis XIV pour annuler les restrictions mises par les monarques décédés aux pouvoirs des personnes appelées à exercer la régence (Anne d'Autriche dans le premier cas, Philippe d'Orléans dans le second) : le roi étant réputé « toujours majeur », le pouvoir dont il dispose – et que le régent n'exerce qu'en son nom – ne saurait être limité. Mais c'est surtout le principe d'indisponibilité de la Couronne qui a été rappelé, de façon solennelle, au début du XVIIIe siècle, dans deux affaires célèbres.

Et d'abord dans l'affaire de la succession d'Espagne. En 1700, le roi Charles II, dépourvu d'enfants, avait désigné comme successeur l'un des petits-fils de Louis XIV, le duc d'Anjou. Le roi de France accepta le testament, le duc d'Anjou devint le roi Philippe V (c'est l'origine des Bourbons d'Espagne), mais une guerre européenne, fomentée par l'Angleterre, éclata aussitôt. La guerre de Succession d'Espagne, qui devait durer de 1702 à 1712, fut très difficile pour la France. Elle se termina en 1713 par le traité d'Utrecht. Le grand souci de l'Angleterre était de faire en sorte que les deux Couronnes de France et d'Espagne ne puissent jamais être réunies sur la même tête : les Anglais acceptent donc que Philippe V reste roi d'Espagne, mais à la condition expresse qu'il renonce, pour lui-même et pour tous ses successeurs, à la Couronne de France. La renonciation a eu lieu, mais aussitôt les juristes français ont fait observer qu'elle était nulle de plein droit : car ni Louis XIV n'avait le droit d'exclure son petit-fils de sa succession, ni Philippe V celui d'y renoncer pour lui-même, et *a fortiori* pour ses descendants. Comme Philippe V ne s'est jamais trouvé en situation de ceindre la Couronne de France, la question de droit est restée purement théorique.

La seconde affaire est celle des « bâtards légitimés ». Elle est connexe à la précédente. Louis XIV avait eu de ses maîtresses des enfants naturels qu'il avait légitimés en 1694. Parmi ceux-ci deux enfants de Madame de Montespan : le duc du Maine et le comte de Toulouse. À la fin de sa vie, la mort ayant fauché une partie de sa famille légitime, le vieux roi décide d'introduire les deux « légitimés » précités dans l'ordre de la succession au trône : en juillet 1714, il oblige le Parlement de Paris à enregistrer un édit aux termes duquel le duc du Maine et le comte de Toulouse devenaient *« aptes à succéder »* à la Couronne, à défaut de princes du sang. Quelques mois après, il donnait aux légitimés des droits honorifiques équivalents à ceux des princes du sang. Toutes ces dispositions ont été annulées sous la régence, par un édit de juillet 1717 qui rappelle les grands principes : le roi ne peut pas disposer de la Couronne ; il ne peut donc pas appeler à la succession des éléments nouveaux, non prévus par la coutume du royaume (on suppose que celle-ci ne reconnaît aucune valeur à la légitimation des bâtards). Si « les lois fondamentales de notre royaume nous mettent dans *l'heureuse impuissance* d'aliéner le domaine de notre Couronne », explique Louis XV (v. le numéro suivant), « il nous est encore moins libre de disposer de notre Couronne elle-même ». On retiendra la formule : le roi est « dans l'heureuse impuissance » de modifier la constitution. Quant à l'hypothèse qu'avait évoquée Louis XIV pour justifier l'édit de juillet 1714, celle d'une extinction complète de la famille légitime du roi, Louis XV y répond en alléguant *« les droits de la nation »* : si la dynastie actuelle disparaissait, c'est au peuple français lui-même, et à lui seul, qu'il appartiendrait d'en choisir une nouvelle.

Section II
Le statut du domaine

150 Si la Couronne est inaliénable, le « domaine de la Couronne » ne saurait être lui-même aliéné. Après avoir retrouvé dès le XIIIe siècle la notion de domaine public, les juristes de droit savant en ont établi le caractère inaliénable. Puisque l'État est par définition pérenne, son assise territoriale doit être revêtue du même caractère. Cette idée est mise en œuvre dès le XIVe siècle par la royauté française. De même que la Couronne n'a pas de caractère patrimonial – elle ne saurait être vendue ou léguée comme un bien ordinaire –, de même le domaine de cette Couronne est-il lui aussi « hors du commerce ». Le roi n'en est que l'administrateur, non le propriétaire. À l'époque de Charles V, une nouvelle clause apparaît dans le serment que doit prêter le roi le jour de son sacre : il promet qu'il n'aliénera pas son domaine. Même si cette clause est restée assez floue (au point de devenir implicite à partir de Charles VIII), le principe de l'inaliénabilité du domaine de la Couronne existe bel et bien dès la fin du Moyen Âge, et il est unanimement admis. En février 1566, lorsque l'édit de Moulins vient le consacrer comme un statut fondamental, ce n'est que le terme d'une évolution déjà séculaire. Le statut du domaine comporte deux aspects : l'un concerne le droit interne (1) ; l'autre le droit international (2).

1 / L'édit de Moulins précisait le statut du domaine public en distinguant *domaine fixe* et *domaine casuel*. Le domaine fixe, c'est celui qui a été acquis à la Couronne depuis plus de dix ans et qui est devenu de ce fait absolument inaliénable : il est « fixé » à jamais. Le domaine casuel, en revanche, est celui qui a été acquis récemment, et dont le roi peut disposer librement par aliénation, donation, échange, etc. Mais un bien « casuel » qui reste plus de dix ans dans la main du roi devient automatiquement « fixe », c'est-à-dire inaliénable. En dehors du domaine casuel, le roi n'a donc pas le droit d'aliéner le domaine de la Couronne. Ce principe strict comporte toutefois des aménagements : par exemple le roi peut donner un élément de son domaine en *gage* (engagement) ou constituer des *apanages* à ses fils cadets. Mais cela ne remet pas en cause le principe selon lequel le roi n'est pas propriétaire du domaine : il n'en est que le gérant. Les juristes disent volontiers que le roi, tuteur du royaume, doit agir à l'égard du domaine public comme un tuteur de droit privé à l'égard du patrimoine de son pupille : il doit le conserver et si possible l'améliorer. À vrai dire cette comparaison n'est pas parfaitement exacte, dans la mesure où un tuteur de droit privé peut disposer d'un patrimoine personnel, distinct de celui de son pupille. Au contraire, en droit public, le roi n'a pas de patrimoine propre. Le roi ne s'appartient pas, il appartient au royaume : ainsi tous les biens dont il disposait avant son avènement tombent-ils *ipso facto* dans le domaine public. En d'autres termes : le roi ne peut pas avoir de domaine privé. La question s'est posée avec une particulière acuité à l'avènement d'Henri IV. Lorsqu'il est devenu roi de France en 1589, il était déjà roi de Navarre et titulaire de plusieurs seigneuries françaises. Soucieux de ménager l'avenir, il aurait voulu conser-

ver ce patrimoine comme « domaine privé », et rendit une décision en ce sens. Le Parlement de Paris refusa de l'enregistrer, comme contraire aux lois fondamentales. Finalement, le domaine personnel du roi fut expressément annexé à celui de la Couronne par un édit de juillet 1607 qui compare l'union du roi et de la Couronne à un mariage : tout ce que le roi possédait avant son accession au trône doit être considéré comme une dot qu'il apporte à sa nouvelle épouse. « Nos prédécesseurs, déclare le roi, se sont dédiés et consacrés au bien public, duquel ils n'ont rien voulu avoir de distinct ou de séparé. »

2 / Vis-à-vis de l'étranger, c'est le principe d'indisponibilité du territoire qui interdit au roi d'abandonner une partie du royaume sans le consentement des populations concernées. La question s'est posée en particulier en 1525, à la suite du traité de Madrid, déjà évoqué, aux termes duquel François Ier cédait le duché de Bourgogne à l'empereur. Libéré, le roi convoqua les États de Bourgogne et ceux-ci – sans surprise – exprimèrent leur volonté de « demeurer perpétuellement sous la très noble et très heureuse Couronne de France ». Le 20 décembre 1526, le Parlement de Paris cassait le traité de Madrid comme « contraire au droit public de la monarchie ». Inutile de dire que la guerre reprit aussitôt avec Charles Quint...

Section III
« Constitution » et « Lois fondamentales du Royaume »

151 Les lois fondamentales du royaume, dont nous venons de décrire l'essentiel, n'étaient pas seulement, comme on le dit parfois, une « constitution *coutumière* ». C'était en réalité un mélange de principes coutumiers (l'hérédité de la Couronne, le droit d'aînesse, la règle de masculinité) et de déclarations formelles (les ordonnances de Charles V et Charles VI sur la majorité du roi et les régences, l'édit de 1588 sur la catholicité du roi, les textes relatifs à l'inaliénabilité du domaine). Tout ceci formait au total un ensemble disparate, auquel on a proposé assez tôt d'apporter divers compléments. C'est ainsi que le principe gallican – l'indépendance politique du royaume par rapport au Saint-Siège – est souvent présenté, dès la fin du Moyen Âge, comme « constitutif » de la monarchie française. Au XVIe siècle, les États généraux demandent à plusieurs reprises que le gallicanisme soit expressément inscrit au nombre des lois fondamentales. Aux États de 1614 (on est sous le coup de l'assassinat d'Henri IV, que la rumeur publique impute aux Jésuites), le tiers état demande au roi « de faire arrêter... pour *loi fondamentale du royaume* qu'il n'y a puissance [sur] terre, quelle qu'elle soit, spirituelle ou temporelle qui ait aucun droit sur son royaume pour en priver les personnes sacrées de nos rois... ».

Mais chacun a sa conception de la constitution idéale. En 1588, les Ligueurs rédigent un texte à proposer aux États généraux « pour faire passer en loi fondamentale du royaume ». On y trouve pêle-mêle le principe de catholicité, essentiel aux yeux des Ligueurs, mais aussi le retour à la notion de sacre constitutif, le droit de résistance à la tyrannie (tout prince hérétique étant *ipso facto* un tyran), l'inaliénabilité du domaine, l'association régulière des États généraux au gouvernement, etc. Dans un sens plus général, le principe du gouvernement par conseil, la division de la société française en trois ordres, le système corporatif, sont parfois présentés comme des règles constitutionnelles : à côté de la constitution politique, il y a ainsi place pour une « constitution sociale » que le roi était aussi tenu, du moins en principe, de respecter.

Au XVIIIe siècle, du moins après la mort de Louis XIV (1715), le débat public va tourner de plus en plus autour du fonctionnement de l'État, de ses principes, de ses modalités : en un mot, le droit constitutionnel (comme on dira plus tard) devient à la mode. On peut distinguer deux grands courants : dans une optique traditionnelle, le premier se réfère à une constitution ancienne dont il s'agit simplement de préciser le contenu, éventuellement après l'avoir retrouvé ; dans la ligne des Lumières, l'autre développe la revendication moderniste d'une constitution entièrement nouvelle, « organisatrice », rationnelle. D'un côté, on veut que la constitution déclare et précise les droits acquis ; de l'autre, surtout après le milieu du siècle, on exige un texte fondamental qui vienne organiser de toutes pièces une nouvelle mécanique des pouvoirs publics. C'est ce second courant qui l'emportera dans l'été 1789, lorsque les États généraux se proclameront Assemblée nationale *constituante* (*infra,* leçon 19).

Pour aller plus loin

152 Sur le statut de la Couronne, v. en particulier J. Barbey, S. Rials et F. Bluche, *Lois fondamentales et succession de France...*, Paris, DUC, 1984. – Sur les origines du principe d'instantanéité : J. Krynen, « Le mort saisit le vif » ; genèse médiévale du principe d'instantanéité de la succession royale française, *Journal des Savants*, 1984, p. 187-221. – À l'époque de la Ligue, les difficultés liées à l'avènement d'Henri IV suscitent une réflexion approfondie sur la notion de loi fondamentale : S. Rials : Aux origines du constitutionnalisme écrit. Réflexions en marge d'un projet constitutionnel de la Ligue (1588), *RHFD*, n° 8, 1988, p. 189-268. La référence à la loi salique est un élément majeur de cette « fierté d'être français » qui constitue, à la fin du Moyen Âge, le socle d'un sentiment national en plein essor : v. à ce sujet Colette Beaune, *Naissance de la nation France*, Gallimard, 1985, qui expose aussi le « mythe troyen » des origines françaises (*supra*, n° 145).

Louis X est le premier de ces « rois maudits » qui ont inspiré à Maurice Druon une belle série romanesque dont la lecture n'est pas déconseillée (à condition bien sûr de prendre ces livres pour ce qu'ils sont : des romans). L'expression « rois maudits » fait référence à la malédiction qu'aurait proférée contre Philippe le Bel et ses descendants le Grand Maître de l'Ordre du Temple au moment de mourir sur le bûcher, en 1314.

Sur les lois relatives au domaine, pour le Moyen Âge, v. G. Leyte, *Domaine et domanialité publique dans la France médiévale, XIIe-XVe s.*, PU Strasbourg, 1996 ; pour l'époque moderne, aj. A. Rousselet, *La règle de l'inaliénabilité du domaine de la Couronne (Étude doctrinale de 1566 à la fin de l'Ancien Régime)*, LGDJ, 1997. Sur la nature incontestablement constitutionnelle des Lois fondamentales, v. F. Saint-Bonnet, Un droit constitutionnel avant le droit constitutionnel ? *Droits*, n° 32, 2000, p. 7-20, et, du même auteur : Le Parlement, juge constitutionnel (XVIe-XVIIIe s.), *Droits*, 34, 2001, p. 177-197.

TROISIÈME PARTIE

LA NAISSANCE DU DROIT CONTEMPORAIN

153 Ce qui caractérise essentiellement l'Ancien Régime juridique de l'Europe, c'est la grande *diversité* des sources et des modes d'expression du droit. Considérée dans son ensemble, l'Europe possède un *droit commun*, qui est un composé de droit romain et de principes canoniques, complété par les commentaires de la doctrine savante et mis en œuvre, moyennant des infléchissements plus ou moins sensibles, par les tribunaux. De plus il est dans le principe même de ce droit commun de laisser subsister de nombreux droits particuliers *(droits propres)* applicables localement.

À vrai dire, ce schéma « européen » n'est pas valable partout. L'Angleterre reste délibérément à l'écart, campée depuis le Moyen Âge sur un droit national d'essence jurisprudentielle, le *common law* : « droit commun » à toute l'Angleterre, mais qui se veut absolument distinct de celui qui a cours sur le continent (*infra,* n° 197). Quant à la France, elle aussi dispose d'un droit « national », le *droit français*. Mais ce droit français, dans son acception large, n'est pas un droit uniforme. Il est marqué lui aussi par la diversité. Dans la moitié Nord coexistent de nombreuses coutumes ; si elles convergent sur quelques grands principes, qui forment ici encore un « droit commun » – le *droit commun coutumier*, lequel constitue, avec les ordonnances royales, le « droit français » *stricto sensu* – chacune d'elles n'en conserve pas moins sa singularité, sa personnalité propre, qui en fait un élément des identités provinciales. Dans la moitié Sud, c'est le *droit écrit* qui s'applique, et par là le royaume communique avec le droit commun européen qui a cours dans les pays d'Empire (Allemagne et Italie), à ceci près que ce droit « romain » méridional est en quelque sorte « francisé », ou nationalisé, à deux égards : d'une part il n'est reçu dans les provinces du Midi, depuis le XIIIe siècle, que comme coutume générale des pays d'Oc ; d'autre part l'application qui en est faite par les Parlements méridionaux lui donne un visage propre (ou plutôt plusieurs visages particuliers, car chaque Parlement a sa jurisprudence), expression là aussi de particularismes provinciaux tenaces. Ce pluralisme de l'ancienne France n'était pas seulement juridique et institutionnel, il s'observait dans tous les domaines de la vie sociale : chaque province, chaque petit « pays » avait ses coutumes agraires, ses rites festifs, ses dévotions locales, ses poids et mesures, ses usages vestimentaires, ses spécialités culinaires... Et surtout chaque région du royaume avait sa langue à elle, chacune des grandes langues régionales se subdivisant à son tour en une série de dialectes locaux.

C'est contre cette chatoyante diversité, héritée d'une longue histoire, que l'esprit philosophique du XVIIIe siècle s'est acharné. La raison se dresse alors contre l'histoire, rejette le multiple, exige l'un et l'uniforme : dans le domaine du droit, c'est la *Loi*, conçue désormais comme règle *unique*, qui doit être l'agent rigoureux de l'uniformisation de la société. Cette conception nouvelle est développée par le courant des Lumières (leçon 18) avant d'être mise en œuvre par la Révolution (leçons 19 et 20). Du point de vue technique, le nouvel idéal législatif culmine dans l'idée de *Code*, désormais défini comme législation systématique, nouvelle, exhaustive : si la Révolution elle-même n'est pas vraiment parvenue à codifier (sauf, de façon très imparfaite, le droit pénal), il revient au régime d'ordre qu'elle engendre, celui de Napoléon Bonaparte, de mener à bien la vaste codification qui constitue la première assise du droit français contemporain (leçons 21 et 22) et qui marque profondément la vie et la réflexion juridique de l'Europe pendant tout le XIXe siècle (leçon 23).

Leçon 18

Le monopole de la loi : fondements théoriques

154 Rationaliser le système juridique, comme le système politique, en le simplifiant. Pour le simplifier, tout réduire à un principe unique : la *Loi*, expression de la volonté du Souverain (que ce dernier soit un prince ou le peuple). Ce monopole absolu de la Loi, avant qu'il soit proclamé et mis en œuvre par la Révolution (ce sera le sujet de la leçon suivante), a d'abord été fondé en théorie par les penseurs du XVIIIe siècle, eux-mêmes héritiers de la philosophie « moderne » dont les premiers fondements ont été posés au XIVe siècle.

155 LOI ET SOCIÉTÉ SELON LA PHILOSOPHIE MODERNE. — Dans la conception traditionnelle – disons, pour simplifier, celle de saint Thomas mais qui était déjà celle d'Aristote – la loi humaine était surtout *ordinatio*, ordonnancement, mise (ou remise) en *ordre*. Et cet ordre que la loi établissait ou rétablissait au sein de la Cité, était dans son principe *préexistant* : il existait avant que la loi humaine ne le constate, ou ne le déclare. C'était l'ordre même du monde. Il résultait de la « nature des choses » créées par Dieu, l'ordre de la Création étant ainsi désigné comme « loi de nature » ou « loi naturelle » *(lex naturae, lex naturalis)*. Ainsi la loi « posée » par une instance humaine (*lex positiva*, loi « positive ») n'était qu'une formulation, une déclaration, au mieux une traduction de la loi éternelle inscrite par le Créateur dans la nature. À partir du XIVe siècle, et plus précisément avec la philosophie de Guillaume d'Occam (v. 1285 - v. 1349), une autre définition de la loi apparaît. Ce n'est plus un « ordonnancement », mais un *ordre* – entendons : un ordre *donné*, un *commandement*, l'expression d'une *volonté* qui suffit en tant que telle à créer du droit. La loi, un ordre donné par un *pouvoir* : en plein accord avec les légistes, les théologiens de la nouvelle école retrouvaient ainsi la conception d'un droit d'origine essentiellement législative qui avait triomphé au Bas-Empire (*supra*, n° 30).

Mais la philosophie « moderne », celle dont le franciscain Occam prétend ouvrir la voie, va bien au-delà d'une simple redéfinition de la loi. C'est en vérité la conception traditionnelle de la société elle-même qui est à terme remise en cause. Ici encore, il faut simplifier. Pour les philosophes classiques – Aristote, saint Thomas et leurs successeurs jusqu'à aujourd'hui – *la société est une donnée naturelle*. Lorsqu'Aristote définissait l'homme comme « animal politique », il voulait dire que cet être animé *(animal)* était destiné *par sa nature même* à vivre dans la société des autres hommes, pour former une cité (*polis*, d'où : *politique*). Un animal politique, c'est un être vivant fait pour vivre en communauté. Les cités, et plus largement les « sociétés politiques », quelles qu'elles soient, sont tenues pour *naturelles :* elles sont inhérentes à la *nature* même de l'homme, au point qu'un homme solitaire serait inconcevable autrement que comme un monstre *dénaturé* (c'est-à-dire qui aurait perdu sa vraie *nature*). Ainsi les sociétés politiques existent-elles par elles-mêmes, *naturellement*, sans qu'il soit nécessaire de les créer. Bien plus, pour les philosophes classiques, chaque société est *une entité en soi*, distincte des hommes particuliers qui la constituent (mais qui pour autant, dans la conception équilibrée d'Aristote, ne s'absorbent pas en elle : il y a la cité *et* les citoyens). Ce que vient dire Occam (ce sont du moins les conclusions que l'on tirera de ses prémisses), c'est que ni la cité, ni la société, ni plus généralement aucune espèce d'entité n'existe *en soi* : ces mots ne désignent que des *concepts* fabriqués par les hommes, ce sont des commodités de langage, de simples *noms* – d'où le terme de *nominalisme* qui sert à désigner cette doctrine. Il faut remarquer que la « voie moderne » est ouverte le *franciscain* Guillaume d'Occam contre le *dominicain* Thomas d'Aquin, champion de l'aristotélisme. Que ces deux « phares » de la philosophie médiévale appartiennent aux deux grands ordres religieux *rivaux* fondés au début du XIIIe siècle – respectivement par saint François et saint Dominique – ne relève évidemment pas de l'anecdote.

Si la société n'existe pas naturellement, seuls existent des *individus* : de fait, *l'individualisme* sera désormais un trait essentiel de la philosophie moderne. Dans le domaine juridique et politique, les conséquences de ces nouveaux postulats sont immenses. D'abord, si la société ne révèle pas un dessein naturel préexistant, un ordre sous-jacent, le rôle de la loi n'est plus seulement d'ordonnancement, mais bien d'organisation, d'institution *ex nihilo*. La loi est désormais *un ordre du pouvoir* qui crée le droit de toutes pièces. Ce qui revient à dire que la loi n'est plus constat, ou déclaration, révélant un ordre naturel antérieur, elle est *volonté créatrice*. C'est la définition qu'adoptera au XVIe siècle l'école dite de la « seconde scolastique », dont le haut lieu fut l'Université de Salamanque et le principal représentant Suarez. Quant à la société, si elle n'a pas d'existence par elle-même, il faut évidemment la construire, la fabriquer : de là les théories du *contrat social* qui apparaissent dès la seconde scolastique, s'affirment au XVIIe siècle avec Locke, s'épanouissent enfin au XVIIIe siècle avec Rousseau. La société résulte d'une décision *volontaire* des hommes, qui se réunissent « politiquement » parce qu'ils le veulent bien.

Dans ce contexte, la notion de *droit naturel* subit nécessairement une profonde mutation. On passe d'*un* droit naturel *objectif*, inhérent à l'ordre du monde, à *des* droits naturels individuels, attachés à chaque personne, *subjectifs* : non plus la *loi de nature* des Anciens, mais des droits appartenant à chaque *individu* et considérés comme lui étant « naturels ». Naturels, et *essentiels* : c'est-à-dire inscrits dans son *être* même (au sens philosophique du mot *essentiel* : ce qui appartient à l'être, *esse*, en soi). Inscrits dans l'être même de chaque homme *par Dieu* : dans un premier temps du moins, on continue encore à le croire. Mais « même s'il n'y avait point de Dieu », l'homme n'en serait pas moins titulaire de droits essentiels, attachés indissolublement à sa nature. Voilà la porte qu'entrouvre au début du XVIIe siècle le Hollandais Hugo Grotius : « Tout ce que nous venons de dire [des droits naturels], écrit-il dans un passage célèbre de son *Droit de la Guerre et de la Paix*, serait vrai de toute manière, quand bien même on estimerait (...) ou bien qu'il n'y a point de Dieu, ou bien, s'il y en a un, qu'il ne s'intéresse pas aux choses humaines... » Tel est le point de départ de la conception laïque et purement humaine de la notion de droits de l'homme.

Quel rapport y a-t-il entre les droits naturels et le Contrat social, entre la collectivité publique qui naît de ce contrat et les droits naturels des individus ? Entre ces droits naturels et la Loi ? Autant de questions sur lesquelles la philosophie des XVIIe et XVIIIe siècles s'est longuement appesantie et qui sont restées depuis cette époque au cœur de la problématique contemporaine de l'État.

L'arrière-plan philosophique ainsi rappelé, il faut en venir à l'apport juridique de la philosophie des Lumières. Il comporte deux aspects complémentaires : une critique de la tradition (I) ; une nouvelle conception du droit, entièrement « refondé » sur la Loi (II).

Section I
La critique du pluralisme traditionnel

156 RAISON ET PROGRÈS. — Dans la philosophie traditionnelle – celle, pour simplifier, de Thomas d'Aquin – la raison humaine est considérée comme un don de Dieu : c'est le Créateur qui a doté l'être humain d'une certaine capacité de discernement, de raisonnement, de compréhension du monde. Toutefois l'homme n'est qu'une créature imparfaite (elle est marquée par le péché originel), en sorte que sa raison reste limitée, voire infirme. Seule la raison divine est parfaite. Si donc l'homme a le devoir d'exercer son intelligence, il doit aussi conserver la conscience de ses limites : « Il y a plus de choses sur la terre et dans le ciel... qu'il n'y en aura jamais dans tous les livres de philosophie ! » – cette réplique fameuse de Shakespeare résume le point de vue traditionnel.

Au XVIIIe siècle, c'est ce schéma qui est remis en cause. Contre l' « obscurantisme » entretenu par les religions – toutes rejetées par les philosophes comme d'absurdes *superstitions* –, la raison humaine est proclamée souveraine. Rien ne lui est impossible ; il n'y a pas de mystères dans l'Univers, il n'y a que de l'ignorance. Et l'ignorance doit reculer grâce aux efforts de la Raison. Métaphore omniprésente désormais : les *Lumières* de la Raison doivent dissiper les ténèbres de la superstition. Les progrès des sciences exactes, surtout ceux de la physique à partir de Newton, conduisent les philosophes des Lumières à considérer l'Univers comme une vaste machine, peut-être un peu complexe, mais organisée selon des lois mathématiques et donc, à terme, parfaitement connaissable. Se développe à partir de là un véritable culte de la Science et du Progrès, dont les Encyclopédistes, au milieu du XVIIIe siècle, sont les principaux propagateurs (et propagandistes). Pour Voltaire, l'Univers est une horloge ; s'il postule encore l'existence d'un Dieu, c'est simplement parce qu'il faut bien un horloger... Mais il va sans dire que ce « dieu » est une déduction purement intellectuelle : toutes les religions révélées, à commencer par le christianisme, ne sont que des absurdités. Faisant obstacle au Progrès, elles doivent être fermement combattues. L'anti-christianisme est ainsi un ressort majeur des Lumières ; Voltaire, Diderot, Helvétius, d'Holbach, s'en feront les champions. Mais la religion n'est pas la seule cible des partisans du Progrès : toutes les institutions traditionnelles sont soumises à la même critique, y compris le droit, aussi bien public que privé.

157 LE REJET DES « VIEILLERIES ». — Le culte du Progrès implique le rejet de toutes les « vieilleries ». Première vieillerie : la royauté *traditionnelle*. Car ce n'est pas la royauté en tant que telle que rejettent la plupart des philosophes, c'est la royauté de *droit divin*, trop évidemment liée à la religion catholique. Comment tolérer encore, à l'âge de la Raison, qu'un roi puisse être sacré ? Lorsque Louis XVI monte sur le trône, en 1774, quelques-uns de ses conseillers, acquis au parti des Lumières, lui déconseillent de se prêter à la cérémonie ridicule d'un sacre démodé. L'idée que le roi tienne son pouvoir de Dieu, qu'il soit à ce titre investi d'une mission de nature sacrée, quoi de plus absurde ! Le modèle des monarques, c'est le roi de Prusse, Frédéric II : un roi « philosophe », chef énergique d'un État moderne, garant efficace de l'ordre public. Telle est la formule du *despotisme éclairé*. Voltaire et Mirabeau ont célébré le roi de Prusse, Diderot a fait sa cour à Catherine de Russie : le parti de la Raison n'est pas encore démocrate.

À la critique de l'ancien droit public s'ajoute celle du droit privé, tout spécialement dans sa dimension pluraliste. Si l'opinion éclairée rejette la diversité coutumière héritée de l'histoire, c'est pour deux raisons essentielles. Une raison de principe d'abord : le rejet des privilèges. Nous avons dit quelle était au Moyen Âge la signification des privilèges, *privatae leges* (*supra*, n° 75). Au XVIIIe siècle, le sens du mot change : il ne désigne plus, de manière objective, des statuts particuliers, mais, de façon de plus en plus péjorative, des avantages injustifiés, voire des faveurs inadmissibles. On stigmatise l'arrogance et le parasitisme des ordres « privilégiés », le clergé et la noblesse ; on critique, non sans fondement, les avantages fiscaux parfois considérables dont ils bénéficient, et auxquels ils ne veulent pas renoncer. Mais à partir de cette critique des privilèges sociaux, c'est tout le système des statuts particuliers qui est remis en question, et donc aussi le pluralisme coutumier.

À la condamnation de principe s'ajoute l'argument de la rationalité juridique. Il n'est pas logique, estiment les censeurs des coutumes, que des règles différentes s'appliquent en même temps dans les diverses provinces d'un même État. « En France, raille Voltaire, en voyageant, on change de lois plus souvent que de chevaux ». Comment se fait-il par exemple que l'âge de la majorité varie d'une coutume à l'autre, et des pays coutumiers aux pays de droit écrit ? Est-on plus précoce ici que là ? Vient enfin le point de vue de l'efficacité économique : les économistes les plus influents du siècle, les physiocrates (partisans d'une économie naturelle : le mot « physiocrate » est forgé sur le grec *phusis*, la nature) plaident pour la libre circulation des hommes et des marchandises, la suppression des douanes intérieures, des péages, de tous les obstacles à la circulation quels qu'ils soient. L'objectif est la création d'un grand marché national homogène, propice à l'épanouissement des affaires. Ils exigent donc, eux aussi, l'abolition des disparités juridiques : « Qu'il n'y ait qu'un poids, qu'une coutume, qu'une mesure », telle est la conclusion de Voltaire. Ainsi est rejeté sans appel, au nom de la Raison et du Progrès, tout le système de l'ancien droit. Par quoi va-t-on le remplacer ?

Section II
Refonder le droit

158 Le contrat social. — Puisque la société n'est pas un donné naturel, il faut la fonder. Comment ? Par une convention, un contrat : le *contrat social.* Les penseurs du Moyen Âge avaient déjà décrit un contrat, mais c'était un simple *contrat de gou-*

vernement : une ville, un pays, se donne un chef, et s'entend avec lui sur les obligations réciproques des gouvernés et du gouvernant. Dans ce vieux schéma, la société existe par elle-même : le pacte ne porte donc que sur l'organisation du rapport d'autorité, ou d'obéissance. On désignera plus tard ce contrat comme « pacte de sujétion » *(pactum subjectionis)* ; en revanche, le contrat social *(pactum societatis)* est d'une tout autre nature : car il crée la société de toutes pièces. La première des grandes théories du contrat de société est celle de Locke (1) ; vient ensuite celle de Rousseau (2).

1 / *Locke* (1632-1704). — Dans le contexte politiquement instable de l'Angleterre de la seconde moitié du XVIIe siècle, John Locke s'interroge sur les fondements du pouvoir social, et sur la manière dont les membres de la société se situent par rapport à celui-ci. Pour Locke, la raison d'être d'une société organisée est moins la garantie de l'ordre (c'est la thèse qu'avait soutenue Hobbes, en 1651, dans le *Léviathan*), que celle des droits naturels des individus. C'est un changement majeur de perspective. Ces droits naturels, c'est le droit à la vie, à la liberté, à la sûreté corporelle, c'est aussi le droit à la propriété des choses nécessaires. Si les hommes conviennent entre eux de créer la « société *civile* » – une société organisée de *citoyens* – c'est avant tout pour assurer le respect mutuel de leurs droits essentiels. Si chacun s'engage à obéir au pouvoir social qu'il contribue à instituer, c'est pour être *garanti* dans la jouissance de sa liberté et de ses « propriétés » (au sens le plus large du mot). Dans ces conditions, le contrat social est en quelque sorte un *contrat minimum* : l'adhésion au pacte n'implique qu'une promesse conditionnelle d'obéissance, et il n'entraîne aucune renonciation des contractants à leurs droits fondamentaux. Ceux-ci sont tellement « attachés » à la personne de leurs détenteurs qu'ils ne peuvent en être disjoints, même volontairement : ils sont *inaliénables*. Le pouvoir social étant institué dans l'unique but d'en assurer le respect, il n'existe légitimement que s'il les respecte : si chacun *consent* à obéir au pouvoir institué, si chacun lui maintient sa *confiance*, c'est à la condition expresse qu'il assurera la garantie des droits individuels fondamentaux (et pour aussi longtemps qu'il l'assurera). Au cas où l'État, au lieu de protéger ces droits, entreprendrait de les réduire, les citoyens seraient fondés à résister : le

droit de résistance est ainsi inhérent au pacte fondateur. L'État garant de la liberté des citoyens – l'État *libéral* – repose ainsi sur le consentement et la confiance, *trust and consent.* Notons cependant que le principe libéral, au-delà de la politique, s'applique aussi à la vie économique : l'État libéral, cette fois au sens des économistes, est ici en train de naître. En 1688, avec la « Glorieuse Révolution » qui porte Guillaume et Marie sur le trône d'Angleterre, c'est ce modèle qui triomphe ; l'année suivante, le *Bill of Rights* viendra donner une traduction concrète à la théorie lockienne en précisant les droits respectifs de la Couronne et du Parlement, inaugurant ainsi la lente évolution de la Grande-Bretagne vers le régime parlementaire.

2 / *Rousseau* (1712-1778). — C'est en 1762 que Jean-Jacques Rousseau publie son *Contrat social*, conçu comme l'introduction théorique d'un vaste traité sur les institutions politiques qui n'a jamais vu le jour. Locke était préoccupé par la liberté ; Rousseau est obsédé par l'égalité. Tous les hommes sont égaux : voilà le postulat de base. Depuis longtemps le christianisme (après les stoïciens) avait affirmé la radicale égalité des hommes devant Dieu ; mais ici, il s'agit de transposer cette égalité « naturelle » dans le domaine de la politique et du droit. Le moyen de cette transposition est – encore une fois – le *contrat* fondateur et organisateur de la société. Pour faire en sorte que l'*égalité naturelle* des hommes se consolide en *égalité politique*, il faut que chaque citoyen, au moment même où il devient citoyen, c'est-à-dire à l'instant précis de la conclusion du pacte civique, renonce à la totalité de ses droits antérieurs (ceux qu'il tenait de la nature) et qu'il les remette tous à la collectivité, sans en rien retenir. « Chacun de nous met sa personne et toute sa puissance sous la suprême direction de la volonté générale », voilà la clause essentielle du pacte. S'étant ainsi entièrement dépouillé de ses droits originaires, le nouveau citoyen retrouve aussitôt des droits « civiques » ou « politiques », lesquels sont les mêmes pour tous. Mais ces droits sont désormais tenus de la puissance publique elle-même, *et d'elle seule* : dans l'opération, les droits *naturels* (que Locke réputait *inaliénables*) ont donc tout bonnement disparu. Où est passée, dès lors, la liberté ? Il serait fastidieux de suivre Rousseau dans les méandres d'un raisonnement qui est bien souvent à la

limite du sophisme : « Chacun se donnant à tous ne se donne à personne » (à personne *en particulier*), et demeure donc aussi libre qu'auparavant. C'est réduire la liberté à l'absence de dépendance *individuelle* ; mais peut-on encore parler de liberté dans un système de dépendance *collective* ? En réalité, la « volonté générale » que Rousseau institue comme la seule source possible de l'autorité et de la loi (v. le numéro suivant) peut devenir l'instrument du plus insupportable des despotismes : celui de la masse anonyme, ou d'un groupe quelconque qui prétendrait la représenter. C'est le schéma de tous les totalitarismes modernes.

Quelles que soient les différences entre ces diverses conceptions du contrat social, elles ont en commun de reposer sur une conception *volontariste* de l'organisation sociale : la société résulte d'un acte fondateur qui est un acte de volonté collectif. L'ordre juridique qui en découle présente le même caractère : *le droit se réduit à la loi*, que cette loi exprime la volonté d'un homme, d'une assemblée représentative, ou du corps civique tout entier. Et cet acte de volonté organise le social à sa guise, il le *construit*. Volontarisme, constructivisme : deux caractères essentiels de la loi nouvelle.

159 LE CULTE DE LA LOI. — Le siècle des Lumières a eu le culte de la loi, l'amour de la loi : *nomophilie*. La loi intervient d'abord pour organiser la société et le pouvoir au moment où ils apparaissent – c'est la loi fondatrice, ou constitutive : la constitution. Mais il faut aussi des lois pour assurer le fonctionnement ultérieur de la société, sa vie paisible – ce sont les lois « ordinaires », à qui incombe le réglage régulier de la mécanique sociale. La loi, pourvu qu'elle soit bonne, suscite une confiance illimitée : « Si les lois sont bonnes, les mœurs sont bonnes », affirme Diderot. Et leur pouvoir est de même illimité : car c'est le pouvoir même de la Raison. Si tout le siècle communie dans le culte de la loi, les avis divergent sur les modalités de la création législative et sur ses risques. On s'en tiendra aux deux avis principaux. L'un, marqué par la prudence, est celui de Montesquieu (1) ; l'autre, plus systématique, est celui de Rousseau (2).

1 / Rappelons d'abord que Montesquieu (1689-1755), avant d'écrire *L'Esprit des Lois*, a appartenu à la magistrature (il fut président au Parlement de Bordeaux). C'est au chapitre 6 du livre XI de

L'Esprit des Lois, consacré à la constitution anglaise, qu'il présente sa célèbre théorie de la distinction des pouvoirs. Le premier d'entre eux est la « puissance législative » ; elle est par nature illimitée, car on peut faire des lois sur n'importe quoi. En outre, par sa généralité même, en ce qu'elle touche d'un seul coup l'ensemble du corps social, la loi est un acte très grave. Si donc le même organe dispose à la fois du pouvoir de faire les lois et de celui de les exécuter, c'est-à-dire de les appliquer aux situations particulières, la liberté publique est en péril : « Lorsque dans la même personne ou dans le même corps de magistrature, la puissance législative est réunie à la puissance exécutrice, il n'y a point de liberté, parce qu'on peut craindre que le même monarque ou le même sénat ne fasse des lois tyranniques pour les exécuter tyranniquement. » La seule façon d'éviter le despotisme est donc de confier à des organes *distincts* la fonction législative d'une part, les fonctions exécutives de l'autre. Pour Montesquieu, la « puissance exécutrice » est elle-même double : l'une correspond en gros à ce que nous appelons aujourd'hui le pouvoir exécutif, l'autre à la fonction judiciaire. C'est la *distinction de ces trois fonctions* qui permet de garantir la liberté publique contre les entreprises toujours redoutables du pouvoir législatif (« Il faut que, par la disposition des choses, le pouvoir arrête le pouvoir »). Le point essentiel à retenir ici, c'est que le magistrat bordelais, en bon parlementaire, craignait surtout les excès de pouvoir de l'organe législateur. Pour Rousseau, il en va tout autrement.

2 / Pour l'auteur du *Contrat social*, en effet, la loi – ne portant par définition que sur des objets *généraux* – ne peut émaner que de la communauté politique elle-même, seule souveraine et seule capable d'exprimer une volonté *générale*. La loi se définit donc comme l'*expression de la volonté générale*. Cette volonté, notons-le, ne peut qu'être exprimée *directement* par le peuple lui-même : la démocratie de Rousseau n'est pas représentative. Quant à la loi, elle présente plusieurs caractères remarquables, qu'elle emprunte à la volonté générale. D'abord, son domaine est *illimité*. Montesquieu l'avait déjà noté, mais pour en marquer les risques. Rousseau, lui, n'y voit aucun inconvénient : parce que la loi exprime la volonté du peuple et que le peuple ne peut pas vouloir se nuire à lui-même. S'il y a dans le système politique un organe dont il faut se méfier, c'est

seulement de l'organe d'exécution, le gouvernement, toujours porté à « entreprendre » sur les droits par nature inaliénables du peuple souverain : tout gouvernement, selon Rousseau, est un usurpateur en puissance. Par là s'explique la position très subordonnée qui sera celle de l'organe gouvernemental dans la Constitution de 1791 et sa quasi-disparition entre 1793 et 1795. Pour la même raison, la loi est *infaillible* : la volonté générale « ne peut errer », affirme Jean-Jacques, elle est « toujours droite », elle a toujours raison. Enfin la loi est un commandement *absolu* : une fois délibérée dans des conditions convenables, elle s'impose à tous, même à ceux qui ne l'ont pas votée, et que l'on peut contraindre à l'observer par la force. C'est « l'absolutisme de la volonté générale », que l'on verra à l'œuvre (mais au prix de sensibles déformations) tout au long de la Révolution.

Cependant, si la loi est normalement faite par le corps civique tout entier, seul souverain (« le peuple soumis aux lois doit en être l'auteur » : *CS*, II, 6), en même temps Jean-Jacques souligne la difficulté de l'entreprise : « Comment une multitude aveugle qui souvent ne sait ce qu'elle veut, parce qu'elle sait rarement ce qui lui est bon, exécuterait d'elle-même une entreprise aussi grande, aussi difficile, qu'un système de législation ? » Désespérant de son législateur collectif, Rousseau en appelle alors à un Législateur individuel. C'est un individu exceptionnel, un homme providentiel, doué des qualités les plus éminentes qui le rendent capable d'*instituer* le peuple – entendons : de lui donner ses premières lois, celles qui le doteront à la fois de ses institutions et de sa première formation civique (c'est le législateur « instituteur »). Sont de ce nombre Moïse, Mahomet, Lycurgue et Solon (législateurs de la Grèce), les décemvirs (rédacteurs des XII Tables : *supra,* n° 19), et bien sûr Calvin, le grand homme de Genève. Au surplus la démocratie directe n'est-elle praticable que dans les petites républiques, de la dimension des cantons suisses, idéal montagnard de Rousseau.

On peut discuter à l'infini sur les contradictions, réelles ou apparentes, que recèle le *Contrat social.* Seul nous importe ici ce que la plupart de ses lecteurs en retiendront, et qui contribue à dessiner le droit contemporain. Trois idées simples : 1 / la loi est *la seule* source du droit ; 2 / elle peut, comme le souverain lui-même, *tout* vouloir ; 3 / en principe, c'est bien le peuple lui-même qui fait la loi ; mais cet idéal n'est praticable que pour les peuples « institués », déjà formés à la « civilité », et de petite taille ; pour un peuple nombreux et déjà marqué par de mauvais plis, il faudra bien qu'une élite choisie le *représente* et dise, à sa place, ce qui lui convient.

160 LA LOI ET LE JUGE. — Les lois doivent être simples et claires : les peuples heureux, encore proches de l'état de nature, ont très peu de lois. Mais en même temps la loi doit être aussi précise que possible, afin que ne surgisse aucune difficulté d'interprétation. « Que toute loi soit claire, uniforme, précise, affirme Voltaire : l'interpréter, c'est presque toujours la corrompre. » Si la loi doit être précise, c'est pour qu'elle soit indiscutable. La « majesté de la loi » s'accorde mal avec la dispute. Quand la loi a parlé, tout doit se taire, et il n'y a plus qu'à l'appliquer. L'exaltation de la Loi – sa *sacralisation* – débouche ainsi sur l'asservissement du juge. « Dans les États despotiques, avait écrit Montesquieu (*EL*, VI, 3), il n'y a point de loi ; le juge est lui-même sa règle. Dans les États monarchiques, il y a une loi : là où elle est précise, le juge la suit ; là où elle ne l'est pas, le juge en cherche l'esprit. Dans le gouvernement républicain, il est de la nature de la Constitution que les juges suivent *la lettre de la loi* ». C'est le système médian qui avait cours en France : si l'ordonnance civile de 1667 avait prétendu interdire aux juges d'interpréter la loi, cette disposition était restée lettre morte (*supra,* n° 137). Mais dans la seconde moitié du XVIIIe siècle, c'est le principe d'une *légalité stricte* qui est adopté par les réformateurs éclairés, surtout dans le domaine pénal. Par réaction contre le principe traditionnel de l' « arbitraire des juges » (qui permettait aux magistrats d'adapter la peine, dans chaque espèce, aux circonstances particulières de l'infraction), on demande des lois très claires et précises, telles que le juge n'ait même pas à en « chercher l'esprit » ; comme un automate, il s'en tiendra à l'application littérale et mécanique du texte sacré. Le travail du juge se réduit donc à « former un syllogisme parfait », dit Beccaria, dont la prémisse majeure est la loi, la mineure l'infraction à punir et la conclusion (automatique) le jugement.

Cette méfiance à l'égard des juges n'est en réalité qu'un aspect particulier d'une conception plus générale, typique de la philosophie des Lumières, mais déjà présente au XVIIe siècle : celle de la société comme *mécanisme*. La société, nous l'avons dit, n'est plus conçue comme un organisme naturel, mais comme une vaste machine construite de toutes pièces, à partir du contrat fondateur, par les législateurs. « Les législateurs », expose Diderot dans un mémoire à la tsarine, trouvant les hommes comme « des petits ressorts isolés » dans la nature, ont entrepris de les rapprocher pour « composer une belle machine qu'ils ont appelée société ». Telle est l'opinion commune des despotes éclairés et des intellectuels qui les inspirent : les citoyens sont de simples rouages, voire des « ressorts », que le législateur plie, tourne et fait mouvoir à son gré. Homme-machine, Société-machine : nous sommes à l'origine de ce que l'on appellera plus tard l' « ingénierie sociale » – idée maîtresse de toutes les technocraties. Comment concilier cette conception avec l'idéal démocratique, qui réserve au peuple lui-même le soin de faire la loi ? Nous avons noté sur ce point l'embarras de Rousseau. Mais nous ne sommes pas au bout de nos surprises.

Pour aller plus loin

161 Sur le substrat philosophique du légalisme révolutionnaire (question difficile, qu'un simple manuel d'initiation ne peut qu'effleurer), il faut toujours recourir aux démonstrations lumineuses de M. Villey, *Philosophie du droit*, Précis Dalloz, 1975. Sur la pensée politique et juridique des Lumières, outre les classiques *Histoires de la pensée politique* (en particulier celle de J.-J. Chevalier, régulièrement rééd. chez Payot), v. D. Mornet, *Les origines intellectuelles de la Révolution française, 1715-1787*, Lyon, 1989, à compléter absolument, pour les implications de cette philosophie dans l'ordre juridique (en particulier sur le droit privé de la Révolution et le Code civil), par les ouvrages très stimulants de X. Martin, *Nature humaine et Révolution française, du Siècle des Lumières au Code Napoléon*, DMM, 1994, et *L'homme des droits de l'homme et sa compagne (1750-1850). Sur le quotient intellectuel et affectif du « bon sauvage »*, DMM, 2001. – Sur la déclaration de 1789, outre le n° 8 (1988) de la revue *Droits*, v. la présentation très complète de S. Rials, *La déclaration des droits de l'homme et du citoyen...*, Hachette, 1988. Ne pas oublier les synthèses commodes fournies par le *Dictionnaire de Philosophie politique*, dir. Ph. Raynaud et S. Rials, PUF, 1996 et, pour le contexte du XVIIIe s. : J. de Viguerie, *Histoire et dictionnaire du temps des Lumières*, R. Laffont, coll. « Bouquins », 1995.

Leçon 19

La Révolution et la mise en œuvre du légicentrisme

162 L'histoire de la Révolution française, de ses origines, de son déroulement, n'entre pas dans notre propos. Un survol rapide suffira, que la bibliographie indiquée plus loin permettra d'approfondir (I). On s'attachera ensuite plus précisément à l'analyse des nouvelles structures politiques instaurées par la Loi, qui concentre désormais en elle la totalité du droit (II).

Section I
Les étapes du processus révolutionnaire

163 L'Ancien Régime, depuis des siècles, n'avait pas cessé d'évoluer. Tout en conservant des fondements stables, il s'était toujours adapté aux temps nouveaux. Mais au XVIIIe siècle, alors qu'il fallait s'adapter encore, les réformes nécessaires se font attendre, et même si la volonté réformatrice de Louis XV (1715-1774) et surtout de Louis XVI n'est pas contestable, elle a trop souvent manqué de fermeté, ou du moins de constance. À plusieurs reprises, l'État a paru divisé, et donc impuissant. La haute magistrature, arc-boutée sur des positions qui n'étaient pas toutes purement égoïstes (il y avait bien sûr du corporatisme chez beaucoup de parlementaires, mais il y avait aussi parfois une inquiétude légitime devant certaines dérives bureaucratiques), a bloqué d'indispensables réformes, en particulier fiscales. En 1788, la crise des finances publiques paraissant insurmontable, Louis XVI décide d'en appeler aux États généraux, qui ne s'étaient plus réunis depuis 1614. Prises en main par les sociétés de pensée, les élections envoient auprès du roi des députés qui, au moins pour ceux du tiers état, ne représentent guère l'opinion moyenne du pays ; et les cahiers de doléances, qui constituaient en quelque sorte les *instructions* de ces députés, font prévaloir les mots d'ordre des groupes organisés sur les véritables aspirations populaires.

À peine arrivés à Versailles, les députés du Tiers manifestent leur rejet du vieux schéma trinitaire et refusent la délibération par ordres. Le 17 juin 1789, à la suite d'un remarquable discours de Siéyès – nous allons y revenir –, les États généraux se constituent en Assemblée nationale. C'est cette autoproclamation, en mettant fin à l'Ancien Régime politique, qui inaugure la Révolution. Le 9 juillet, l'Assemblée nationale se déclare en outre *constituante* et son comité de Constitution s'attelle aussitôt à la rédaction du texte fondamental. Et d'abord à ce qui devait être son préambule : la Déclaration des droits de l'homme et du citoyen, adoptée le 26 août 1789. Tout en réformant de fond en comble les grands services publics par des lois particulières, la Constituante rédige lentement la Constitution. Il lui faudra plus de deux ans pour en venir à bout : le grand ouvrage, fruit de délibérations passionnées, est finalement achevé le 3 septembre 1791. Acceptée le 13 septembre par Louis XVI, la Constitution du royaume devait marquer le terme de la Révolution. Aux informes bâtisses du passé, voici qu'était substitué l'édifice admirable de l'avenir.

Ce fut un avenir d'une dizaine de mois. Le 10 août 1792, après une série d'émeutes sanglantes, la royauté était suspendue. L'Assemblée législative, élue en septembre 1791, se sépara pour faire place à la Convention nationale. Élue dans un climat de terreur et par moins de 10 % des électeurs, la Convention ne représentait guère qu'un parti. Selon une technique qui a resservi à des époques plus récentes, ce parti se faisait passer pour « le » peuple. Il avait ses courants – Girondins, Jacobins – d'accord sur l'essentiel, mais en désaccord sur des nuances, et surtout rivaux pour le pouvoir. En proie à de féroces querelles, la Convention se réduisit bientôt, par éliminations successives, à sa propre minorité : à partir de juin 1793 ce sont les Jacobins les plus acharnés – les Montagnards – qui gouvernent. La France est alors dirigée par un comité de la Convention, le comité de salut public, lui-même dominé par Robespierre. Ce régime de parti unique s'impose par la Terreur légale : ce sont les « bourreaux barbouilleurs de lois » dont parle André Chénier dans son dernier poème, écrit à quelques heures de son exécution. Les militants du parti jacobin (les « sans-culottes ») sont les relais de sa dictature dans l'ensemble du pays.

Au terme d'un procès politique, le roi a été condamné et mis à mort, le 21 janvier 1793. Dans les semaines suivantes, des régions entières se sont soulevées contre un régime considéré comme illégitime : c'est la grande insurrection de l'Ouest, qui donnera lieu, surtout en Vendée, à une inhumaine répression – d'autant plus inhumaine qu'elle se poursuivra après la défaite militaire de l'armée « catholique et royale », alors même que tout risque de restauration de la royauté était écarté : à partir de janvier 1794, les « colonnes infernales » du général Turreau procèdent à la destruction systématique du terroir vendéen et de ses habitants, femmes et enfants compris. La dictature de Robespierre prend fin dans un sursaut de la Convention, effrayée par l'ampleur des « épurations », le 9 Thermidor an II (27 juillet 1794). Pour autant la Révolution n'était pas finie. Une nouvelle constitution est adoptée le 5 fructidor an III (22 août 1795) par la Convention recentrée. La constitution de l'an III (qui est notre deuxième constitution écrite effectivement appliquée) a été d'une mise en œuvre aussi difficile que celle de 1791. Le régime qu'elle institue, le Directoire (car le pouvoir exécutif est confié à un collège de cinq Directeurs), se traîne de coup d'État en coup d'État jusqu'à celui du 18 Brumaire an VIII (9 novembre 1799), date de la prise du pouvoir par le général Bonaparte. Ce dernier est un pur produit des guerres révolutionnaires, qui ont commencé au printemps 1792 ; elles ne s'achèveront, à part quelques brèves accalmies, que par les défaites de 1814 et 1815.

Les trois premières assemblées révolutionnaires (la Constituante, la Législative, la Convention) ont beaucoup légiféré : c'est qu'il s'agit d'instituer un type d'État qui se veut entièrement nouveau.

Section II
L'État nouveau

Il est fondé sur la *souveraineté nationale* et sur les *droits de l'Homme*. Le plus important de ces droits, l'égalité devant la Loi – affirmé contre l'Ancien Régime des privilèges – implique que toute l'organisation nouvelle, dans tous les domaines, obéisse au principe fondamental d'*uniformité*.

164 LA NATION SOUVERAINE. — Si l'ancienne France était une patrie (*patria :* la terre des pères, *patres*, placée sous l'autorité « paternelle » du roi), la France nouvelle se veut d'abord une Nation. Au cours du XVIIIe siècle, ce mot a pris un sens plus politique, les théoriciens les plus hardis n'hésitant pas à opposer les « droits de la Nation » à ceux du monarque. Il revenait à l'abbé Siéyès (1748-1836) de donner au concept son contenu définitif. Après avoir esquissé sa théorie dans une brochure intitulée *Qu'est-ce que le tiers état ?*, publiée en janvier 1789 en vue de la réunion des États généraux, Siéyès (député du Tiers de Paris) la développe dans un grand discours prononcé devant les députés du Tiers le 17 juin 1789 : c'est le texte fondateur du nouveau régime. En dépit d'un style volontiers prolixe, ce qu'il dit est simple. Résumons : 1 / *La Nation est souveraine*. 2 / Le tiers état, formant à lui tout seul « les quatre-vingt-seize centièmes de la Nation », constitue « la Nation tout entière » (les deux autres ordres ne comptent pas). 3 / Les députés du Tiers, *représentant* à eux seuls la Nation tout entière, forment donc l'Assemblée nationale. 4 / L'Assemblée nationale représente *parfaitement* la Nation tout entière : elle exprime donc, sans restriction aucune, la volonté nationale. Ce discours du 17 juin, qui pose quelques grands principes du droit public contemporain, mériterait un long commentaire. Il faut s'en tenir à l'essentiel.

Après Rousseau, Siéyès affirme que la souveraineté appartient à la communauté civique dans son ensemble ; mais, à l'encontre de Rousseau, il ne conçoit cette souveraineté que déléguée à des représentants. Ainsi non seulement la Nation est *souveraine*, ce qui est déjà une grande nouveauté, mais dans le même temps elle est *représentée*, et là encore la nouveauté est considérable. En effet, par rapport à la représentation qui avait cours dans l'Ancien Régime, par exemple dans le cadre des États généraux, la représentation selon Siéyès est d'un genre nouveau. Jusque-là, les députés d'un corps fonctionnel ou d'une communauté territoriale n'étaient que les mandataires de leurs électeurs, au sens du droit privé. Ils étaient porteurs d'instructions précises, qu'ils ne pouvaient transgresser. Si une situation nouvelle se présentait, ils devaient aller demander de nouvelles instructions, et de nouveaux pouvoirs, à leurs électeurs. C'était un mandat classique de droit privé, exprès, limité, révocable – un mandat dont les termes, fixés par le mandant (un groupe d'électeurs), s'imposaient au mandataire (le député) : un mandat *impératif*. Pour Siéyès, au contraire, les députés ne sont plus des mandataires de droit privé ; ce sont des *représentants* de droit public. Chacun d'entre eux n'est pas le mandataire de tel ou tel groupe particulier d'électeurs, de tels intérêts particuliers, mais tous les députés ensemble – formant « corps » – représentent la totalité de la Nation. Et l'Assemblée représente la Nation *parfaitement* : selon une présomption irréfragable, ce que veut l'Assemblée est *exactement* ce que veut la Nation ; la volonté de l'Assemblée est ainsi, sans aucune condition ni réserve, la volonté nationale. Du coup, cette volonté ne peut qu'être absolument libre ; les électeurs eux-mêmes ne peuvent y mettre ni bornes ni conditions. « Tout mandat impératif est nul » : voilà le principe, tel que le rappelle encore aujourd'hui l'article 27 alinéa 1er de la Constitution de 1958.

Les pouvoirs conférés aux représentants de la Nation sont donc ceux de la Nation elle-même. Sur ce fond rousseauiste vient néanmoins se greffer, souvenir de Montesquieu, l'idée de séparation des pouvoirs. Le principe en est posé (encore que sa formulation puisse prêter à discussion) par l'article 16 de la Déclaration : « Toute société dans laquelle la garantie des droits n'est pas assurée, ni la séparation des pouvoirs déterminée, n'a point de constitution. » De fait, les Constituants prennent soin de bien distinguer les trois « pouvoirs ». Mais tout en les distinguant, ils les hiérarchisent. Le pouvoir essentiel, c'est celui de faire les lois : il sera confié à une assemblée élue. Quant aux deux autres pouvoirs, ils sont à la fois cantonnés et subalternes. Le roi, même si on le reconnaît comme « représentant héréditaire de la Nation », n'est en réalité qu'un exécutant – le premier des fonctionnaires publics : « Il n'y a point en France d'autorité supérieure à celle de la loi. Le roi ne règne que par elle, et ce n'est qu'au nom de la loi qu'il peut exiger l'obéissance » (Const. de 1791, titre III, chap. II, section 1re, art. 3). Les juges ne sont eux aussi que les serviteurs de la loi – et des serviteurs dociles : nous allons y revenir (*infra,* n° 166). Sacre de la Nation, dont les représentants font la Loi : voilà le premier résultat de la Révolution politique. La deuxième étape fut la Déclaration des droits de l'homme.

165 LES DROITS DE L'HOMME ET LA LOI. — Il faut partir du grand texte adopté le 26 août 1789 par la toute nouvelle Assemblée constituante. Partie intégrante du préambule de la Constitution de 1958 (après celle de 1946), la Déclaration des droits de l'homme et du Citoyen est une pièce essentielle de notre actuel « ordonnancement » juridique. La plupart des branches du droit peuvent s'y rattacher d'une façon ou d'une autre. Nous allons la considérer ici non sous l'angle du droit positif actuel, mais en nous interrogeant sur la philosophie qui l'inspire et sur l'articulation qu'elle suggère entre les droits individuels fondamentaux et la loi. On part d'un point de vue libéral, celui qui remonte à Locke : il s'agit non pas d'instituer, mais simplement de *déclarer* les droits « naturels, inaliénables et sacrés » de l'homme ; que ces droits préexistent au pacte social (droits de l'homme *stricto sensu*) ou qu'ils en résultent (droits du citoyen), ils constituent en tout état de cause des barrières que l'État ne saurait franchir (1). Et pourtant, voici que la Déclaration reprend à son compte la définition rousseauiste de la loi, ce qui change tout (2).

1 / Les députés s'attellent en toute priorité à la rédaction d'une Déclaration des droits. Ils s'inspirent d'un précédent : celui des déclarations adoptées au début de la guerre d'Indépendance par différents États américains : la Virginie (juin 1776), la Pennsylvanie et le Delaware (septembre 1776), le Maryland (novembre 1776), la Caroline du Nord (décembre 1776), le Massachusetts (mars 1780). Ces déclarations américaines s'inscrivaient dans une tradition bien précise : celle du *Bill of Rights* anglais de 1689, c'est-à-dire dans une

optique lockienne (*supra,* n° 158). À première vue, la Déclaration française vise à marquer les limites infranchissables du pouvoir de l'État ; en réalité, on le verra, les choses ne sont pas aussi simples. Voici le texte de l'article 2 de la Déclaration, dont les termes principaux méritent quelques brèves gloses :

« Le but de toute association politique est la conservation des droits naturels et *imprescriptibles**[a] de l'homme. Ces droits sont la *liberté**[b], la *propriété**[c], la *sûreté**[d] et la *résistance à l'oppression**[e]. »

*[a] *Imprescriptibles :* les droits que l'homme tient de la nature (ou de *sa* nature) ne peuvent pas être prescrits, c'est-à-dire abolis par un non-usage prolongé ; ainsi, des siècles de despotisme ne peuvent-ils éteindre le droit naturel à la liberté. // *[b] *Liberté :* c'est le premier terme de l'énumération, le premier des droits naturels de l'homme en tant que tel ; la liberté *naturelle* se prolonge par la liberté *politique*, celle des citoyens proprement dits. Le premier article de la Déclaration (« Les hommes naissent et demeurent libres et égaux en droits ») avait déjà affirmé la valeur essentielle de la liberté humaine. // *[c] *Propriété* : on reconnaît encore l'inspiration lockienne ; à l'article 17, la propriété est définie comme « un droit inviolable et sacré » ; c'est le seul des droits naturels de l'homme qui soit ainsi reconnu comme *sacré.* // *[d] *Sûreté :* ce mot désigne ici, très précisément, le droit de ne pas être arrêté sans cause et, dans un sens plus large, celui de bénéficier de garanties judiciaires minimales ; en Grande-Bretagne, c'était le régime d'*habeas corpus* ; en France, c'est la condamnation des lettres de cachet et des arrestations arbitraires. Cette pratique est en outre formellement interdite par l'article 7 : « Ceux qui sollicitent, expédient, exécutent... des ordres arbitraires doivent être punis. » // *[e] *Résistance à l'oppression :* l'idée n'est pas neuve ; au Moyen Âge la résistance, au moins passive, au tyran (ce mot désignait tout chef usurpateur ou injuste) était considérée comme de droit naturel. Pour les hommes de 89, l'oppression ne peut venir que d'un tyran couronné : on n'imagine pas encore que la tyrannie puisse être le fait de la volonté générale elle-même. Celle-ci, Rousseau l'assure, est « toujours droite », elle ne peut « errer », etc. De fait, l'article 7 *in fine* exclut formellement toute résistance à la loi : « Tout citoyen appelé ou saisi en vertu de la Loi doit obéir à l'instant ; *il se rend coupable par sa résistance.* » Nous voici donc revenus à Rousseau.

2 / « La loi est l'expression de la volonté générale. » — Cette première phrase de l'article 6 est du pur Rousseau, à ceci près que la Déclaration admet la représentation du corps civique : « Tous les citoyens ont le droit de concourir personnellement, *ou par leurs représentants*, à [la] formation [de la Loi]. » Comme le voulait Rousseau, elle est « la même pour tous, soit qu'elle protège, soit qu'elle punisse ». Dès l'article 1er avait été posé le principe de l'égalité de tous les citoyens devant la loi : « Les hommes naissent et demeurent libres et *égaux en droits.* » La conception de la loi qui sous-tend toute la Déclaration est bien celle de Rousseau : comme la volonté générale dont elle émane, la loi est illimitée, absolue, infaillible. Dès qu'elle a parlé, tout autre considération doit disparaître. Or c'est la loi qui a le dernier mot, c'est elle qui parle encore *après* la déclaration des libertés fondamentales, et même après la Liberté tout court : celle-ci est définie à l'article 4 comme le pouvoir de « faire tout ce qui ne nuit pas à autrui ». Mais la phrase suivante ajoute aussitôt que ce pouvoir a des « bornes », lesquelles « ne peuvent être déterminées que par *la loi* ». La loi est donc bien la limite de la liberté. Certes, l'article 5 se veut rassurant : « La loi n'a le droit de défendre que les actions nuisibles à la société » ; mais qui posera le critère du « nuisible », si ce n'est, justement, le législateur lui-même ? On tourne en rond. Pour briser le cercle, il faudra instituer un « juge de la loi » – ce sera, en 1958, le Conseil constitutionnel, mais en 1789 on en est encore bien loin ! L'article 10 reconnaît la liberté des opinions (« même religieuses »), mais c'est pour la subordonner aussitôt à « l'ordre public établi par *la loi* ». La liberté d'expression est déclarée à l'article 11, mais les « abus » de cette liberté seront réprimés par *la loi.* Il n'est pas jusqu'au droit de propriété, reconnu par l'article 17 comme « inviolable et sacré », qui ne soit lui aussi limité par « la nécessité publique *légalement* constatée ». L'expropriation pour cause d'utilité publique n'a évidemment en soi rien de choquant : on se borne ici à noter que le caractère sacré de la propriété doit céder devant une puissance supérieure, encore plus « sacrée », celle de la Loi.

166 LA SUBORDINATION DES JUGES. — En face de cette loi omnipotente, le juge ne pèse plus très lourd. Comme l'avaient souhaité les réformateurs du XVIIIe siècle, son rôle se borne désormais à l'application mécanique des textes législatifs. La loi étant présumée parfaite, les juges n'ont plus à l'interpréter. Dans l'Ancien Régime, les Parlements interprétaient les lois du roi ou en comblaient les lacunes en édictant des règlements à l'usage des juges inférieurs (ce sont les fameux arrêts de règlement déjà évoqués, *supra,* n° 137). Désormais, si par extraordinaire la loi présente une lacune ou une obscurité, ou si par hasard son sens n'est pas absolument clair pour le juge, celui-ci ne peut plus trancher lui-même : « Les tribunaux ne pourront point faire de règlements mais *ils s'adresseront au corps législatif* toutes les fois qu'ils croiront nécessaire soit d'interpréter une loi, soit d'en faire une nouvelle » (loi des 16-24 août 1790, art. 12 du titre II) : c'est le système du *référé législatif*, qui réserve au législateur lui-même le monopole de l'interprétation de la loi.

Par ailleurs il est interdit aux juges de se mêler des affaires publiques. C'est bien sûr une réaction contre les entreprises des anciens Parlements, dont les prétentions politiques avaient beaucoup gêné le gouvernement royal au XVIIIe siècle, au point d'empêcher parfois les réformes nécessaires. C'est aussi l'application du nouveau principe constitutionnel de séparation des pouvoirs, strictement entendu. La même loi des 16-24 août 1790 portant organisation de la justice civile fait donc défense aux juges de « s'immiscer » dans l'exercice du pouvoir législatif et de « troubler les administrateurs dans l'exercice de leurs fonctions ». La Constitution de 1791 reprend cette disposition : « Les tribunaux ne peuvent ni s'immiscer dans l'exercice du pouvoir législatif, ou suspendre l'exécution des lois, ni entreprendre sur les fonctions administratives, ou citer devant eux les administrateurs pour raison de leurs fonctions » (titre III, chap. V, art. 3). C'est dire que les juges ordinaires ne peuvent pas connaître des litiges où l'administration est partie ; ces litiges seront d'abord réglés par l'administration elle-même (selon le principe de l'administrateur-juge), puis par un ordre juridictionnel spécial : *la juridiction administrative* (constituée dès l'an VIII par les conseils de préfecture, puis le Conseil d'État statuant au contentieux à partir de 1806). À vrai dire l'existence d'un ordre de juridiction particulier pour connaître des litiges où l'État est partie n'est pas vraiment une nouveauté : l'Ancien Régime avait déjà connu des administrateurs-juges, et des juridictions administratives spéciales ; mais c'était dans un contexte antérieur à la proclamation du dogme de la séparation des pouvoirs. Que la spécificité juridictionnelle de l'administration subsiste en dépit de ce même dogme en dit long sur la hiérarchie réelle des pouvoirs : à l'évidence, le « pouvoir judiciaire » n'est que le dernier des trois.

C'est dans le domaine pénal que la subordination du juge à la loi a été la plus facile à organiser. En réaction contre « l'arbitraire » des juges, les réformateurs éclairés avaient préconisé des peines légales fixes : que chacun sache à l'avance ce qui est permis et défendu, et ce qu'il en coûtera précisément d'enfreindre tel ou tel interdit légal. Le rôle du juge devait ainsi être réduit à rien : c'est le « juge automate », voué à la distribution quasi mécanique des peines fixées à l'avance par la loi (*supra,* n° 160). Ce programme, la Révolution l'a mis en œuvre. Après que la Constituante eut proclamé, dans la Déclaration des Droits, le principe fondamental de la légalité des incriminations et des peines (art. 7 et 8), la Législative a adopté le premier Code pénal français (loi des 25 septembre - 6 octobre 1791) : à une liste précise d'incriminations correspond désormais un tarif de peines fixes, théoriquement conçu pour régler tous les cas possibles. En réalité, la mise en œuvre du droit pénal révolutionnaire ne répondra pas aux généreuses attentes des législateurs. Le principe de légalité des peines, traduit de façon beaucoup trop rigide dans le Code de 1791, conduira à de graves injustices : le Code n'avait pu tout prévoir, et l'adaptation des sanctions à la gravité réelle des infractions s'avérera impossible. L'idéal du « juge machine », serviteur transparent d'une loi parfaite, ne résistera pas à l'épreuve du réel.

167 UN DROIT UNIFORME. — Les nouveaux principes proclamés dans les premières semaines de la Révolution impliquaient l'abolition totale du passé institutionnel et juridique du pays, et la mise en place de structures radicalement nouvelles. Le premier acte de la « révolution du droit » est posé par l'Assemblée constituante au cours de la nuit du 4 août 1789 : c'est *l'abolition des privilèges,* c'est-à-dire des « droits particuliers » qui appartenaient, depuis le Moyen Âge, à certains groupes sociaux ou à des collectivités territoriales. Au-delà de la condamnation (en grande partie fondée) du parasitisme de la noblesse et du caractère injuste de ses avantages fiscaux, l'abolition des privilèges est justifiée par deux principes :

l'individualisme et l'égalité des droits. Seuls les individus, et non les groupes, sont titulaires de droits ; et comme tous les individus sont égaux entre eux, ils doivent être tous soumis au même droit, que l'on appelle parfois « droit commun », mais qui est en réalité un droit *unique*. Unique et *uniforme* : c'est donc la fin de la diversité juridique qui avait jusque-là caractérisé le royaume. Tout en engageant le processus d'uniformisation du droit privé (2), la Constituante commence par niveler le territoire (1).

1 / *La fin des provinces.* — C'est l'article 10 du décret des 5-11 août 1789 qui abolit expressément les privilèges territoriaux : « Une constitution nationale et la liberté publique étant plus avantageuses aux provinces que les privilèges dont quelques-unes jouissaient et dont le sacrifice est nécessaire à *l'union intime de toutes les parties de l'Empire*, il est déclaré que tous les privilèges particuliers des provinces, pays, principautés, cantons, villes et communautés d'habitants... sont abolis sans retour et demeureront *confondus dans le droit commun des Français.* » Remarquons le glissement de sens que subit ici l'expression *droit commun* : ce n'est plus seulement, comme dans l'Ancien Régime, un corps de principes généraux laissant subsister des droits particuliers (ou *propres*), c'est bel et bien un droit *unique* qui se substitue entièrement aux droits particuliers abolis. Pour les Constituants, les provinces sont non seulement les vestiges d'un passé historique trop lourd, elles sont aussi le siège de particularismes qui divisent la Nation et qui perpétuent en son sein des inégalités choquantes. À la place des provinces supprimées, l'assemblée institue les *départements*, cadres uniformes et radicalement nouveaux de l'administration territoriale. Le premier projet de découpage départemental prévoyait même que les nouvelles circonscriptions seraient des carrés de dix-huit lieues de côté ! Les commissions régionales de découpage ont finalement travaillé à partir de « frontières » historiques, mais (sauf exception) les départements sont délibérément des entités dépourvues de passé. Aussi bien leur attribue-t-on des noms nouveaux, pris dans la nomenclature géographique (noms de fleuves ou de montagnes, pour la plupart). Chaque département est divisé en districts, et chaque district en cantons (décret du 22 décembre 1789). Ainsi est réalisée cette *surface égale* dont Mirabeau expliquera à Louis XVI, dans une lettre du 3 juil-

let 1790, à quel point elle « facilite l'exercice du pouvoir ». Elle favorisait aussi puissamment les intérêts économiques : c'était la réalisation du « marché commun » national si ardemment souhaité par les physiocrates (*supra,* n° 157).

2 / *L'uniformité du droit privé.* — Plus de coutumes, plus de droit écrit, plus de particularités jurisprudentielles : le même droit pour tous, appliqué par des juges passifs. Le principe de l'uniformité du droit privé est affirmé par la loi du 5 juillet 1790 : *« Il sera fait un Code général de lois simples, claires, et appropriées à la Constitution »* (entendons : en harmonie avec le nouveau régime politique). Le projet d'une codification générale est réaffirmé à la fin du titre Ier de la Constitution de 1791 : « Il sera fait un Code de lois civiles communes à tout le royaume. » En réalité, ce Code ne verra le jour qu'en 1804, après l'échec des quatre tentatives successivement effectuées entre 1793 et le début du Consulat : les trois premiers projets de Code civil ont été présentés par Cambacérès en 1793, 1794 et 1796 ; le quatrième, à vrai dire une simple esquisse, est rédigé par Jacqueminot en 1800 – après quoi Bonaparte met en place la commission de rédaction qui allait aboutir, cette fois, au Code de 1804.

Incapable de mener à bien la rédaction d'un Code civil complet, la Révolution n'en a pas moins profondément bouleversé l'organisation sociale et juridique du pays par une série de lois particulières. Ces lois mettent en place un nouveau type d'État : un État rationnel, conforme au modèle rêvé par les philosophes, et attaché comme ils l'avaient souhaité à la *régénération* non seulement de la société, mais aussi de l'homme lui-même.

Pour aller plus loin

168 Sur la Révolution proprement dite, la bibliographie est immense. Le bicentenaire de 1789 a suscité une multitude de travaux qui se sont ajoutés à une masse préexistante déjà énorme. Ces travaux sont souvent tributaires de préjugés idéologiques : l'histoire de cette période reste sensible, et pour certains toute vérité n'est pas bonne à dire. On se bornera ici à quelques titres, directement liés à notre propos. Pour le contexte, deux grands livres : celui de F. Furet, *La Révolution française de Turgot à Napoléon, 1770-1814*, Hachette, 1988 (d'inspiration plutôt libérale), et celui de P. Gaxotte, *La Révo-*

lution française, nouv. éd. par J. Tulard, éd. Complexe, 1988 (d'inspiration très critique), tous deux dotés de bibliographies commentées. D'utilisation commode est l'ouvrage de J. Tulard, J.-F. Fayard et A. Fierro, *Histoire et dictionnaire de la Révolution française*, Laffont, 1989. – Sur l'unité comme principe constitutionnel, le point de vue « publiciste » classique est présenté par R. Debbasch, *Le principe révolutionnaire d'unité et d'indivisibilité de la République*, Paris, 1988 (avec biblio.). Pour les réformes administratives de la Révolution, v. G. Sautel et J.-L. Harouel, *Histoire des institutions publiques depuis la Révolution française*, Précis Dalloz, 8e éd., 1998, et la claire synthèse de P. Villard, *Histoire des institutions publiques de la France de 1789 à nos jours*, Mémento Dalloz, 7e éd., 1992. – Pour le droit privé, outre les manuels d'A. Lefebvre-Teillard, A.-M. Patault, J.-L. Gazzaniga, J. Hilaire déjà cités, v. J. Bart, *Histoire du droit privé...*, Montchrestien, 2000, et J.-L. Halpérin, *L'impossible Code civil*, Paris, PUF, 1992.

La France révolutionnaire se veut une Nation (et même « la Grande Nation », en 1793), sans pour autant cesser de se dire aussi « Patrie » (« Allons, enfants de la Patrie », etc.) ; mais la *Patrie* nouvelle (que l'on invoque surtout lorsqu'il s'agit de s'opposer aux ennemis du dehors, tandis que la *Nation* serait plutôt à usage interne) présente des caractères bien différents de la « douce France » des chansons de geste médiévales : sur cette mutation du patriotisme, v. en dernier lieu J. de Viguerie, *Les deux patries. Essai historique sur l'idée de patrie en France*, DMM, 1998.

Leçon 20

Société nouvelle, Homme nouveau

169 Les révolutionnaires n'ont pas seulement éradiqué l'Ancien Régime politique et juridique. Au-delà de ces objectifs, atteints dès le début de la Révolution, il y avait une autre ambition – une ambition proprement démiurgique : après avoir totalement « libéré » l'individu de ses anciennes attaches communautaires et familiales (I), l'État nouveau se donnait pour tâche de procéder à la « régénération » complète de l'Homme lui-même (II).

Section I
La société nouvelle

Comme l'avaient souhaité les hommes des Lumières, la société nouvelle est essentiellement individualiste. Plus de communautés territoriales, plus de corporations de métier, plus de groupes intermédiaires : plus rien ne doit désormais s'interposer entre le citoyen et l'État ; la famille elle-même, suspecte de favoriser la tyrannie domestique, doit être régénérée.

170 Le triomphe de l'individualisme. — C'est l'aboutissement de la philosophie du siècle. Dès les premiers mois de la Révolution, les corps, communautés et autres groupes organisés n'existent plus : il ne reste que des individus « libres » – libres, mais isolés. Libérés de leurs « entraves », mais réduits à eux-mêmes. Nous avons déjà évoqué l'abolition des anciennes collectivités territoriales, villes et provinces. Mais parmi les diverses entraves dont les réformateurs du XVIIIe siècle avaient demandé la suppression, il y avait aussi l'organisation traditionnelle des métiers en communautés ou « corporations » (terme tardif). Ces corporations étaient incommodes du point de vue économique car elles jouissaient de monopoles et par là entravaient le libre développement de la production. Tout en demandant la suppression des obstacles juridiques qui gênaient la circulation des marchandises, les physiocrates avaient donc condamné aussi le système des communautés de métier ; des tentatives de réforme avaient eu lieu sous Louis XVI, à l'instigation de Turgot. C'est cependant l'Assemblée constituante qui devait porter le coup fatal à l'organisation communautaire du travail, d'abord en abolissant les corporations anciennes par les décrets des 5-11 août 1789 et du 17 mars 1791 (loi D'Allarde), puis en interdisant tous les regroupements professionnels par la loi Le Chapelier du 14 juin 1791. Non seulement les ouvriers et les artisans ne peuvent plus s'organiser, mais encore toute action concertée (en particulier la grève) leur est interdite. D'une façon plus générale, ni la liberté de réunion ni la liberté d'association ne figurent au rang des « droits naturels et imprescriptibles de l'homme » : la Déclaration du 26 août 1789 les ignore, et c'est seulement dans la seconde moitié du XIXe siècle que ces droits seront enfin reconnus (le droit de grève en 1864, les libertés syndicales en 1884, la liberté d'association en 1901). En attendant, pour l'État nouveau, seuls existent des individus. C'est le même principe qui préside à la redéfinition de la famille.

171 LA FAMILLE. — L'Ancien Régime avait commencé à légiférer sur la famille : dès le XVIe siècle, il est de plus en plus clair que « l'ordre des familles » est un élément de l'ordre public général. Pour autant, l'ancien droit n'avait pas attaqué la famille en tant que telle : il la consacrait au contraire comme cellule de base de la société, et comme cadre naturel d'une autorité paternelle volontiers présentée comme la première forme de l'autorité royale. Mais ce petit « État » en miniature n'était pas seulement la première figure de l'État – « Dieu a fait les rois, écrivait Bossuet, sur le modèle des pères » – il en était aussi la limite et constituait donc, à terme, un obstacle à sa croissance : car si « charbonnier est maître chez soi », il en résulte que l'État n'est pas maître partout. Est donc perceptible dès la fin de l'Ancien Régime, surtout au XVIIIe siècle, une certaine tendance à l'intrusion de l'État dans les affaires des familles et, tout particulièrement, dans le droit patrimonial de la famille, singulièrement le droit successoral. Ce droit, la Révolution va complètement le bouleverser (2). Mais c'est d'abord le fondement même de l'institution familiale, le mariage, qui est fondamentalement redéfini (1).

1 / En droit canonique, le mariage était défini comme un sacrement. Même si les juristes gallicans, à partir du XVIe siècle, avaient commencé à distinguer dans le mariage un aspect *contractuel* qu'il appartenait à l'État de réglementer (*supra,* n° 128) et un aspect *sacramentel* sur lequel l'Église gardait compétence, la dimension religieuse de l'institution restait fondamentale. Cette dimension, la Révolution l'élimine complètement : « La loi ne considère le mariage que comme un contrat civil. » Posé par la Constituante, ce principe est mis en œuvre par une loi du 20 septembre 1792 (jour où l'assemblée législative est sur le point de se séparer pour faire place à la Convention) qui laïcise l'état civil : on se marie désormais dans les municipalités, à qui est confiée la tenue des registres. Quant au sacrement, il devient une affaire purement privée : l'État n'a pas à en connaître. Plus radicale est une autre loi votée le même jour pour introduire le divorce : le mariage étant un simple contrat, et un contrat « à exécution successive », il peut être rompu d'un commun accord comme n'importe quel contrat. Sans qu'il soit besoin ici d'entrer dans les modalités précises de la loi du 20 septembre 1792, disons simplement qu'elle rend le divorce très facile : on peut divorcer par consentement mutuel ou pour incompatibilité d'humeur. C'est un nouveau triomphe de la liberté *individuelle.*

2 / Dans le domaine patrimonial, c'est plutôt l'égalité qui est à l'œuvre. Dans la mentalité de l'Ancien Régime, le patrimoine d'une famille était considéré comme appartenant à la famille en tant que telle – même si, juridiquement, la propriété était normalement individuelle (en principe, celle du chef de la famille). On s'efforçait donc de conserver ce patrimoine de génération en génération. Le droit favorisait cet objectif par des dispositifs aussi variés que le *retrait*

lignager (sorte de droit de préemption accordé aux parents du vendeur lors de la vente d'un immeuble considéré comme familial), le *testament* (qui dans les pays de droit écrit, selon le schéma romain, était presque entièrement libre – à l'exception d'une petite part « réservée » aux descendants), le *contrat de mariage* (qui permettait aux parents d'avantager tel ou tel de leurs enfants en lui faisant une donation au moment de son mariage) et les *substitutions*. Très révélatrices de l'esprit de l'ancien droit, les substitutions permettaient de transmettre un élément du patrimoine familial sans le diviser ni l'aliéner sur plusieurs générations : c'était une sorte de « statut » aux termes duquel certains biens de famille échappaient à la libre disposition du *pater familias*, en même temps qu'ils étaient soustraits au commerce, comme aux appétits du fisc. Au XVIIIe siècle, les progrès de l'individualisme libéral (ou pré-libéral), mais aussi une conception déjà *légaliste* du droit ont conduit le chancelier d'Aguesseau à en restreindre la portée : c'est l'objet d'une ordonnance de 1747 qui limitait l'effet des substitutions à deux générations (le chancelier, lui, aurait voulu abroger complètement ce « nouveau genre de succession où la volonté de l'homme prend la place de *la loi* »).

La conséquence de la liberté testamentaire et de la pratique des substitutions, comme des coutumes qui reconnaissaient à tel ou tel héritier (par exemple à l'aîné) une part plus importante de la succession de ses parents, c'était évidemment l'inégalité successorale : la conservation de patrimoines familiaux relativement stables pendant plusieurs générations était à ce prix. Mais pour les hommes de 1789 l'Ancien Régime successoral « blessait l'égalité naturelle » : il devait donc disparaître. Dès 1790 et 1791, la Constituante abolit le droit d'aînesse et le privilège de masculinité. Mais il revenait naturellement à la Convention d'arrêter les mesures les plus radicales. Après avoir complètement interdit les substitutions en septembre et novembre 1792 (Napoléon les rétablira, mais dans un contexte très particulier : *infra,* n° 181), elle proclame le 12 brumaire an II (2 novembre 1793) l'égalité entre enfants légitimes et naturels, puis, avec la grande loi du 17 nivôse an II (6 janvier 1794), elle pose le principe d'une *égalité absolue entre descendants* : chaque enfant doit recevoir une part égale de la succession de ses père ou mère, et si ces derniers ont encore le droit de disposer librement du dixième de leurs biens (« quotité disponible » fort réduite !), ils ne peuvent pas s'en servir pour avantager l'un de leurs enfants. La liberté testamentaire ainsi réduite à presque rien, les fortunes devaient irrémédiablement se fractionner à chaque génération : ce que Le Play appellera au XIXe siècle « la machine à broyer le sol » est donc en place. Nous verrons comment ce dispositif sera aménagé par le Code civil (*infra,* n° 180). Ajoutons que l'adoption, remise en honneur dès le début de la Révolution par divers projets, s'inscrit elle aussi dans cette perspective de morcellement des patrimoines : c'est une institution admirable, dira Cambacérès en 1793, « qui se lie admirablement à la Constitution de la République puisqu'elle amène, sans crise, la division des fortunes ».

Énergiquement menée, la mise en place d'une nouvelle organisation sociale n'est pourtant pas le but ultime de la Révolution, du moins de ses agents les plus avancés. Avec la Terreur, c'est un projet plus ambitieux encore qui apparaît : celui d'une *régénération* complète de l'esprit public en vue de produire l'avènement de *l'Homme nouveau.*

Section II
L'Homme nouveau

172 RÉGÉNÉRER L'ESPÈCE. — Pour les révolutionnaires les plus exaltés, le droit n'est pas une fin en soi ; ce n'est pas non plus une simple règle du jeu social : c'est un instrument politique en vue d'une transformation sociale radicale. Si cet objectif est présent dès 1789, il apparaît avec une particulière clarté au moment de la Terreur jacobine, en 1793 et 1794. Il s'agit de remodeler l'homme pour en faire un *citoyen* parfait et le rendre ainsi, selon une idée chère à Rousseau, plus parfaitement *homme.* Qu'est-ce qu'un bon citoyen ? C'est celui qui est totalement dévoué à la République (ou à la Nation, ou à la Patrie...), au point d'en faire la valeur suprême, celle à laquelle toutes les autres doivent être éventuellement sacrifiées. Pour créer ce citoyen parfait, il faut donc l'amener à renoncer à toutes ses fidélités antérieures, à commencer par la foi religieuse. C'est pourquoi, en 1793 et 1794, la République jacobine a mené une violente campagne de déchristianisation. Le christianisme n'est pas seulement considéré comme un obstacle au développement des Lumières (dans la ligne des philosophes éclairés), il est aussi perçu comme contraire aux progrès de la République elle-même. Les chrétiens considèrent en effet que le royaume de Dieu n'est pas de ce monde : il est donc d'un autre ordre que l'État – d'un ordre supérieur à l'État. C'est dire que pour un chrétien la République (ou quelque forme politique que ce soit) ne saurait être la valeur suprême : le chrétien échappe toujours de quelque façon à l'État, il *relativise* l'État. Mais un État totalitaire ne peut pas supporter d'être relativisé. Il veut dominer non seulement les corps, mais aussi les cœurs et les âmes. À la place de la vieille religion interdite, les jacobins tentent d'imposer de nouveaux cultes : des cultes « civiques » imités de l'Antiquité (*supra,* n° 46), dont Rousseau avait vanté les mérites politiques (en particulier au chapitre VIII du Livre IV du *Contrat social* : lecture recommandée). Dans les cathédrales transformées en temples civiques sont successivement célébrés le culte de la Raison, celui de l'Être suprême (c'est le grand Horloger, ou grand Architecte, mis au service de la Révolution), tout ceci plus ou moins mêlé au culte de la Nation divinisée (lui-même renouvelé de l'ancien culte de Rome).

Pour déraciner les vieilles croyances bannies, les jacobins sont allés très loin. Quelques exemples encore. D'abord, le calendrier. À la place du calendrier traditionnel, rythmé par les fêtes chrétiennes, la Convention institue le calendrier républicain (5 octobre 1793) : l'ère de la Liberté remplace l'ère chrétienne. Elle commence rétroactivement le 22 septembre 1792, jour de la proclamation de la République, qui devient le 1er jour de l'an I de la Liberté. À partir de là, l'année est divisée en douze mois de trente jours, les cinq ou six jours restant en fin d'année étant déclarés « jours complémentaires » et consacrés aux fêtes des sans-culottes. Chaque mois est lui-même divisé en trois décades (périodes de dix jours) qui prennent donc la place de la semaine. Le grand intérêt est de supprimer le dimanche, et toutes les « mômeries » qui étaient célébrées ce jour-là. Les noms des jours sont changés : la décade se décline de « primidi » à « décadi » (ce dixième jour étant voué au repos). Les noms de mois changent aussi ; les nouveaux, qui se réfèrent à la météorologie, sont néanmoins poétiques : vendémiaire, brumaire, frimaire ; nivôse, pluviôse, ventôse ; germinal, floréal, prairial ; messidor, thermidor, fructidor. Chaque jour est placé sous le patronage d'un végétal, d'un animal, ou d'un instrument aratoire. Le premier jour de l'année nouvelle (ci-devant 22 septembre) est celui du raisin, le dixième celui de la cuve ; le vingt-troisième jour de vendémiaire, c'est la fête du navet. Il s'agit bien sûr de remplacer les saints, et d'éradiquer leur culte superstitieux. L'idée de fond, c'est de remplacer le temps chrétien par un temps national, rationnel, républicain. L'État nouveau est le maître du temps.

Rien de ce qui rappelle l'ancienne France ou la « superstition » (c'est-à-dire le christianisme) ne doit être conservé. La Convention lance donc une grande campagne de changement des noms de lieux. Tous les « Saint- » et « Sainte- » devaient disparaître. Grenoble (« noble » !) devint Grelibre, etc. Lyon, où une révolte des citoyens contre la dictature jacobine avait été noyée dans le sang, devint « Ville-affranchie ». Se développe, dans le même esprit, une politique linguistique très radicale : il s'agit d'imposer partout la langue française, à la place des langues ou des dialectes régionaux. Ici, l'inspiration est double. Il y a d'abord le souci de l'unité : une seule langue pour tous, la langue nationale ; car la diversité linguistique est aussi insupportable que le pluralisme du droit. Mais il y a aussi cette idée que le français est la langue de la Raison, tandis que les « patois », vestiges de l'âge « gothique », ne sont bons qu'à entretenir la superstition : c'est parce que la langue française est le seul vecteur possible du catéchisme nouveau qu'il faut l'imposer à tous.

De fait, l'objectif ultime de cette politique (il faudrait parler aussi du costume national, dessiné par David, des fêtes révolutionnaires, du tutoiement obligatoire, etc.) est bien le *conditionnement idéologique* de la population tout entière. Ce conditionnement est le but avoué de l'Éducation nationale, conçue pour « s'emparer de l'homme dès le berceau » (v. *infra,* n° 174, la citation de Rabaut). Ainsi naîtra la *race nouvelle* des hommes « régénérés ». Régénérés : c'est-à-dire, au sens propre, admis à une seconde naissance, celle qui leur donne accès à la vie civique – la vraie vie. Ce programme est celui de tous les totalitarismes : les jacobins de 1793 annoncent les bolcheviks de 1917, et les Khmers Rouges. Les uns et les autres ont le projet d'une société parfaitement homogène, composée d'atomes égaux, interchangeables et parfaitement *dressés.*

173 ÉPILOGUE. — La révolution culturelle de l'an II a tourné court. Le peuple français, dans sa grande masse, n'était pas disposé à se laisser « régénérer » de force. C'était déjà un vieux peuple, attaché à ses habitudes, à ses croyances, à ses libertés. Dans des provinces entières, ce peuple s'efforçait – comme il croyait en avoir le droit *naturel* – de « résister à l'oppression ». En Vendée, en Bretagne, dans plusieurs régions du Midi, il avait pris les armes. Ces révoltes avaient d'abord produit un redoublement de la Terreur : « Ce qui constitue la République, avait lancé Saint-Just à la Convention, c'est la destruction totale de tout ce qui lui est opposé » (22 février 1794). Et Carrier, le bourreau de Nantes : « Nous ferons un cimetière de la France plutôt que de ne pas la régénérer à notre manière. » Le salut est finalement venu de la Convention elle-même, d'un sursaut provoqué par la peur : le 9 Thermidor an II (27 juillet 1794), elle met Robespierre hors la loi. La Terreur passée, même si la doctrine officielle ne change pas immédiatement, la République prend un visage moins inhumain. Maître de la France à la fin de l'année 1799, le jeune général Bonaparte, auréolé de ses premières victoires, s'apprête à remettre le pays en ordre. Il reviendra même, en quelques années, à la monarchie : Premier Consul en l'an VIII, Consul à vie en l'an X, Napoléon devient en l'an XII (1804) Empereur des Français.

Peu importe, à vrai dire, la forme constitutionnelle de l'État. Car à partir de la Révolution, que la France soit républicaine, impériale ou royale, l'État nouveau présente le même caractère : il domine de toute sa puissance une société juridiquement nivelée, réduite à ses atomes élémentaires. Comme l'a dit admirablement Tocqueville, « l'État se dresse seul au milieu de l'abaissement général ». Toutefois l'uniformité du droit laisse subsister de grandes disparités économiques, voire les accentue : la conspiration des Égaux, qui tendait à imposer l'égalité des fortunes en plus de l'égalité des droits, a été noyée dans le sang en 1797. Les profiteurs de la Révolution n'ont donc rien à craindre et « l'abaissement général » dont parle Tocqueville ne nuira pas à la prospérité des « dynasties bourgeoises » du XIXe siècle. Même en faisant la paix avec l'Église, Bonaparte garantira les avantageux transferts de propriété effectués au début de la Révolution au détriment des anciens privilégiés, et au profit des nouveaux riches. De ces nouveaux riches, il fera quelques années après de nouveaux nobles... Du moins la dictature consulaire, puis impériale, a-t-elle opéré des réformes durables dans le domaine juridique : c'est Napoléon qui a légué à la France les grands Codes, socle du droit contemporain. Nous leur consacrerons les deux leçons suivantes.

Pour aller plus loin

174 Sur « l'Homme nouveau » et sa « fabrication » révolutionnaire, v. M. Ozouf, *L'homme régénéré*, Gallimard, 1989 (en particulier « La Révolution française et la formation de l'homme nouveau », p. 116-157). Le premier moyen de ce *conditionnement collectif* est évidemment l'Éducation nationale, dont Rousseau avait déjà souligné l'importance : « C'est l'éducation qui doit *donner aux âmes la force nationale*, et diriger tellement leurs opinions et leurs goûts qu'elles soient patriotes par inclination, par passion, par nécessité. Un enfant ouvrant les yeux doit voir la Patrie et jusqu'à la mort ne doit plus voir qu'elle » (*Considérations sur le gouvernement de la Pologne*, cité par X. Martin, *Nature humaine et Révolution*, *op. cit.*, p 110). Le 21 décembre 1792, parlant devant le comité d'Instruction publique de la Convention, le député Rabaut (dit Saint-Étienne, ancien pasteur de Nîmes), définissait ainsi l'éducation nationale : « Toute sa doctrine consiste à s'emparer de l'homme dès le berceau, et même avant sa naissance ; car l'enfant qui n'est pas né appartient déjà à la patrie. *Elle s'empare de tout l'homme sans le quitter jamais, en sorte que l'éducation nationale n'est pas une institution pour l'enfance, mais pour la vie entière* » (J. Guillaume, *Procès-verbaux du comité d'instruction publique*, I, 1891, p. 231-235). – Sur la politique religieuse de la Révolution, v. J. de Viguerie, *Christianisme et Révolution*, NEL, 1986.

Sur la politique familiale, outre le manuel déjà cité d'A. Lefebvre-Teillard, v. M. Garaud et R. Szramkiewicz, *La Révolution française et la famille*, PUF, 1978. – Sur la « révolution culturelle », v. M. de Certeau, D. Julia et J. Revel, *Une politique de la langue : l'enquête de l'abbé Grégoire sur les patois*, Gallimard, 1975, et notre étude : Langues de la Nation et « idiomes grossiers » ; le pluralisme linguistique sous le niveau jacobin, *Libertés, pluralisme et droit*, *op. cit.*, Bruxelles, 1995, p. 157-172 ; R. Baczko, Le calendrier républicain : décréter l'éternité, *Les lieux de mémoire*, I, *La République* (dir. P. Nora), p. 37-83. – Les présupposés philosophiques qui « justifient » la sanglante répression des révoltes vendéennes sont analysés par X. Martin, *Sur les droits de l'homme et la Vendée*, DMM, 1995.

Leçon 21

Le Code civil de 1804

175 L'idée de codification s'inscrit dans le droit fil de l'idéologie légaliste. Il s'agit en effet de faire une loi, ou un ensemble de lois, qui rassemble la totalité des règles applicables. Le projet codificateur peut englober la totalité du champ juridique (un seul code pour tout le droit), ou seulement une branche du droit (un code pour le droit civil, un autre pour le droit pénal, un pour le droit commercial, etc.). Mais l'objectif est le même : faire en sorte que *la totalité* du droit applicable, soit à l'ensemble de la vie juridique, soit à un secteur particulier de celle-ci, soit rassemblé *en un même lieu.* C'est cette prétention à l'exhaustivité qui caractérise le projet codificateur des modernes : *tout doit être dans le code, et uniquement dans le code.* Le code doit suffire à tout. Dans ce sens précis, les grandes ordonnances de l'Ancien Régime ne sont pas des codes. On l'a vu : ces textes ne réglaient jamais que quelques points particuliers dans un domaine précis du droit, laissant une grande part aux coutumes et aux usages. Même l'ordonnance civile de Louis XIV, ou son ordonnance criminelle, loin d'être des « codes de procédure » exhaustifs, ne fixaient que les grandes lignes de ces matières, ou quelques points litigieux. Quant aux codes romains du Bas-Empire, que ce soit celui de Théodose ou celui de Justinien, on se souvient aussi que leur objectif était simplement de remettre en ordre un droit déjà existant : il ne s'agissait que de rassembler, en l'organisant de manière systématique, une législation déjà connue, promulguée et appliquée depuis un siècle et demi ou deux siècles ; c'était donc de simples *compilations.* Or l'ambition des codes modernes – et c'est là, après l'exhaustivité, leur seconde caractéristique – va bien au-delà d'une simple remise en forme d'un droit ancien. Ils se veulent en effet *créateurs d'un droit nouveau* et même, du moins en théorie (car en pratique ce sera différent, du moins pour les codes napoléoniens), d'un droit *radicalement* nouveau. En ce sens, la grande époque de la codification, du moins en Europe, se situe dans la seconde partie du XVIIIe siècle et au début du XIXe. C'est alors que se forme la théorie du code, et que cette théorie est mise en œuvre. La perspective est celle, révolutionnaire, de la table rase : on efface tout et on recommence, quitte à récupérer ici et là des matériaux anciens, mais retravaillés et recomposés à la lumière des idées nouvelles afin de constituer un ensemble normatif radicalement original. Et cet ensemble se suffit à lui-même : ainsi le juge – le « juge machine » – n'aura-t-il qu'à ouvrir le code pour trouver la solution immédiate de tous les cas qui lui seront soumis.

Contrairement à une opinion répandue, les codes rédigés à l'initiative de Napoléon ne sont pas les premiers du genre. Dès 1790/1791, on l'a vu, la Constituante avait mis en chantier un « code des lois civiles » ; trois projets successifs ont été rédigés par Cambacérès, mais aucun n'a pu aboutir. Dans le domaine pénal, le code voté en septembre-octobre 1791 ne concernait que les crimes ; celui du 3 Brumaire an IV, plus complet, restait encore très imparfait. Le projet codificateur avait été en revanche poussé beaucoup plus loin, dès avant la Révolution française, dans les pays allemands et italiens (*infra,* n° 185). Nous envisagerons ici d'abord le Code civil lui-même (I), puis sa destinée ultérieure (II).

Section I
1804

176 LE CONTEXTE. — Le Code civil s'inscrit dans la suite des projets élaborés pendant la Révolution, mais le contexte politique a sensiblement changé. Le temps des bouleversements radicaux est passé : le Premier Consul entend désormais construire pour le long terme, en jetant sur le sol français des « masses de granit » qui défieront le temps. À cette fin, dans le domaine du droit civil comme dans les autres, il entend faire œuvre de transaction (ou de compromis) entre l'ancienne France et la nouvelle. De même que l'État nouveau se veut un compromis entre l'ancienne monarchie et la République, de même le droit nouveau doit associer, en des proportions variables selon les domaines, le legs de l'Ancien Régime et l'apport de la Révolution. Combiner l'un et l'autre pour en faire une synthèse acceptable par tous les Français – ou du moins une majorité d'entre eux –, tel est l'objectif de Bonaparte.

À vrai dire cette entreprise de réorganisation juridique n'est qu'un aspect parmi d'autres d'un projet complet de reconstruction institutionnelle. Celle-ci comporte aussi la mise en place d'une administration solide, hiérarchique et centralisée : c'est l'objet, aussitôt après le coup d'État de Brumaire, de la grande loi du 28 pluviôse an VIII. Elle implique aussi, après une décennie de troubles religieux, la conclusion d'un accord durable avec l'Église catholique : c'est l'objet du Concordat signé le 5 juillet 1801 avec le Saint-Siège, complété ensuite par des dispositions relatives aux cultes réformé et israélite. Le rétablissement d'une monarchie héréditaire dans la famille Bonaparte devait couronner l'édifice : Premier Consul pour dix ans en vertu de la constitution du 22 frimaire an VIII (13 décembre 1799), Bonaparte devenait Premier Consul à vie en l'an X (août 1802) et Empereur des Français moins de deux ans plus tard (sénatus-consulte du 28 floréal an XII = 18 mai 1804), sans que formellement la République disparût (« Le gouvernement de la République est confié à un Empereur... »). On sait ce qu'il advint de ce projet politique : dictature militaire, l'Empire s'effondra dans la défaite au bout de dix ans. En revanche le Code civil, les autres codes, l'organisation administrative, le régime des cultes – tout comme le nouveau système judiciaire (mis en place en mars 1800), le Conseil d'État, la Banque de France ou la Cour des Comptes – lui ont très largement survécu. De toutes ces « masses de granit », le Code civil a été sans aucun doute l'une des plus solides et, en tout cas, l'une des moins discutées.

177 L'ÉLABORATION DU CODE CIVIL. — Constituée par un arrêté consulaire du 24 thermidor an VIII (12 août 1800), la commission chargée de rédiger un nouveau projet de Code civil (le cinquième depuis le début de la Révolution) reflétait parfaitement cet esprit de compromis qui animait le Premier Consul. Elle comprenait quatre membres, tous juristes éminents, tous politiquement modérés, mais issus de traditions régionales différentes, et donc très complémentaires. Le président, *Tronchet*, ancien avocat au Parlement de Paris, était évidemment spécialiste de la coutume de Paris. Élu député aux États généraux, il s'était montré partisan d'une monarchie constitutionnelle avec une prérogative royale forte. Adversaire des jacobins, choisi par Louis XVI pour être son défenseur (avec Malesherbes et R. de Sèze), il avait dû se cacher pendant la Terreur, jusqu'à la chute de Robespierre. Si Bonaparte le choisit en 1800 pour présider la commission du Code, c'est autant pour son courage politique pendant les heures sombres que pour sa parfaite connaissance du droit parisien. Aux côtés de Tronchet, trois autres grands juristes : un breton d'opinions traditionnelles, *Bigot de Préameneu*, spécialiste de la coutume de Bretagne, qui devait représenter au sein de la commission la tradition juridique de l'Ouest ; *Maleville*, originaire du Périgord, celle du Sud-Ouest ; enfin le provençal *Portalis*, ancien avocat au Parlement d'Aix-en-Provence, juriste exceptionnel, à coup sûr le plus brillant des quatre, qui allait faire entendre la voix puissante de la tradition romaine, celle aussi du droit naturel (tel du moins qu'on l'entendait à son époque). C'est Portalis qui a rédigé l'admirable *Discours préliminaire du projet de Code civil*, dont nous reparlerons. Au-delà de leurs spécialités complémentaires, ces quatre juristes avaient lu les grands auteurs de l'ancien droit : Cujas, Domat, D'Aguesseau et surtout Pothier, à qui ils ont emprunté beaucoup.

Cette commission, à la fois peu nombreuse et bien composée, rédigea un premier projet en quatre mois. Il fut d'abord soumis pour avis au Tribunal de cassation et aux Tribunaux d'appel (qui deviendront en 1806 respectivement Cour de cassation et Cours impériales d'appel). L'ensemble formé par le projet de la commission et les avis des hautes juridictions – constituant en somme l'avant-projet législatif – fut ensuite soumis au Conseil d'État. Rappelons que pour abaisser le pouvoir législatif, après dix ans de régime d'assemblée, la constitution du 22 frimaire an VIII avait prévu une procédure complexe qui fractionnait l'élaboration des lois entre trois assemblées : le Conseil d'État devait rédiger le projet de loi, le Tribunat le discutait et pouvait l'amender, enfin le Corps législatif l'adoptait ou le rejetait en bloc. Le Conseil d'État, assemblée « rédactrice », consacra en tout 87 séances à la discussion du Code civil. Le Premier Consul présida en personne 35 séances. Le futur empereur avait sans doute un goût réel pour le droit, mais il avait surtout le sentiment de la grande importance politique de celui-ci. Dans l'histoire, pensait-il, tous les princes restaurateurs d'empires avaient été aussi des princes législateurs : Auguste, Justinien, Charlemagne... Le « nouveau Justinien », relativement assidu au Conseil d'État, y fit donc quelques interventions pertinentes (parfois préparées à l'avance avec Cambacérès, second consul de la République), en particulier sur l'adoption et le divorce, l'incapacité de la femme, l'autorité paternelle, les enfants naturels... Le projet fut ensuite soumis au Tribunat, « assemblée de bavards » où s'étaient réfugiés les derniers nostalgiques du jacobinisme (rebaptisés « idéologues »), qui fit donc de l'opposition. La critique porta en particulier sur le titre préliminaire (pourtant sensiblement réduit par rapport au Livre préliminaire prévu dans le premier état du projet, mais que les tribunaux avaient beaucoup critiqué : cf. le numéro suivant) où Portalis avait rassemblé quelques définitions générales de tonalité beaucoup trop traditionnelle au goût des « idéologues », et qui fut rejeté par le Tribunat, puis par le Corps législatif les 21 et 24 frimaire an X (décembre 1801). Décidé à briser l'opposition du Tribunat (qui avait aussi pris pour cible le Concordat signé quelques mois plus tôt avec Rome, et remettait ainsi en question la politique d'apaisement religieux), le Premier Consul procéda à une épuration de cette assemblée : 20 tribuns sur 100, les plus « idéologues », furent exclus ; du même coup « la discussion changea de ton du jour au lendemain » (B. Beignier). Non seulement le titre préliminaire, mais la totalité du projet fut alors adoptée, en une série de 36 lois successives, en 1803 et au début de 1804. L'ensemble fut regroupé et promulgué par la loi du 30 ventôse an XII (21 mars 1804) « contenant la réunion des lois civiles en un seul corps de lois, sous le titre de Code civil des Français ». Il prit en 1807 le nom de *Code Napoléon*, redevint simplement *Code civil* à la Restauration, pour retrouver au début du Second Empire l'appellation de *Code Napoléon* (qui n'a jamais été officiellement abrogée depuis).

178 Caractères généraux. — Le Code comportait 2 281 articles répartis selon un plan à la fois classique et très clair. Outre un titre préliminaire, consacré aux dispositions générales sur les lois, il est divisé en trois livres. Le premier traite des personnes, le deuxième des biens et le troisième « des différentes manières dont on acquiert la propriété ». C'est encore, à peu de choses près, le plan des *Institutes* de Gaius et de Justinien : personnes, choses, actions (*supra,* n° 29). Chaque livre est subdivisé en titres, chaque titre en chapitres, chaque chapitre en sections et chaque section en articles. Le style est lui aussi très classique : toujours précis, concis et rigoureux, souvent même élégant. On connaît la boutade de Stendhal, recommandant la lecture du Code civil aux jeunes gens désireux de former leur style.

Sur le fond, le Code répond bien au schéma des codifications modernes en ce qu'il abroge expressément tout le droit antérieur : « À compter du jour où ces lois sont exécutoires, les lois romaines, les ordonnances, les coutumes générales ou locales, les statuts, les règlements, cessent d'avoir force de loi générale ou particulière dans les matières qui sont l'objet desdites lois composant le présent code » (art. 7 de la loi du 30 pluviôse an XII). Pour autant, comme on l'a dit, le Code ne sort pas de rien : il est tributaire du passé, un passé lointain ou plus récent. La grande idée de Bonaparte, dans ce domaine comme dans les autres, était de faire œuvre durable. La première exigence était donc le réalisme : pour être accepté, le nouveau droit civil devait être applicable à la société française réelle, telle qu'elle avait été façonnée non seulement par les dix années de Révolution, mais aussi par les siècles antérieurs, et non le code rêvé d'une société utopique. En un mot, il fallait que le droit tînt compte des mœurs : « Les lois ne sont pas de purs actes de puissance, affirmait Portalis dans le *Discours préliminaire* ; ce sont des actes de sagesse, de justice, et de raison. Le législateur exerce moins une autorité qu'un sacerdoce. Il ne doit point perdre de vue que les lois sont faites pour les hommes, et non les hommes pour les lois ; qu'elles doivent être adaptées au caractère, aux habitudes, à la situation du peuple pour lequel elles sont faites... » Ces phrases sont une critique sévère du constructivisme révolutionnaire : croire que l'on peut démonter une société et la reconstruire de toutes pièces, comme une simple mécanique. Et Portalis de plaider ensuite, à l'exact opposé du normativisme révolutionnaire, pour un véritable minimalisme législatif : « En corrigeant un abus, il faut encore voir les dangers de la correction même ; ... il serait absurde de se livrer à des idées *absolues* de perfection, dans des choses qui ne sont susceptibles que d'une bonté *relative* » – entendons : dans les choses sociales, qu'il n'est pas possible de réduire en équations mathématiques (*Discours préliminaire*, § 5).

179 LA LOI ET LE JUGE. — Autre idée essentielle : le Code, comme toute loi, doit garder un niveau suffisant de généralité, sans prétendre prévoir et régler toutes les situations possibles. Car la vie sociale est de toute façon beaucoup trop complexe pour se laisser enfermer dans des formules juridiques closes, aussi détaillées soient-elles : « L'office de la loi est de fixer, par de grandes vues, les maximes générales du droit, d'établir des principes féconds en conséquences, et non de descendre dans le détail des questions qui peuvent naître sur chaque matière » (*Discours préliminaire*, § 9). À qui appartient-il alors de tirer les *conséquences,* en appliquant les *principes* aux cas d'espèce ? C'est évidemment le rôle du juge, dont l'office traditionnel est ainsi restauré. Après le juge automate cher aux légalistes absolus de l'époque antérieure, voici revenir le juge « judicieux », au sens étymologique du mot – celui qui est chargé de dire *(dicere)* le droit *(jus)* – et au sens commun – celui qui est capable d'exercer son intelligence et son « jugement ». En d'autres termes, le Code réhabilite la jurisprudence et met un terme au calamiteux système du référé législatif (*supra,* n° 166). Non seulement le juge retrouve ainsi sa liberté de jugement à l'intérieur du cadre général posé par les lois, mais encore il ne peut pas prendre prétexte des lacunes ou de l'ambiguïté de la loi pour refuser de juger. Ainsi en dispose l'article 4, qui est l'un des plus importants du Code : « Le juge qui refusera de juger, sous prétexte du silence, de l'obscurité ou de l'insuffisance de la loi, pourra être poursuivi comme coupable de déni de justice. »

Portalis aurait voulu aller plus loin, et reconnaître expressément au juge le droit de prononcer en équité. Le projet initial de la commission contenait dans son Livre préliminaire un article ainsi rédigé : « Lorsque la loi ne présente pas de disposition qu'on puisse appliquer, le juge devient *un ministre d'équité* ; il ne peut pas refuser de juger sous le prétexte du silence, de l'obscurité ou de l'insuffisance de la loi écrite : il applique alors la loi immuable et éternelle de la *raison...* » Outre cette allusion transparente à la notion traditionnelle de droit naturel, le projet de Livre préliminaire faisait aussi référence aux « coutumes et usages qui sont le supplément des lois » (art. 4 du titre 1er) tandis que l'article suivant rappelait l'ancienne définition de la coutume : « [Elle] résulte d'une longue suite d'actes constamment répétés qui ont acquis [leur] force d'une convention tacite et commune. » Ces « relents d'Ancien Régime » suscitèrent de vives critiques de la part des tribunaux, de sensibilité encore jacobine : « Serait-il possible qu'on laissât subsister encore les lois romaines, les coutumes, les usages, les statuts locaux, les règlements... ? » s'insurge par exemple le tribunal d'appel de Lyon. Portalis dut en rabattre. Il transforma son Livre préliminaire en un simple « titre préliminaire » ne comportant plus que 8 articles (au lieu de 39) et dépouillé de toute allusion au droit naturel, à l'équité ou à la coutume. Pour autant, en dépit des tentatives d'un Tribunat encore dominé par les Idéologues et donc attaché au légalisme absolu de la Révolution, le référé législatif fut définitivement écarté par l'article 6 du nouveau projet (qui deviendra l'article 4 du Code définitif). Même si une loi de 1807 est venue instaurer un référé au Chef de l'État pour interpréter le Code en cas de désaccord persistant entre la Cour de cassation et les Cours d'Appel, les lois de 1828 et de 1837 ont consacré l'autonomie de la jurisprudence. Pour autant, celle-ci ne doit pas sortir de son rôle, qui est de trancher des litiges particuliers : réitérant la condamnation révolutionnaire des anciens arrêts de règlement, l'article 5 du texte définitif interdit aux juges de « prononcer par voie de disposition générale et réglementaire sur les causes qui leur sont soumises ».

180 UN « CONCORDAT » JURIDIQUE. — Comment le nouveau Code réalise-t-il l'amalgame (ou la transaction ou le « concordat ») entre l'ancien droit et le nouveau ? Entre l'héritage juridique de l'Ancien Régime et les innovations révolutionnaires ? Il n'est évidemment pas possible, dans le cadre d'un manuel aussi général, d'entrer dans le détail de l'analyse : aussi bien sera-t-elle faite dans les différents cours de droit civil jusqu'à la Maîtrise. On se bornera ici à quelques exemples rapides, en suivant à l'envers l'ordre du Code : les obligations (1), la propriété (2), la famille (3).

1 / S'agissant d'abord du droit des obligations (pour simplifier, puisque la matière sera abondamment reprise dans le cours de droit civil, disons qu'il s'agit du droit des contrats et de la responsabilité), le Code fait des emprunts considérables non point tant au droit romain lui-même (qui n'a jamais développé une théorie complète sur ces questions), mais au droit « civil » tel que Domat l'avait systématisé au XVIIe siècle. Ce sont les définitions de Domat, puis de Pothier, qui ont aidé les rédacteurs du Code à ciseler les articles qui définissent le contrat ou qui en décrivent les effets. « Les conventions, avait écrit Domat, sont des engagements qui se forment par le consentement mutuel de deux ou plusieurs personnes qui se font entre eux une *loi* d'exécuter ce qu'ils promettent. » On n'est pas loin des articles 1101 (« Le contrat est une convention par laquelle une ou plusieurs personnes s'obligent envers une ou plusieurs autres à donner, à faire ou à ne pas faire quelque chose », dont la formulation s'inspire aussi de Pothier) et 1134 (« Les conventions légalement formées tiennent lieu de *loi* à ceux qui les ont faites »).

2 / Quant à la propriété, elle est définie par opposition à l'ancien droit, qui admettait des « propriétés simultanées » sur une même chose : son caractère essentiel, pour les rédacteurs du Code, est l'exclusivité – même si le terme manque dans la définition que donne l'article 544 : « La propriété est le droit de jouir et de disposer des choses de la manière la plus absolue... » Pour justifier cet « absolutisme » du propriétaire, la doctrine a allégué le précédent de la propriété romaine : en réalité cette référence n'a guère de sens, dans la mesure où les Romains n'ont laissé aucune théorie de la propriété, ni même aucune définition du concept. Au surplus, le prétendu *absolutisme* du propriétaire qui serait pour certains l'un des piliers du Code et, à travers lui, de la société « bourgeoise » du XIXe siècle, est en réalité fort *relatif*. Car il faut lire (et citer) l'article 544 jusqu'au bout : « ... pourvu qu'on n'en fasse pas un usage prohibé par les lois et les règlements. » Ici encore, comme dans la Déclaration des droits de 1789, le dernier mot reste à la Loi. Ce qu'affirme déjà avec la plus grande netteté l'article 537 : « Les particuliers ont la libre disposition des biens qui leur appartiennent, *sous les modifications établies*

par les lois. » La propriété occupe assurément une grande place dans le Code – deux livres sur trois lui sont consacrés – mais au-dessus de la propriété, il y a toujours l'État.

3 / Un mot enfin sur le droit de la famille. C'est le domaine où le compromis entre l'ancien et le nouveau régime est le plus net : l'autoritarisme se combine avec l'individualisme. On en revient d'abord à une conception autoritaire de la famille. Pour Bonaparte, l'autorité du père de famille sur sa femme et ses enfants est *naturelle*. L'oubli d'une telle évidence a engendré toute sorte de désordres. Il faut donc « renouer les liens rompus de la déférence » – entendons : celle que les enfants doivent à leur père comme celle que les femmes doivent à leur mari. On retrouve ici, sous-jacente, une idée déjà présente chez les théoriciens de la monarchie absolue : l'ordre des familles est la première condition de l'ordre de l'État. Cet « ordre des familles » passe d'abord par leur stabilité. D'où la méfiance à l'égard du divorce, dont le maintien a été âprement discuté et qui n'a été finalement conservé que comme un mal nécessaire, encadré dans de strictes limites. D'où aussi la condition faite aux enfants naturels, replacés dans une condition subalterne, et plus encore aux adultérins – privés de tout droit, à commencer par celui d'être reconnu : selon un député, « le Code civil a pu permettre l'aveu d'une faiblesse, il ne souffre pas la reconnaissance d'un crime ».

Si la famille légitime doit garder sa cohésion, ses biens, en revanche, sont voués à la dispersion. Dans le domaine des successions, en effet, le Code en reste à l'individualisme révolutionnaire, puisque les substitutions sont interdites (art. 896) et que le partage de la succession est de droit (art. 815). Ce partage reste égalitaire dans son principe, chaque enfant ayant droit à la même part ; mais le père retrouve le droit de disposer à son gré d'une partie de sa succession (la moitié s'il laisse un seul enfant..., le quart s'il en laisse trois et plus, selon l'article 913), ce qui lui permet éventuellement de favoriser l'un de ses héritiers. Cette partie de la succession dont le père ou la mère peuvent disposer par donation ou testament (appelée *quotité disponible*, par opposition à la *réserve* sur laquelle les enfants ont un droit acquis) pouvait servir à limiter l'émiettement du patrimoine familial – conséquence inévitable des partages égalitaires – en grossissant la part de l'un des héritiers (l'aîné, ou un autre). Elle fut aussi présentée lors des travaux préparatoires comme *une arme* délibérément laissée entre les mains des parents pour s'assurer du respect et de l'obéissance de leur progéniture. « Ne faut-il pas une sanction aux vertus domestiques, à l'autorité paternelle, au gouvernement de la famille ? » : voilà comment Portalis, que l'on aurait cru plus idéaliste, justifie le rétablissement d'une liberté testamentaire partielle (*Discours préliminaire*, § 96). Quoi qu'il en soit, dans la mesure où la quotité disponible est toujours au moins égale ou inférieure à la réserve, chaque succession impliquait forcément un partage des biens familiaux (sauf dans l'hypothèse où il n'y avait qu'un seul enfant). Les traditionalistes ont déploré que le Code civil soit ainsi, de génération en génération, « une machine à broyer le sol », selon l'expression de Le Play : c'est surtout le sol de la France rurale qui sera en effet régulièrement morcelé à chaque génération. Les admirateurs du Code répondent que cette « machine » avait déjà été mise en route par les lois révolutionnaires, et de façon bien plus inéluctable, le Code instituant dans ce domaine comme dans les autres un acceptable compromis. Il n'empêche que l'égalisation des fortunes était le but avoué de Bonaparte : combinée à l'institution des majorats, c'était un moyen de gouvernement.

181 UN OUTIL POLITIQUE. — Avec les majorats, le droit privé touche au droit public ; disons plutôt qu'en l'espèce cette proximité est plus particulièrement visible. Un majorat est une institution par laquelle l'Empereur autorise l'un de ses sujets à transmettre de façon perpétuelle à sa descendance masculine, d'aîné en aîné, un titre de noblesse et une certaine quotité de biens, déclarés insaisissables et inaliénables, qui constituent ainsi la dotation permanente de ce titre. Un titre, donc, et les biens qui vont avec, l'un et les autres le plus souvent donnés ensemble au bénéficiaire par l'Empereur. Institués corrélativement à la noblesse impériale, les majorats ont été organisés par sept décrets du 30 mars 1806. Du point de vue juridique, c'est une résurrection des substitutions de l'ancien droit, pourtant interdites en principe par l'article 896. Aux termes d'un second alinéa ajouté à cet article par une loi du 3 septembre 1807, l'Empereur a le droit de créer des substitutions (mais le mot n'est pas écrit) en faveur de ses fidèles : voilà l'exception au principe. Il ne s'agit pas seulement, selon une explication bien trop réductrice, de créer une cour auprès du Maître. Ce qui est en jeu, c'est la constitution de lignages puissants – mais extraits du néant par la seule volonté du Prince et donc lui devant tout – et capables de « soutenir son trône » dans la longue durée. Dans une lettre très significative écrite à son frère Joseph, alors roi de Naples, Napoléon compare la situation de ces lignages privilégiés à celle des familles ordinaires : tandis que les premiers, soutenus de génération en génération par leur majorat, conserveront fortune et éclat – simple reflet de l'éclat du Trône – les autres, laminées au cours du temps par les partages successifs que leur imposera le droit commun, tomberont plus ou moins vite, mais inéluctablement, dans l'obscurité et l'insignifiance. D'où un conseil pressant : « Établissez le Code civil à Naples ; tout ce qui ne vous est pas attaché va se détruire alors en peu d'années, et ce que vous voudrez conserver se consolidera. *Voilà le grand avantage du Code civil* » (5 juin 1806). Ainsi apparaît au grand jour la fonction *politique* du droit privé, et la raison de son « instrumentalisation » par la puissance publique.

Section II
Le Code après 1804

182 CODE ET DOCTRINE : L'EXÉGÈSE. — À l'exception des dispositions relatives au divorce (abrogées par la loi Bonald du 8 mai 1816), le Code Napoléon, rebaptisé « Code civil », a été intégralement conservé par la Monarchie restaurée : le Code s'inscrivait ainsi dans la durée. Pour Napoléon, c'était une œuvre parfaite, et donc définitive. Les Écoles de droit, restaurées en mars 1804, avaient pour mission exclusive de former des praticiens destinés à l'application littérale des textes : c'étaient des écoles professionnelles, et leur transformation en Facultés de droit en 1808 ne modifia en rien leur vocation. Le cours principal était consacré à « l'explication du Code civil ». Comme les maîtres du XIIe siècle, les professeurs n'avaient qu'à lire le chef-d'œuvre impérial, du début à la fin, article après article, pour en éclaircir à mesure les difficultés. On ne parlait pas du cours de droit civil mais du « cours de Code

Napoléon »... Un autre enseignement portait sur les Institutes de Justinien (*l'autre* grand empereur législateur), qui étaient également lues paragraphe après paragraphe, et glosées en latin par le professeur « dans leurs rapports avec le droit français ». Les Facultés n'étaient ainsi, selon le mot célèbre, que « des temples élevés en l'honneur des codes impériaux » – et d'abord du Code civil.

Que son Code nécessite une explication pédagogique donnée à des jeunes gens ignorants par des professeurs étroitement contrôlés, l'empereur pouvait l'admettre. Mais il concevait mal qu'il pût être véritablement commenté, c'est-à-dire éventuellement critiqué. Apprenant que l'un des quatre rédacteurs de l'avant-projet de Code, Maleville, venait de publier une *Analyse raisonnée de la discussion du Code civil* (1805), Napoléon aurait déclaré : « Mon Code est perdu ! » La loi de 1807 instaurant le référé au Chef de l'État (*supra,* n° 179) participe de la même veine autoritaire, et du même désir de contrôler l'interprétation du droit. En réalité, si le Code fut d'abord timidement analysé, la chute de l'Empire et l'avènement de régimes plus libéraux permit non seulement l'essor de la jurisprudence (libérée de toute dépendance à l'égard de l'exécutif par la loi du 1er avril 1837), mais aussi celui de la doctrine. On désigne d'ordinaire les premiers commentateurs du Code comme des « exégètes » – dans le sens où ils se seraient bornés à des explications de textes (« les textes avant tout », selon la formule de Demolombe, professeur à la Faculté de Caen). En réalité, il y a de sensibles différences d'approche entre les différents « exégètes », qui en tout cas n'ont jamais constitué une véritable « école ». De fait, si certains professeurs de Code civil, comme paralysés de respect devant le grand texte – Demolombe n'hésite pas à y voir « la constitution de la société civile française » –, en sont restés pour l'essentiel à la paraphrase (d'après Proudhon, professeur à la Faculté de Dijon, « c'est dans le Code civil qu'il faut étudier le Code civil ! »), d'autres en revanche publient de véritables commentaires, parfois critiques et éventuellement novateurs. Ainsi Aubry et Rau, tous deux professeurs à la Faculté de Strasbourg, qui opèrent une véritable révolution méthodologique dans le commentaire du Code civil : inspirés par la doctrine allemande, ils abandonnent l'exposition article par article au profit d'un commentaire synthétique organisé selon un plan « dogmatique » (systématique).

183 CODE ET DOCTRINE : L'ÉCOLE HISTORIQUE. — Le Code Napoléon n'a cependant pas eu que des admirateurs. Dans la ligne de l'École historique allemande, très critique à l'égard de l'idée même de code (*infra,* n° 195), se développe une École historique française qui souhaite, après l'Empire, « renouer la chaîne des temps » – c'est l'expression que Louis XVIII avait employée en 1814 dans le préambule de la Charte constitutionnelle. Sans aller jusqu'à contester, comme Savigny en Allemagne, l'existence même d'un code, l'école historique française revendique au moins le droit de le critiquer. Cette école de pensée s'est d'abord exprimée dans une revue, *La Thémis*, fondée en 1819 par Jourdan et Blondeau. Jourdan avait été vivement impressionné par la découverte en 1816 dans un manuscrit de Vérone du texte original des Institutes de Gaius, jusque-là connu seulement par les fragments qu'en rapportait le Digeste. Il en avait conclu à la possibilité de renouveler l'étude du droit romain antérieur à Justinien par le recours à d'autres textes. Intéressé aussi par la philosophie du droit et le droit comparé, Jourdan revendiquait le droit de faire du Code civil un commentaire critique, d'en signaler les imperfections, d'en proposer l'amélioration. Mais surtout Jourdan et les jeunes juristes qui écrivaient avec lui dans *La Thémis* (parmi lesquels Dalloz) ont souligné *la nécessité d'une approche historique du droit*, seule propre à en permettre la compréhension complète. Un autre disciple de Savigny, Lerminier publia en 1829 une *Introduction générale à l'histoire du droit* qui est le premier manuel français d'histoire du droit. Outre le droit romain, c'est l'ancien droit lui-même, et singulièrement le droit médiéval, qui devient alors un objet d'étude. Les juristes ne restent donc pas à l'écart du mouvement général de retour au Moyen Âge qui caractérise toute la période de la Restauration. Signalons aussi, parmi les premiers fondateurs de l'histoire du droit, Henri Klimrath (qui a le premier dressé la carte de la France coutumière et tracé la ligne de séparation entre pays de coutumes et pays de droit écrit), et Édouard Laboulaye, successeur de Lerminier au Collège de France. De fait, ces savants n'enseignaient pas à la Faculté de droit, où l'histoire – qui forme l'esprit critique – ne sera pas admise avant les années 1880. C'est seulement à cette date que fut enfin accepté dans les Facultés le point de vue de Klimrath : « L'histoire seule peut devenir la base d'une exégèse plus large, plus sûre, plus scientifique. »

184 LE CODE APRÈS LE CODE. — « Le Code civil... a été d'une stabilité comparable à celle du franc de Germinal » (J. Foyer). De fait, la stabilisation du droit privé opérée par le Code n'est pas sans rapports étroits avec la stabilisation de la monnaie réalisée, pour plus d'un siècle (car le franc a gardé la même valeur jusqu'à la première guerre mondiale), par la loi du 7 Germinal an XI (28 mars 1803). Pendant près d'un siècle, le Code n'a reçu que fort peu de modifications. En 1904, la IIIe République célébra avec éclat le premier centenaire du Code impérial. La France communiait alors dans une bouffée de ferveur bonapartiste : la première de l'*Aiglon* venait d'être donnée le 10 mars 1900, avec Sarah Bernhardt dans le rôle. Les mérites du grand Législateur furent donc célébrés avec emphase : comme il l'avait fait lui-même, on le compara à Auguste, à Justinien, à Charlemagne et à Louis XIV. À vrai dire ces dithyrambes, propres au genre des célébrations officielles, ne doivent pas occulter les interrogations de plus en plus critiques d'une partie de la doctrine. L'Exégèse s'était essoufflée, la jurisprudence devenait plus audacieuse : dès la fin du siècle, c'est déjà un regard nouveau que les juristes portent sur le Code. En 1904, l'idée d'une *révision* est même évoquée.

Ce n'est pas ici le lieu de suivre les développements divers de la doctrine : les noms de Saleilles, Duguit, Gény, Hauriou, Josserand, Capitant, Ripert, etc., apparaîtront à leur place dans les cours de droit civil. Qu'il nous suffise de marquer quelques temps forts de la rénovation législative du Code, qui a essentiellement concerné le droit de la famille. Après le rétablissement du divorce en 1884, les nombreux projets relatifs à la capacité juridique de la femme mariée ont fini par aboutir, en deux temps, en 1938 et 1942. Fut également aménagée la puissance paternelle, évidemment dans le sens de son allégement, ainsi que la condition des enfants naturels. En 1939, un décret-loi du 29 juillet « relatif à la famille et à la natalité françaises » apporta de nouvelles retouches au droit de la filiation. Au-delà de la réforme elle-même, le procédé consistant à modifier le Code civil au moyen d'un texte qui était un véritable fourre-tout de mesures hétéroclites (et qu'en outre le gouvernement Daladier avait le front de présenter comme le *Code de la famille* !) choqua la plupart des juristes. De façon plus générale, le fait que le droit privé se développe de plus en plus *en dehors du Code*, par une série de lois spéciales plus ou moins bien intégrées au Code lui-même, était un signe inquiétant de désaffection à l'égard de celui-ci : on a même parlé de « décodification ». Ne fallait-il pas en envisager une réforme globale, mais systématiquement conduite ?

Cette idée d'une nouvelle codification reprit corps à la Libération. Une commission de réforme fut créée en 1945, mais n'aboutit pas. Après quinze ans d'une vie languissante, elle fut supprimée à la demande de son président. Le projet de révision du Code fut remis à l'ordre du jour au début de la Ve République par le garde des sceaux Jean Foyer, professeur à la Faculté de droit de Paris, et confié au doyen Jean Carbonnier. Encouragée par le général de Gaulle, puis par le président Pompidou, la révision du Livre Ier fut menée à bien, dans d'excellentes conditions, entre 1964 et 1972. Après quoi l'effort se ralentit, puis s'arrêta : le Code civil avait cessé d'être une priorité politique. Même limitée au Livre premier et à quelques points du Livre III, la révision du Code civil effectuée entre 1963 et 1977 n'en est pas moins une incontestable réussite. La question de savoir s'il y aura une suite ne dépend plus, en l'état actuel des choses, du seul gouvernement français...

Pour aller plus loin

185 LA CODIFICATION EN EUROPE AVANT 1789. — Dans les États héréditaires des Habsbourg, les travaux de codification commencent dès 1753. Une première ébauche est présentée en 1766 sous le nom de *Codex Theresianus* (du nom de l'impératrice Marie-Thérèse) ; après modifications, le premier des trois titres est promulgué en 1786 par Joseph II sous le nom d'*Allgemeines Bürgerliches Gesetzbuch* (= ABG, Code civil général) mais l'ensemble du code ne sera achevé qu'en 1811, pour entrer en vigueur au début de 1812. Dans le domaine strictement pénal, sont successivement promulgués le code bavarois de 1751 (de tonalité traditionnelle), la « constitution criminelle » de Marie-Thérèse en 1769, le code toscan de 1786 (d'inspiration nettement « philosophique », œuvre du grand-duc Léopold, fils de Marie-Thérèse). Mais l'œuvre la plus remarquable de la période qui précède 1804 reste la codification prussienne. Activement préparé à partir de 1780 sur l'ordre de Frédéric II, le « code général des États prussiens » (*Allgemeines Landrecht für die Preussischen Staaten* = ALR) est promulgué en 1794. Le souci d'exhaustivité est ici poussé très loin, puisque ce code unique prétend embrasser toutes les branches du droit à la fois public et privé. Il comporte plusieurs milliers d'articles, distribués selon un plan complexe, très détaillés, voire casuistiques. Malgré ses évidents défauts, ce code est resté en vigueur dans le royaume de Prusse jusqu'à l'extrême fin du XIXe siècle ; il ne sera remplacé que par le BGB (*infra,* n° 195).

186 SUR LE CODE CIVIL DE 1804. — Monument national et même « lieu de mémoire », il va sans dire que le Code civil a suscité depuis bientôt deux siècles une immense littérature. Un premier bilan a été dressé au bout d'un siècle : *Le Code civil, Livre du centenaire*, Paris, 1904. Sur les conditions de son élaboration, il suffit de renvoyer à J.-L. Halpérin, *L'impossible Code civil*, PUF, 1992, qui analyse les différents projets révolutionnaires et les raisons de leur échec. V. aussi, du même auteur, *Histoire du droit privé français depuis 1804*, Paris, PUF, 1996 (bibliographie très complète). Rien ne remplace toutefois le recours aux travaux préparatoires, publiés par Fenet (15 vol., 1827-1828) et par Locré (secrétaire général du Conseil d'État) : *La législation civile, commerciale et criminelle de la France, ou commentaire et complément des codes français*, 31 vol. (les 16 premiers sur le Code civil), 1827-1832. – L'idéologie du Code a donné lieu à des interprétations divergentes. Réactionnaire, révolutionnaire ? Spiritualiste, matérialiste ? Le débat n'en finit pas de rebondir. Le doyen Carbonnier a donné une lumineuse synthèse de ce qu'est pour lui l'esprit du Code dans P. Nora (dir.), *Les lieux de mémoire*, II, *La Nation*, Paris, 1986, p. 293-315. Renouvelant l'approche philosophique par une relecture critique des sources, Xavier Martin a remis en question l'interprétation dominante selon laquelle le C. civ. réhabiliterait la volonté et donc le *libre-arbitre* du sujet de droit, pour faire ressortir la prédominance de l'inspiration *idéologique* – au sens particulier que revêt le mot « idéologie » à la fin de la Révolution – et donc déterministe : *Nature humaine et Révolution française, du siècle des Lumières au Code Napoléon*, DMM, 1994. D'après Destutt de Tracy, l'un des animateurs du groupe des Idéologues qui se réunissait à Auteuil, autour de Cabanis, chez la veuve du philosophe Helvétius, il s'agit de pratiquer « l'analyse des sensations et des idées » selon les méthodes de la zoologie, c'est-à-dire à partir d'une conception purement animale, et donc matérielle, de l'homme ; cette doctrine prolonge le matérialisme mécaniste d'Helvétius et le sensualisme de Condillac. – Sur Portalis, v. B. Beignier, Portalis et le droit naturel dans le Code civil, *RHFD*, 1988, n° 6, p. 77-101. Le Livre préliminaire que Portalis aurait voulu placer en tête du Code, intitulé *Du droit et des lois en général*, était un exposé des grands principes du droit ouvertement inspiré de Domat (qui avait placé un *Traité des Lois* en introduction à ses *Lois civiles*...). – La lettre de Napoléon à son frère Joseph que nous avons citée *supra*, n° 181 est publiée par Maximilien Vox, *Correspondance de Napoléon. Six cents lettres de travail, 1806-1810*, Gallimard, 14ᵉ éd., 1943, p. 335-336.

Leçon 22

Les autres branches du droit français

187 Après avoir examiné le premier et le plus prestigieux des Codes, celui auquel Napoléon a voulu donner son nom, il nous faut maintenant évoquer plus rapidement ceux qui ont été promulgués ensuite : les Codes de procédure civile, de commerce, d'instruction criminelle et enfin Code pénal (I). Seul est resté en dehors du processus codificateur un droit nouveau, auquel la Révolution venait à peine de donner les moyens d'un développement autonome : le droit administratif (II).

Section I
Les autres codes

188 LE CODE D'INSTRUCTION CRIMINELLE (1808) ET LE CODE PÉNAL (1810). — À peine devenu Premier Consul de la République, Bonaparte s'est attaché à la réforme de la législation pénale : il s'agissait de remplacer le Code de Brumaire an IV, considéré comme beaucoup trop doux. À l'instar du Code de Brumaire, le nouveau texte devait regrouper le droit pénal et la procédure criminelle. Le projet de *Code criminel, correctionnel et de police* fut rédigé en trois mois, au début de 1801, par une commission de cinq membres dont Target et Oudart étaient les rapporteurs. La philosophie du projet était simple : pour justifier son coup d'État, Bonaparte avait promis aux Français « les bienfaits de l'autorité qui protège et la force de l'autorité qui réprime ». De fait, après une décennie de convulsions sanglantes et de constante insécurité (sous le Directoire, la criminalité organisée avait atteint des proportions inquiétantes), le pays aspirait à un ordre régulier, fût-ce au prix d'une répression très dure de la délinquance de droit commun. Soumis aux tribunaux, ce projet a suscité de vives critiques, surtout dans sa partie procédurale. La discussion commença au Conseil d'État en mai 1804 ; Bonaparte y fut d'abord très assidu. Mais au bout de quelques mois les travaux sur le *Code criminel* furent interrompus et on décida de préparer séparément deux codes, l'un pour la procédure, l'autre pour les infractions et les peines. C'est le *Code d'instruction criminelle* (CIC) qui fut adopté le premier, le 16 décembre 1808 ; le *Code pénal* sera adopté en 1810, les deux codes entrant en vigueur le 1er janvier 1811.

1 / *Le Code d'instruction criminelle.* — Il est le fruit de longs travaux préparatoires et d'une vaste consultation des tribunaux. En matière criminelle, la grande question était de savoir si l'on devait ou non maintenir les jurys de citoyens que la Constituante avait instaurés, d'abord pour décider de l'accusation (jury d'accusation), puis pour prononcer le jugement (jury de jugement). Depuis dix ans ces deux jurys avaient plutôt mal fonctionné, de sorte que nombre de magistrats demandaient leur suppression pure et simple. Au début de la Révolution, le principe du jury avait été emprunté à l'Angleterre, dont les institutions paraissaient à tous égards admirables. Dix ans après, l'anglomanie était passée de mode. Beaucoup de magistrats alléguaient leur expérience de la fin de l'Ancien Régime pour demander le retour à l'ordonnance de 1670, sous réserve de quelques retouches.

On décida finalement de combiner les deux procédures, celle de l'Ancien Régime et celle de la Constituante : on revenait à la première pour la phase d'instruction préparatoire, on en restait à la seconde pour la phase de l'instruction définitive et du jugement. L'instruction préparatoire était donc rendue aux magistrats (un juge d'instruction pour l'enquête, une chambre de la cour d'appel pour la mise en accusation au terme de l'information) ; et on en revenait au principe d'une instruction secrète, comme dans l'ancien droit. Quant au jugement du procès criminel (précédé de l'instruction définitive faite à l'audience), le Code de 1808 conservait le système du jury instauré par la Constituante. Devant la cour d'assises (nouveau nom du tribunal criminel) les débats sont publics, oraux, contradictoires ; l'accusé a droit à l'assistance d'un avocat. Le Code d'instruction criminelle, tout comme le Code civil, est donc une œuvre de transaction entre les principes de l'Ancien Régime et ceux de la Révolution. Pour l'instruction préparatoire, c'est le souci de l'*ordre public* qui l'emporte : on en revient à Louis XIV, et à la démarche inquisitoire. Pour l'instruction définitive et le jugement on conserve le mode accusatoire instauré au début de la Révolution, avec cette idée que le jury constitue la meilleure garantie des *droits individuels*. Contrairement aux magistrats de l'Ancien Régime, astreints à un régime de preuves objectives, le jury n'est tenu par aucune règle : il se prononce en conscience, et n'est tenu d'exprimer qu'une « intime conviction ». On présume que le peuple souverain ne saurait se tromper... Le CIC a été réformé à la fin du XIXe siècle, en particulier par la loi Constans du 8 décembre 1897 : cette loi a permis aux inculpés de bénéficier de l'assistance d'un avocat dès l'instruction préparatoire. D'autres réformes partielles ont suivi ; finalement, le Code napoléonien a été remplacé en 1958 par l'actuel Code de procédure pénale.

2 / *Le Code pénal.* — Il est lui aussi une œuvre de transaction. La Constituante, retrouvant (sans en avoir conscience) une idée chère aux canonistes, avait voulu que les peines servent à l'amélioration des coupables. Cette idée est désormais rejetée comme utopique : « Ne craignons pas de le dire, cette assemblée (= la Constituante) a trop souvent considéré les hommes non tels qu'ils sont, mais tels qu'il serait à désirer qu'ils fussent ; elle était mue par un espoir de perfectibilité qui malheureusement ne se réalise pas. » Le seul et unique but de la peine est l'utilité sociale : « La société doit être conservée, et à des calamités présentes il faut opposer des remèdes rapides : tel est le but des lois criminelles et du Code pénal » (Target, rapporteur du premier projet). Du coup, le Code pénal est ouvertement répressif : le champ de la peine de mort est élargi, la prison perpétuelle (qui n'existait pas dans le Code de 1791) est ins-

taurée. Mais ce qui marque le mieux le caractère transactionnel du Code, c'est l'assouplissement du principe de légalité. Le Code pénal de 1791, on l'a vu, ne comportait que des peines fixes, ne laissant aux juges aucune marge d'appréciation (*supra*, n° 166). Cette fixité absolue des sanctions pénales avait beaucoup gêné les tribunaux. Comme le remarquait Target, la variabilité infinie des actions humaines condamne la fixité des peines. C'est pourquoi le Code pénal de 1810 établit pour certaines infractions un maximum et un minimum de peine, les juges pouvant « arbitrer » entre ces deux limites en fonction des circonstances de chaque espèce. Toutefois cet « arbitrage » n'était pas encore possible pour les crimes les plus graves : c'est seulement la loi de 1832, en généralisant le système des circonstances atténuantes, qui permettra la modulation des peines dans tous les cas. Néanmoins le sens de l'évolution est clair : comme en matière civile, c'est la conception du juge automate qui recule, c'est un meilleur équilibre qui s'instaure entre le juge et la loi. Depuis lors, et surtout depuis que la volonté de « comprendre » le délinquant et d'individualiser la peine est devenue un impératif majeur de la justice pénale, le pouvoir des magistrats n'a fait que croître (non seulement au moment du prononcé de la peine mais aussi dans la phase de son application), au point que l'on peut se demander si, par rapport à la conception très légaliste des Lumières et de la Révolution, on n'est pas tombé d'un excès dans un autre... Le Code napoléonien, largement remanié pendant les XIXe-XXe siècles, a finalement été remplacé par un nouveau Code pénal qui est entré en vigueur le 1er mars 1994.

189 LE CODE DE PROCÉDURE CIVILE. — C'est le prolongement naturel du Code civil. « Matière aride », comme le note Locré, la procédure n'a pas soulevé les passions. L'avant-projet a été confié dès 1802 à une commission de cinq membres dont le plus influent a été Pigeau. Praticien, ce dernier s'est très fortement inspiré du droit qu'il avait pratiqué jusque-là, celui de l'Ordonnance civile de Louis XIV. Les tribunaux furent invités à formuler des observations – et ils le firent en termes assez critiques –, après quoi le Conseil d'État arrêta le projet définitif. Sur 23 séances, l'empereur n'en présida qu'une seule – signe de son faible intérêt pour la matière. Que le CPC soit aussi dépendant de l'ordonnance louis-quatorzienne est peut-être une preuve supplémentaire de la grande qualité du modèle ; c'est peut-être aussi la conséquence d'un défaut d'imagination des rédacteurs. D'un point de vue purement politique, il est probable que cette continuité n'a pas dû déplaire à Napoléon, alors en pleine « reconstitution » monarchique (le temps n'est pas loin où, ayant épousé l'archiduchesse Marie-Louise, nièce de Marie-Antoinette, il appellera Louis XVI « mon pauvre oncle »). Il reste que la rédaction du CPC a été une occasion manquée : on a surtout reproché à ce code de ne pas s'ouvrir par une partie théorique, où auraient été exposés les grands principes de la procédure civile et les grandes règles de l'organisation judiciaire. Tel quel, le CPC impérial s'est appliqué presque sans modifications pendant toute la première moitié du XIXe siècle. Il a fallu ensuite le réformer, par une série de lois successives, puis envisager son remplacement. Si une commission de révision du texte a été mise en place dès 1934, l'entreprise n'a abouti qu'en 1975. Il s'agit d'une codification réelle (et non d'une simple compilation de textes préexistants remis en ordre) qui rénove profondément la présentation de la procédure : après avoir préalablement posé les « principes directeurs du procès civil », le « nouveau Code de procédure civile » (NCPC) comporte d'abord un livre premier qui présente les règles de procédure communes à toutes les juridictions ; le livre II énonce les règles particulières à chaque type de juridiction, en première instance, appel et cassation ; le livre III regroupe les procédures qui sont soumises à des règles spéciales en raison de la matière, tandis que le livre IV est consacré à l'arbitrage. La procédure civile est ainsi peut-être le seul domaine où l'entreprise de « recodification » ait abouti à une incontestable réussite.

190 LE CODE DE COMMERCE. — Dès la fin de l'Ancien Régime une réforme de l'ordonnance de 1673 avait été mise en chantier : un projet de texte était en cours d'examen devant le Parlement de Paris lorsqu'éclata la Révolution. Ici encore le travail efficace n'a repris qu'en l'an IX. Une commission de rédaction fut désignée, composée de praticiens du commerce, dont le principal était Gorneau. Un premier texte, achevé en frimaire an X (décembre 1801) se bornait à reprendre les ordonnances de 1673 et de 1681 (*supra*, n° 129). Soumis aux avis des tribunaux, ce projet a été amendé en 1803. Préparé dans l'ombre du Code civil, le Code de commerce apparaît clairement comme un *droit d'exception* par rapport au droit civil, *droit commun*. Loin de former un système complet, ce Code est conçu dès le départ comme lacunaire par nature, n'ayant à régler que des points particuliers : « Les lois du commerce n'étant que des lois d'exception qui reçoivent leur complément du droit civil, écrit Locré, ne peuvent seules former un système complet sur presque aucune des matières qu'elles règlent » (*Esprit du Code de commerce*, p. XIII). Aussi bien, après la promulgation du Code civil, on a l'impression que le projet de Code de commerce est oublié. C'est la crise économique de 1805, suivie en 1806 de faillites retentissantes, qui l'ont remis d'actualité. Indigné par les fraudes des banqueroutiers, Napoléon voulait surtout un droit de la faillite qui fût très répressif. La discussion au Conseil d'État occupa 68 séances, de novembre 1806 à août 1807. Le Code comprend quatre livres : le premier et le deuxième reprennent respectivement les ordonnances de 1673 et de 1681 (« Du commerce maritime ») ; le livre III est consacré aux faillites et banqueroutes ; le livre IV traite de la juridiction commerciale. Voté par le Corps législatif en septembre 1807, le Code de commerce est entré en vigueur le 1er janvier 1808. Replacé dans l'ensemble de la codification napoléonienne, c'est peut-être le caractère lacunaire de ce Code qui le rend intéressant. Car bien que la promulgation du Code emportât en principe abrogation de tout le droit antérieur dans les matières sur lesquelles il statuait, il fallut bien admettre que dans les matières qu'il ne réglait pas l'ancien droit subsistait. Le Conseil d'État l'admit dans un avis de 1811 : dans le silence du Code de commerce, les tribunaux de commerce pouvaient recourir au droit commun et aux usages du commerce. Pourtant les usages anciens ne pouvaient guère répondre aux besoins nouveaux : dès 1838, le droit de la faillite fut réformé dans le sens de l'adoucissement. Plus généralement, ce Code reflète un état du droit déjà dépassé : ainsi ignore-t-il la notion de fonds de commerce, que la pratique notariale avait pourtant dégagée dès la fin de l'Ancien Régime. C'est surtout après le milieu du siècle, avec la révolution industrielle, que la loi dut compléter le Code – en particulier dans un domaine qu'il avait presque complètement négligé : celui des sociétés (loi du 24 juillet 1867 sur les sociétés anonymes).

Section II
Un droit sans code : le droit administratif

191 Si l'Ancien Régime avait connu un droit public aux contours très marqués, il avait aussi élaboré un ensemble de règles propres à l'administration (ou à la « police » au sens large). Faut-il pour autant voir dans ces règles, dès la fin du Moyen Âge, « un droit administratif avant la lettre » ? À vrai dire, un droit administratif *stricto sensu* ne peut se développer de façon nettement individualisée qu'à partir du moment où il est appliqué par un ordre juridictionnel particulier, la juridiction administrative (*supra,* n° 140). En France, par réaction contre les empiétements politiques des Parlements à la fin de l'Ancien Régime, la Constituante interdit aux tribunaux ordinaires de s'immiscer dans le fonctionnement des corps administratifs. Dès lors, les litiges entre l'administration et les particuliers ne pouvaient être réglés que de deux façons : soit par l'administration elle-même, selon le principe du « ministre-juge », soit par une juridiction spéciale, la juridiction administrative, strictement séparée de la juridiction judiciaire. C'est cette solution qui est adoptée en France sous le Consulat et l'Empire (*supra,* n° 166). La juridiction administrative s'organisera au cours du XIXe siècle, jusqu'à la loi du 24 mai 1872 qui reconnaîtra au Conseil d'État le droit de statuer « souverainement sur les recours en matière contentieuse administrative et sur les demandes d'annulation pour excès de pouvoir ». Dès lors le Conseil d'État a développé une jurisprudence qui, s'imposant à l'administration, créait, pièce à pièce, un droit administratif de plus en plus étoffé. Ce droit administratif jurisprudentiel, par sa nature même de *judge made law* – et comparable à cet égard au *Common Law* anglais – échappe à toute codification. Il est commenté par une doctrine de haut niveau, qui influence à son tour la jurisprudence. À la fin du siècle dernier, c'est la situation que l'on observe non seulement en France, mais aussi dans plusieurs États germaniques. En revanche la Grande-Bretagne refuse le principe même d'un droit d'exception propre à l'administration : normalement, les rapports entre les particuliers d'une part, la Couronne et ses agents de l'autre, restent régis par le *droit commun*.

Mais le droit administratif, de façon de plus en plus massive depuis le siècle dernier, comporte surtout les lois et les règlements (voire, *de facto*, les circulaires) qui organisent le fonctionnement des administrations et règlent leurs rapports avec les « administrés ». Ici, ce n'est pas par sa nature que ce droit échappe à la codification, c'est tout simplement par sa masse. Le programme du séminaire gouvernemental du 14 septembre 1995 prévoyait dans son point n° 3 la codification systématique des textes législatifs et réglementaires – soit environ 8 000 lois, 80 000 décrets et, pour faire bonne mesure, quelques centaines de milliers de circulaires (alors même que ces derniers documents, purement internes à l'administration, n'ont en principe aucune valeur obligatoire pour les administrés) – dans un délai de cinq ans ; on a donc constitué une série de commissions qui se sont mises à l'ouvrage. Outre que cette inflation de textes est en proportion directe d'une intrusion toujours plus poussée de la puissance publique jusqu'aux replis les plus reculés de la vie sociale, on peut se demander si un droit ainsi étouffé sous sa propre masse peut être encore un droit *juste*. La question n'est pas seulement posée aux juristes, elle intéresse l'ensemble de la société.

Pour aller plus loin

192 Sur le Code de commerce, v. J. Hilaire, *Introd. hist. au droit commercial* (n° 45 et s.), et *La science des notaires*, PUF, 2000. Techniquement, la préparation de ce Code a été bâclée. D'après Locré, le seul point qui intéressât vraiment Napoléon était le régime de la faillite : rentré d'Allemagne le 27 juillet 1807, après ses victoires d'Eylau et de Friedland, il voulait faire rouvrir la discussion sur les articles déjà adoptés en mai parce qu'il les trouvait insuffisamment répressifs. Cambacérès et quelques autres s'employèrent à le calmer. – Pour le droit administratif, v. le précis de G. Sautel et J.-L. Harouel cité *supra*, n° 168, et les deux manuels de F. Burdeau et G. Bigot cités *supra*, n° 140. – Pour le droit pénal et la procédure pénale, v. notre *Histoire du droit pénal*, PUF, 2000. L'histoire approfondie du Code de procédure civile reste à faire.

Leçon 23

Hors de France : codification et refus de la codification

193 L'entreprise de codification s'est poursuivie tout au long du XIXe siècle en Europe et hors d'Europe. Le Code Napoléon, imposé aux pays conquis, s'y est parfois maintenu. Ailleurs il a souvent inspiré des codifications nouvelles (I). Cependant la codification, jugée indispensable par les héritiers des Lumières, n'est plus considérée partout comme absolument nécessaire : les Allemands se divisent, jusqu'à la fin du XIXe siècle, sur l'opportunité d'une codification générale ; les Espagnols s'affrontent sur la question de l'unification du droit. Quant aux Anglais, c'est sans hésitation qu'ils en restent à leur vieux *Common Law* non codifié (II).

Section I
Le modèle français hors de France

194 Si le Code Napoléon s'est appliqué hors de France, c'est d'abord en raison de l'expansion de l'Empire français au-delà des frontières de l'ancien royaume. Cet Empire ne ressemblait en rien au vieux Saint-Empire, qui était une sorte de confédération d'États. L'Empire napoléonien, lui, est une dilatation de la République jacobine. Il obéit au principe de centralisation et d'uniformité. Le Grand Empire est donc logiquement divisé en départements (c'est ainsi que la ville de Rome est devenue en 1810 la simple préfecture du département du Tibre) dirigés par des Préfets, et ses habitants sont soumis, pour leur droit privé, à l'« empire » du Code Napoléon. C'est ainsi que le Code a été introduit dans un premier temps en Belgique, au Luxembourg, sur la rive gauche du Rhin, à Genève, dans le Jura bernois, en Piémont ; puis, au rythme des conquêtes, à Gênes, Parme, Plaisance, Lucques, en Toscane, dans les États de l'Église, en Illyrie (côte Est de l'Adriatique). En dehors du Grand Empire lui-même, le Code est imposé, moyennant parfois quelques adaptations mineures, dans les États vassaux. Il est introduit en 1806 dans le royaume d'Italie (dont Napoléon était lui-même le souverain) et dans plusieurs États de la Confédération du Rhin (étroitement subordonnée à l'Empire), en 1809 dans le royaume de Hollande, en 1812 dans celui de Naples (d'abord confié à Joseph Bonaparte puis, celui-ci étant « passé » en Espagne, à Murat). En 1808, l'application du Code est ordonnée dans le Grand-Duché de Varsovie...

Imposé ainsi *ratione imperii*, « en raison de l'Empire » – c'est-à-dire par la conquête militaire – le Code fut ensuite parfois conservé dans les pays libérés, voire adopté par de nouveaux États, *imperio rationis*, « par l'empire de la raison » : c'est-à-dire en vertu de ses qualités propres, qui en firent au XIXe siècle une sorte de *ratio scripta*, une « raison écrite ». C'est ainsi que le Code civil français reste en vigueur, moyennant quelques modifications, dans le pays de Bade (rive droite du Rhin) jusqu'en 1900 en tant que droit local *(Landrecht)* ; il se maintient en Pologne pendant une grande partie du XIXe siècle, même après l'annexion russe. S'il est formellement abrogé en Italie, c'est pour être remplacé par des codifications locales qui lui font de larges emprunts : à Naples (1819), à Parme et Plaisance (1820), en Piémont-Sardaigne (1837) et à Modène (1851). Il reste en vigueur en Belgique après la Révolution de 1830 (tandis que les Pays-Bas résiduels se dotent d'un code propre en 1838). Après l'unité italienne, le Code civil du royaume d'Italie (1865), rédigé sous l'impulsion du ministre Pisanelli, s'inscrit dans la filiation très étroite du Code Napoléon. Le code portugais de 1867, les codes de certains cantons suisses (Fribourg, Vaud, Valais, Neuchâtel, Tessin), plusieurs codes sud-américains, enfin les codes égyptiens de 1875 et 1883 s'en inspirent plus ou moins largement. Et cette liste n'est pas exhaustive.

« Ma vraie gloire, ce n'est pas d'avoir gagné quarante batailles..., ce que rien n'effacera, ce qui vivra éternellement, c'est mon Code civil » : ainsi parlait Napoléon relégué à Sainte-Hélène. Si l'éternité paraît un objectif bien ambitieux pour un simple Code civil, le succès mondial de cette œuvre n'en est pas moins frappant. Il s'est maintenu jusqu'à la fin du XIXe siècle, où le modèle allemand est venu quelque peu l'éclipser.

Section II
Les autres modèles

195 L'ÉCOLE HISTORIQUE ALLEMANDE. — Dès l'effondrement de l'Empire français et la dislocation de la Confédération du Rhin qui en était le prolongement en Allemagne, la plupart des États allemands ont rejeté le Code Napoléon comme un droit étranger, imposé de force par l'occupant. En revanche, en Prusse et dans les états héréditaires des Habsbourg, les codes prussien *(ALR)* et autrichien *(ABG)* dont il a été question plus haut (*supra,* n° 185) restaient normalement en vigueur. Que faire là où le Code français avait été appliqué, puis rejeté ? Fallait-il revenir au système juridique antérieur, mélange de droit romain interprété par les docteurs, de jurisprudence et de coutumes, ou mettre en œuvre des codes nouveaux ? La chose fut discutée. La bureaucratie des différents États de l'ancienne Confédération du Rhin penchait pour des codifications nationales, propres à chaque État, sur le modèle des codes prussien ou autrichien. C'est ainsi que fut publié en 1865 un Code civil du royaume de Saxe. Mais dès 1814, à peine l'occupant français retourné dans ses foyers, une solution beaucoup plus ambitieuse avait été proposée par un professeur de droit de Heidelberg, Anton Thibaut. Dans un essai intitulé *De la nécessité d'un Code civil commun à toute l'Allemagne*, Thibaut s'était fait l'apôtre d'une codification unique pour l'ensemble des États allemands. Son point de vue était à la fois libéral (il s'agissait de « soustraire le droit civil à l'arbitraire des gouvernements particuliers ») et national : un Code civil commun à toute l'Allemagne pouvait être une étape importante sur le chemin de son unité.

C'est alors qu'une autre voix se fit entendre, celle de Karl von Savigny. Répondant presque immédiatement à Thibaut, Savigny proposait un troisième point de vue : le refus de principe de toute codification. C'est l'objet d'un opuscule publié à Heidelberg en 1814 : *Vom Beruf unserer Zeit für Gesetzgebung und Rechtswissenschaft* (= « De la vocation de notre temps pour la législation et la science du droit »). Pour simplifier, nous dirons que Savigny était à la fois adversaire de la codification, conçue comme une législation étatique systématique, et partisan d'une doctrine créatrice. Pourquoi la codification est-elle mauvaise ? Parce que par elle l'État prétend *créer* non seulement *du* droit, mais *tout* le droit ; et parce qu'il prétend le créer *ex nihilo*. Or, selon Savigny, l'État n'a pas à créer le droit. Tout au plus peut-il le constater, ou le déclarer. Le droit, en réalité, est une émanation de la communauté. Il sort du peuple, selon un processus coutumier : « Les rapports organiques du droit avec l'essence et le caractère du peuple se vérifient au cours de la marche du temps ; ... c'est à la langue qu'il faut le comparer ; comme pour la langue, il n'y a pour le droit aucun moment d'arrêt total. » Le droit comme la langue expriment l'esprit du peuple, *Volksgeist*.

Naturellement, avec les progrès de la civilisation, le droit s'est compliqué. Dans les pays allemands, à partir du XVIe siècle, le *corpus* romain a été reçu comme un droit positif. Les savants l'ont commenté, les juridictions d'Empire l'ont appliqué. Du coup, ce n'est plus le peuple lui-même qui fait directement évoluer le droit, ce sont les juristes. Et c'est ici qu'intervient l'autre grande thèse de Savigny : le peuple, comme créateur de droit, est désormais *représenté par les juristes*. C'est à eux qu'il incombe de traduire en règles claires les aspirations confuses de la communauté. Pour cela, ils doivent partir de l'héritage historique : dans les pays d'Empire, ce ne peut être que le droit romain, mais un droit romain désormais scientifique, expliqué, systématisé, mis à la disposition du peuple par les savants. C'est pourquoi, dans la conclusion du *Vom Beruf*, Savigny en appelle à « une *science* juridique qui progresse de manière *organique* et qui puisse être *commune* à toute la *nation* » : chaque mot compte. Quant à la codification, si l'on doit un jour y arriver, elle ne pourrait être que le fruit d'un long travail de doctrine, le résultat d'une lente élaboration scientifique du droit romain « national ».

De fait, c'est bien dans cette direction que s'est engagée l'Allemagne. Le travail scientifique de systématisation du droit romain auquel appelait Savigny a été mené par une série de grands professeurs qui ont profondément renouvelé son étude. Savigny, dont nous avons signalé le rôle dans les études sur le droit romain médiéval (*supra,* n° 88), a été aussi un très grand romaniste : il publie entre 1840 et 1849 son *Système du droit romain actuel* (8 vol.), en faisant la part du droit romain proprement historique, matière de pure érudition, et du droit romain applicable à l'Allemagne contemporaine. Désormais, le droit se veut une science *(Rechtswissenschaft),* et c'est la science des Pandectes (= le Digeste). Mais ce *Pandektenrecht* est essentiellement un droit de professeurs, un *Professorenrecht*, un *Juristenrecht.*

Lorsque l'unité allemande s'acheva, en 1871, avec la proclamation à Versailles de l'Empire allemand, il était naturel que resurgît l'idée d'un code unique pour tout l'Empire. Et c'est tout aussi naturellement que la réalisation de ce code fut confiée aux « pandectistes », le plus célèbre étant Bernhard Windscheid. Le *Bürgerliches Gesetzbuch* (BGB) est promulgué le 10 août 1896, pour entrer en vigueur le 1er janvier 1900. Dès lors, son prestige concurrence celui du Code civil français : le Code civil japonais de 1898 porte finalement sa marque, beaucoup plus que celle du Code français.

196 L'ESPAGNE ENTRE LE CODE ET LES FORS. — En Espagne, le débat sur la codification du droit civil, qui a aussi commencé avec le reflux des armées napoléoniennes, a pris dès le départ un tour très politique. Tandis que les « libéraux » se réclament du modèle français, les traditionalistes reproduisent les arguments de l'école historique allemande. En 1812, la Constitution de Cadix, rédigée par une assemblée libérale (c'est-à-dire majoritairement imbue des idées de 89), pose le principe d'un seul Code civil, un seul Code pénal et un seul Code de commerce pour tout le royaume. En revanche les traditionalistes, très attachés aux libertés locales et à l'autonomie juridique des différents royaumes ou « pays » historiques, refusent toute uniformisation juridique et exigent le respect des anciens fors (*fueros :* droits locaux rédigés au Moyen Âge ; v. *supra,* n° 78). Un premier projet de Code civil est élaboré en 1821, à la suite du coup d'État du général Riego (une sorte de Bonaparte au petit pied). Ce projet n'aboutit pas, mais l'idée est reprise, et un deuxième projet voit le jour en 1843. Très influencé par le Code français de 1804, ce texte dispose dans son article 923 : « Les fors, lois, usages et coutumes antérieurs au présent code sont supprimés dans les matières qui font l'objet de celui-ci, et ils n'auront plus aucune force légale, quand même ils ne seraient pas contraires au présent code. » Cette volonté uniformisatrice suscite alors de vives réactions aussi bien chez les tenants du foralisme traditionnel (politiquement engagés dans le mouvement carliste) que chez les néo-régionalistes ou autonomistes, en particulier en Catalogne. Il est remarquable que les adversaires d'un code uniformisateur développent une argumentation de type historique, en des termes parfois très proches de ceux de Savigny. C'est ainsi que pour le catalan Manuel Duran i Bas, le droit positif doit se développer *« dans la conscience commune du peuple »* ; c'est « une œuvre réalisée en commun [par] *l'esprit général* qui anime tous les membres de la nation ». Du coup, toute codification est non seulement inutile mais nuisible : le droit civil en vigueur en Catalogne doit absolument rester fidèle à ses origines et « conserver le souvenir des circonstances qui expliquent son développement » (*Memoria acerca de las instituciones de derecho civil en Cataluña*, Barcelone, 1883, p. LXX).

Après la parenthèse de la Première République, un décret royal du 2 février 1880 introduit des représentants des territoires « foraux » (Catalogne, Aragon, Navarre, Biscaye, Galice et Baléares) dans la commission de codification et la loi préparatoire au Code civil du 11 mai 1888 reconnaît la légitimité des traditions juridiques propres de ces territoires. Des commissions sont donc mises en place dans les territoires foraux pour rédiger les *fueros*. Le Code civil finalement promulgué le 24 juillet 1889 est ainsi très en retrait par rapport au projet uniformisateur initial : seul son titre préliminaire relatif à l'effet des lois et le titre IV du Livre Ier, concernant le mariage, s'appliquent de plein droit à tout le territoire. Pour le reste, dans les territoires foraux, le code est seulement d'application supplétoire par rapport aux fors. C'est donc une formule nettement traditionnelle, conforme à l'histoire juridique *des* Espagnes : le droit espagnol « national » est une sorte de droit *commun,* mais non un droit *unique* ; il ne s'applique dans les régions historiquement pourvues d'un droit *propre* qu'à titre subsidiaire. Ces droits particuliers se sont conservés jusqu'à nos jours, non sans vicissitudes, dans les « territoires foraux ».

197 LE *COMMON LAW* ANGLAIS. — « Droit commun » de l'Angleterre, le *Common Law* est essentiellement un droit jurisprudentiel, un *judge made law*. Il s'est formé à partir du XIIe siècle, lorsque l'action énergique des premiers rois normands (après la conquête de l'île par Guillaume de Normandie en 1066) a généralisé la compétence des Cours royales, et facilité l'unification très précoce du droit. Cette unification est passée par la procédure. Au début c'était le roi, comme le préteur romain, qui délivrait les autorisations de plaider devant ses juges : sur demande d'une partie, le chancelier (au nom du roi) indiquait au juge, dans un ordre bref (le *writ* : petit texte « écrit » ; en latin : *breve*, bref), dans quel sens et selon quelle démarche (procédure) il devait trancher la cause. L'agent royal donnait alors au défendeur un ordre précis, dans le sens indiqué par le *writ* : si le défendeur ne s'exécutait pas, le demandeur pouvait agir contre lui devant les cours royales (siégeant à Westminster) sur la base de sa désobéissance à l'ordre de l'agent royal. Cette procédure complexe faisait du procès anglais, dans tous les cas, un procès de droit public. Au cours du XIIIe siècle (précisément à partir de la Grande Charte de 1215, qui tient compte des plaintes des barons contre les progrès de la juridiction royale), la puissance de la couronne déclinant, l'octroi d' « actions » (autorisations d'agir) nouvelles s'est ralenti. En 1285, le deuxième statut de Westminster n'autorise la délivrance de nouveaux *writs* que dans des « cas semblables » à ceux qui existent déjà *(in consimili casu)* : dès lors le « stock » d'actions et de procédures disponibles ne devait plus s'accroître, et c'est aux juges eux-mêmes qu'allait incomber le développement du droit. Alors que les juges continentaux, comme on l'a dit, recevaient une formation dans les Universités – empruntant aux droits savants concepts et théories générales –, les juges anglais sont des praticiens, rompus aux arcanes de la procédure. Le principe du procès anglais, c'est que seule l'existence préalable d'une « voie d'action » adéquate permet de faire reconnaître un droit : *remedies precede rights*. C'est dire que la décision finale (prise en principe par un jury, même en matière civile) est conditionnée par la régularité de la procédure. Les juristes anglais contemporains des auteurs « coutumiers » du continent (le pseudo-Glanville à la fin du XIIe siècle, Bracton au milieu du XIIIe) ne présentent donc pas d'exposés synthétiques comparables par exemple à celui de Beaumanoir : ils examinent les uns après les autres les différents types de *writs* permettant d'introduire une instance devant les cours de Westminster. Dès lors, le droit anglais répugne aux généralisations : son *a priori* procédural lui confère un caractère essentiellement casuel (c'est un *case law*). Les juges et les avocats travaillent à partir des recueils de décisions (les *Year Books*, écrits en français, langue officielle des cours royales) à la recherche du *simile casus* permettant d'agir. Ce système rigide, de plus en plus sclérosé, a appelé un correctif : c'est le recours au roi, concrètement au chancelier, qui développe à partir de la fin du Moyen Âge une juridiction d'abord exceptionnelle fondée sur des considérations d'équité ; régularisée aux XVIe et XVIIe siècles, non sans résistance de la part des cours de *common law*, l'*Equity* a fini par constituer un système aussi « juridique » et presque aussi rigide que le *common law* lui-même, donnant ainsi au droit anglais, jusqu'à nos jours, une structure dualiste.

On notera que l'expression *common law* est impossible à traduire. Le droit anglais n'est évidemment pas une « loi » commune ; il n'est pas non plus comparable à ce que l'on appelle *droit commun* sur le continent – qu'il s'agisse du *jus commune* romano-canonique, ou du « droit commun coutumier » à la française, fait de principes généraux. D'où les hésitations des auteurs français sur le genre grammatical qu'il convient d'attribuer à l'expression *common law*. La majorité penche pour le féminin, sans doute par assimilation hâtive de *law* à « loi » ; il nous paraît plus adéquat de traduire *law* par « droit » et donc de donner à l'expression complète le genre masculin (sans pour autant la traduire par « droit commun » !).

Un tel droit est-il « codifiable » ? L'idée avait été évoquée au début du XVIIe siècle par le philosophe Francis Bacon, chancelier d'Angleterre, qui rédigea en 1614 une *Proposition au roi Jacques Ier touchant à la révision générale des lois anglaises et à leur réunion dans un seul corps*, proposition non suivie d'effet. Au début du XIXe siècle, c'est un autre philosophe, Jeremy Bentham, qui la reprend : il forme en 1811 le projet d'un *Pannomion*, code complet destiné à regrouper absolument toutes les règles juridiques – et dont l'ambition totalisante n'est pas sans exhaler quelque relent jacobin. Bentham est à vrai dire dans le droit fil de la nomophilie des Lumières : « Si l'on trouvait un moyen de se rendre maître de tout ce qui peut arriver à un certain nombre d'hommes..., de s'assurer de leurs actions, de leurs liaisons, de toutes les circonstances de leur vie..., on ne peut pas douter [que ce serait] un instrument très énergique et très utile pour les gouvernements » (à rapprocher du texte de Rabaut cité *supra,* n° 174). Une loi qui contrôle tout, en réglant de la façon la plus précise possible la mécanique sociale : c'est bien l'idéal du XVIIIe siècle. Ces vues, inutile de le dire, n'ont pas eu beaucoup de succès. Si par la suite les Anglais promulguent des codes, il ne s'agit guère que de compilations de lois existantes, lesquelles doivent elles-mêmes, en principe, respecter le *common law* (c'est l'un des aspects des « libertés anglaises ») : ainsi par exemple du « code de la vente » de 1893, intitulé *an Act for codifying the Law relating to the Sale of Goods.* Le « code » de 1979 portant sur le même objet se présente lui aussi comme *an act to consolidate...* Plusieurs projets de codes partiels de ce type n'ont même pas abouti. C'est sans doute en matière pénale que la nécessité d'une véritable codification se ferait le plus sentir mais, là aussi, les résistances sont vives : « dans leur majorité, les juristes anglais n'aiment pas la codification » (D. Tallon).

Pour aller plus loin

198 Sur les codifications inspirées par le Code Napoléon, outre les contributions publiées dans le *Livre du centenaire* (Paris, 1904) dont la plupart méritent toujours d'être consultées, on se reportera aux travaux de l'Association Henri Capitant, spéc. : *L'influence du Code civil dans le monde*, Paris, 1954. Il est des continuités touchantes : ainsi, en Belgique, la fidélité au Code civil napoléonien a été telle qu'il a fallu attendre une loi du 15 décembre 1949 pour que soient éliminés les termes d'origine : « France », « territoire français », « Empereur », etc. – Sur l'école allemande, v. A. Dufour, L'idée de codification et sa critique dans la pensée juridique allemande des XVIIIe-XIXe s., *Droits*, n° 24, 1996, p. 45-60 (avec bibliographie) et O. Jouanjan, Science juridique et codification en Allemagne, 1850-1900, *Droits*, n° 27, 1998, p. 65-86 (avec bibl.). – En Suisse les cantons de langue allemande (Berne, Lucerne, Argovie), réfractaires à l'influence française, ont adopté des codes inspirés du modèle autrichien. Quant à la Confédération helvétique en tant que telle, elle s'est dotée en 1881 d'un Code fédéral des obligations, le reste du droit civil étant codifié en 1907.

Sur le *common law* anglais, la bibliographie est évidemment considérable. Outre René David, *Le droit anglais*, 6e éd., 1990, on peut toujours se reporter à Marc Ancel, *La Common Law d'Angleterre*, thèse de droit, Paris, 1927, à compl. avec l'ouvrage classique de J.-H. Baker, *An Introduction to English Legal History*, 1979. Sur les origines, v. R.-C. Van Caenegem, *The Birth of the English Common Law*, Cambridge UP, 2e éd., 1988. – Sur l'évolution récente, v. les remarques d'A. Tunc, Coutume et *Common Law*, *Droits*, n° 3, 1986, p. 51-61 et les trois études publiées dans le n° 27 de la même revue (1997) : F. Lessay, Blackstone, *Common Law* et codification, p. 3-16 ; D. Baranger, Bentham et la codification, p. 17-37 ; D. Tallon, La codification dans le système de *Common Law*, p. 39-47.

Imprimé en France
Imprimerie des Presses Universitaires de France
73, avenue Ronsard, 41100 Vendôme
Juillet 2002 — N° 49 434